한·중 차문화 연구

한 · 중 차문화 연구

2014년 11월 24일 초판 1쇄 인쇄
2014년 11월 28일 초판 1쇄 발행

지은이 조기정
펴낸이 권혁재

편집 조혜진 · 박현주
출력 엘렉스프린팅
인쇄 한영인쇄

펴낸곳 학연문화사
등록 1988년 2월 26일 제2-501호
주소 서울시 금천구 가산동 371-28 우림라이온스밸리 B동 712호
전화 02-2026-0541~4
팩스 02-2026-0547
E-mail hak7891@chol.net

ISBN 978-89-5508-322-4 93910
ⓒ 趙紀貞, 2014
협의에 따라 인지를 붙이지 않습니다.

책값은 뒷표지에 있습니다.
잘못된 책은 바꾸어 드립니다.

국제차문화 · 산업연구총서1
(故 雲茶 서양원박사 추모특집호)

한 · 중 차문화 연구

조기정 지음

학연문화사

머리말

　茶나 茶文化를 전공한 적이 없는 비전공자가 차문화연구총서를 낸다고 하니 쑥스럽기 그지 없다. 학부 때는 외국어교육과에서 영어를 전공했고 부전공으로 중국어를 공부했다. 중·고등학교에서 영어교사를 하다가 중국어에 대한 미련을 버릴 수 없어 중어중문학과 대학원에 입학해서 중국언어학을 전공했다. 덕분에 대학의 중어중문학과에서 중국언어학을 강의하게 되었는데, 10년 전부터 중국어를 공구로 삼아 틈틈이 중국의 차문화에 관해 연구하기 시작했다. 그간의 연구 성과를 묶어 총서를 발간함에 즈음하여 茶와 처음 맺은 인연에서부터 총서를 발간하기까지의 전 과정을 머리말에 밝힘으로써 저자의 쑥스러움을 조금이나마 덜고자 한다.

　대학에 입학해서 중국어를 배운 덕에 교수님 연구실에서 가끔 茶를 마실 수 있었다. 이런 인연으로 차츰 茶를 가까이하게 되었는데, 모교에서 조교로 근무하면서부터는 사무실에 茶器를 갖추고서 본격적으로 茶를 마시기 시작했다. 茶가 있는 내 사무실은 어느새 조교들의 사랑방으로 변했고, 사람들을 좋아하는 나는 갈수록 茶의 마력에 도취되어갔다. 茶의 마력에 빠져들면서 茶를 알고 마셔야겠다는 생각이 들어 茶에 관한 책을 구해보기 시작했다.

　목포대학교에 근무하면서부터는 茶의 보급에 신경을 쓰기로 했다. 그것은 茶가 혼자만 즐기기에는 너무 아깝다는 생각이 들어서였다. 우선 부모님께 茶器를 선물하고 茶를 우려서 권해드렸더니 생각했던 것보다 훨씬 더 좋아하셨다. 특히 어머님께서는 마치 전생에 즐겨 드셨던 것처럼 茶의 진가에 대해 극찬을 아끼지 않으셨다. 이어서 3명의 남동생과 2명의 여동생들에게 차례로 茶器와 茶를 선물해 茶를 마시도록 했다.

　중문과 학과장으로 재직하던 1995년에는 연구실을 아예 좌식으로 개조해 茶室로 꾸몄다. 연구실을 찾는 교직원과 학생들에게 보다 편하게 茶를 대접하기 위한 발상의 산물이었다. 그 결과 많은 손님들이 연구실에 신발을 벗고 들어와 방석에 앉아 茶를 마시게 되었고, 일부 손님들은 특이한 연구실을 집필의 소재로 삼기도 하였다. 편안한 茶室에 마주 앉아 茶 한 잔 마시고 나면 아무리 낯선 사람이라도 곧 친해지기 마련이고, 세 번만 함께 茶를 마시면 바로 한 식구가 되는데, 이 또한 茶가 지닌 마력의 하나이다.

　학생운동이 다소 잦아들 무렵인 1996년 9월부터 목포대신문사 주간교수를 맡았다. 당시만 해도 대학신문들이 학생운동의 중심역할을 했기 때문에 주간교수와 학생기자들과의 관계는 험악할 때가 많았다. 신문내용의 이적성을 문제 삼아 주간교수들이 조사를 받는 경우도 있었기 때문이다. 사제 간에 이럴 수는 없다는 생각에 사무실 한 쪽에 茶室을 만들기로 했다. 학생기자들과 틈틈이 茶를 마시며 우리는 점차 한 식구가 되어갔다. 그러던 어느 날 편집장 최미지가 연구실을 찾아와 청이 하나 있다고 했다. 주간교수님의 따뜻한 배려에 감동받았으니, 연구실에 매주 꽃을 꽂을 수 있게 해 달라는 것이었다. 이후 1년 가까이 연구실은 茶香과 花香으로 넘쳐났다.

1998년 3월부터 2년간 학생생활연구소장을 맡았는데, 학생생활연구소는 인성과 적성검사는 물론 진로와 취업까지 학생들의 대학생활 전반을 챙기는 중요한 업무를 수행했다. 학생들을 상대로 상담을 많이 하기 때문에 茶室은 필수적이었다. 서둘러 사무실 반쪽을 좌식으로 개조해 茶室을 만들고 상담하러 온 학생들과 함께 茶를 마셨다. 이 무렵 목포대학교에는 차를 즐겨 마시는 교직원들이 늘어나 지역주민들과 함께 '승달차인회'를 결성하고 매월 한 차례 茶會를 열었다. 茶로써 종교의 벽까지도 허물어보자는 취지에서 주로 향교, 사찰, 교회 등지를 번갈아가며 茶會를 열었다.

2002년에는 승달산 기슭에 자리한 학생생활관에서 관장으로 근무했다. 1,500여 명의 학생과 많은 직원들을 관리하는 일이라 여간 신경이 쓰이는 것이 아니었다. 거의 매일 생활관 숙소에 머물며 학생들의 안전과 직원들의 복지증진에 몰두했다. 특히 방호원, 위생원, 조리원, 기계실 직원들까지 茶를 마실 수 있도록 茶器와 茶를 제공했다. 고된 노동에 시달리다보면 茶보다도 막걸리 한 잔이 더 그리우련만 정성껏 권하는 茶라 그랬는지 모두들 즐겁게 茶를 마셨다. 茶로 맺어진 끈끈한 인연 때문이었는지 송별회장은 울음바다가 되고 말았다.

학생생활관 식구들의 아쉬움을 뒤로하고 2003년 3월부터는 본부에서 기획연구처장으로 근무했다. 문화총장임을 자처한 김웅배총장님을 보필해 대학의 발전을 견인하고 앞날의 비전을 설계해야하는 막중한 자리였다. 여기서도 어김없이 茶治(차로써 업무를 처리함)는 계속되었다. 주위의 반대도 심했지만 그간 茶의 功德을 실감했기에 茶治를 강행할 수 있었다. 직책의 성격상 茶室을 따로 만들지는 못하고 대신 소파의 탁자에 茶器를 놓고서 茶를 마셨다. 회의는 물론이고 교육부의 감사나 평가단의 방문 등 어떠한 경우라도 반드시 茶로써 시작하고 茶로써 마무리했다. 茶時(tea time)가 되면 총장님과 본부 보직자들이 자연스럽게 茶卓에 둘러앉아 허심탄회하게 지혜를 모았다. 茶治의 위력은 놀라웠다. 교육부로부터 좋은 평가를 받아 당시까지는 최고금액인 21억 2천 4백만 원의 포상금을 받았으니 말이다.

그간 비공식적으로 해오던 茶의 보급이 성공을 거두자 이제는 이를 공식화하기로 하고 2003년부터 교양과목으로 '동서양의 차문화'라는 과목을 개설했다. 차문화교육에 목말라하던 대학신입생들이 구름처럼 몰려들었다. 수강생들이 대거 몰리면서 당시 목포에서 봉운다례원(현 한국다도문화원)을 운영하시던 윤숙정선생님과 박온순선생님의 도움으로 반을 3개로 늘렸다. 매년 진달래꽃이 필 무렵이면 봉운다례원 식구들과 학생들이 어우러져 캠퍼스에서 들차회와 화전놀이를 즐기면서 茶와 전통문화의 중요성을 홍보하였다. 2014년까지 약 3,000명의 수강생을 배출한 '동서양의 차문화'는 이제 돛을 내렸다. 하지만 그간의 성과를 인정받아 핵심교양과목인 '차의 과학과 문화의 이해'로 발전했다. 이는 인문학(본인), 자연과학(원예과학과 박용서교수), 응용과학(식품공학과 마승진교수) 등 3개 학문이 공동으로 개발해서 茶를 가르치는 전국 최초의 교양과목이 되었다.

'동서양의 차문화'가 인기과목으로 부상하자 그 여세를 몰아 2004년에는 대학원에 국제차문화학과(석사과정)를 개설하고 신입생을 모집했다. 향후 차를 전문적으로 연구하고 지도할 인재가 절실히 필요하다고 판단했기 때문이다. 예상보다 많은 인원인 11명이 응시하여 모두 합격했다. 이후에도 매년 입학생들이 줄을 잇자 학교에서도 차전문강의실을 마련해 화답했다. 지금까지 50여명의 석사를 배출했으니 이미 큰 성공을 거둔 셈이다. 10여명의 석사가 배출되었을 때 박사과정의 개설을 서둘렀는데, 뜻하지 않게 3년에 걸친 세 번의 시도가 모두 수포로 돌아가고 말았다. 생애 최초의 뼈아픈 좌절이었기에 네 번째는 아예 신청도 하지 않았다. 박사과정 입학을 기다리던 석사졸업생 중 일부인 4명은 기다리다 지친 나머지 다른 대학이나 다른 학과의 박사과정에 입학하기도 했다.

2007년 최초로 신청한 박사과정의 꿈이 무산되자 너무도 허탈했다. 좋았던 사람들이 갑자기 미워지고, 나 자신까지도 싫어지는 것이 아닌가! 이 상황을 하루빨리 타개하지 않으면 큰일이라는 불안감이 엄습해왔다. 부랴부랴 자연으로 돌아가 이를 치유하기로 했다. 여기에는 나의 오랜 멘토였던 송나라 소동파와 무등산의 의제 허백련선생의 영향이 크게 작용했다. 평소 두 분의 삶을 흠모하던 터라 언젠가는 전원으로 돌아가리라 준비는 했었지만 의외로 시기가 앞당겨진 셈이다. 주위의 반대를 무릅쓰고 전남 화순의 무등산 자락에 거처를 마련하고서, '茶와 예술을 사랑하는 사람들이 모여 사는 마을'(다예촌, tea art village)이라 명명했다. 은거 아닌 은거가 시작된 셈이다. 스스로 은자임을 자처하며 '불편한 삶'과 '원시적인 삶'을 표방했다. 틈틈이 뒷산에 올라 땔감을 지게로 가져와 구들에 불을 지펴 난방을 하고, 텃밭을 일궈 푸성귀를 가꾸어 이웃과 나누어 먹었다. 힘들었지만 자연과 가장 가까워서 차를 마시며 나름대로 꿈꿔왔던 의미 있는 삶을 살게 된 것이다.

화순의 다예촌에 들어온 후 2년 동안은 혼자 생활하는 시간이 많았다. 그러다보니 자연스레 차인들의 출입이 빈번했다. 화순에 거주하는 몇몇 차인들이 가끔 다예촌에 모여 차를 마셨는데, 여기에서 차회를 만들면 좋겠다는 의견이 모아졌다. 이렇게 해서 2008년 8월에 화순작설차회가 창립되었고, 이 자리에서 저자가 초대회장에 추대되었다. 화순 읍내에 있는 전통찻집인 정자루를 본거지로 하고 철따라 장소를 옮겨가며 매월 차회를 가졌다. 화순작설차영농조합법인의 조합원들을 중심으로 공무원, 교수, 교사, 도예가, 시인, 예술가, 주부 등 다양한 부류의 회원들이 열성적으로 활동하는 바람에 창립 2년 만에 〈茶和茶順〉이라는 회지를 발간할 정도로 차회가 활성화되었다. 이후 전남대학교 박근형교수가 2대 회장을 맡았고, 지금은 보성녹차연구소의 신기호박사가 3대 회장을 맡고 있다.

2008년 12월 6일 폭설 속에서도 목포대학교에서 중국인문학회 추계학술대회가 열렸다. 이날 저자가 〈한·중전차의 제다법과 음다법 비교〉라는 논문을 발표했는데, 지명토론자로 백년사 주지인 여연스님이 오셨다. 스님과 반갑게 인사를 나누고 茶를 마시면서 한국차문화학회 창립의 필요성을 역설했더니 스님께서는 마치 기다리셨다는 듯 덥석 손을 잡으시며 준비를 서두르라고 하셨다. 이후 열심히 준비한 보람이 있어 2009년 5월 15일에 광주김대중컨벤션센터에서 성대하게 창립대회를 치를 수 있었다. 창립대회에서 여연스님이 초대회장으로 추대되었는데, 어려운 여건임에도 3년간 회장직을 성공적으로 수행하여 학회의 기반을 닦으셨다. 지금은 저자가 스님의 뒤를 이어 2년 째 회장직을 맡고 있는데, 벌써 학회지〈韓國茶文化〉를 5권이나 발행했다.

3년 연속 신청했다가 고배를 마시고 네 번째는 신청조차 포기했던 박사과정이 5년만인 2011년에 드디어 개설되었다. 11명이 1기생으로 입학한 이후 매년 입학생들이 끊이지 않고 있다. 벌써 4명의 박사가 배출되었고, 재학생도 15명에 이른다. 금년에는 중국 貴州省의 貴州大學 출신 3명이 석사과정에 입학했고 1명이 박사과정에 입학했으며, 내년에는 더 많은 중국 유학생들이 입학을 준비하고 있다고 한다. 일본에서도 유학생이 입학을 준비하고 있다는 소식이 들려온다. 외국 유학생들이 늘면서 국제차문화학과의 진가가 차츰 드러나리라 확신하고 있다. 지금까지의 추세대로라면 내년에는 석사과정에 10여명이 박사과정에 5명 이상이 입학할 것으로 예상된다.

석사와 박사들이 배출되면서 차츰 식구들이 늘어나게 되자 자연 이들의 진로가 걱정되기 시작했다. '커피의 습격, 녹차의 눈물'이란 말처럼 차산업의 영세성과 부진 등으로 연구자들의 진로가 여의치 않았다. 입학율과 취업률의 저조로 茶를 가르치는 몇 안 되는 학과들조차 문을 닫게 되면서 상황은 더욱 심각하게 되었다. 이러한 연구자들의 위기를 타개하기 위한 방책으로 고심 끝에 마승진교수와 함께 연구소를 만들기로 했다. 학교당국의 수차례의 엄격한 심사과정을 거쳐 2012년 7월 1일에 연구원 식구들의 보금자리 '국제차문화·산업연구소'가 개소되었고, 저자가 초대소장을 맡게 되었다. 그간 연구소의 발전을 위해 6개의 기관 및 단체들과 양해각서를 체결하였고, 크고 작은 사업들을 수행하고 있다. 금년에는 목포대학교 35개 연구소 연구계획평가에서 2위를 차지하여 저력을 과시하기도 했다. 이번에 저자가 발행하는 연구총서(1)도 연구소발전의 일환으로 진행되는 사업 중의 하나인데, 연구원들의 연구의욕을 고취시키기 위해 연구 성과를 엮어 매년 총서로 발간하는 사업이다. 이번 연구총서(1) 발간을 계기로 향후 수많은 총서가 끊임없이 계속적으로 발행되기를 기대한다.

국제차문화·산업연구소의 발전을 위해서는 연구총서발간이 시급한 과제라며 친히 총서를 출판할 학연문화사를 소개해주신 목포대학교 고고학과의 이헌종교수님께 감사드린다. 또한 어려운 여건을 무릅쓰고 총서발간을 약속해주신 학연문화사의 권혁재사장님과 편집과 교정에 수고해주신 조혜진님께도 감사드린다. 아울러 연구소의 발전을 위해 불철주야 사업구상에 몰두하시는 마승진부소장님과 여러 부장님들 그리고 30여명의 박사급연구원님들께 감사드린다. 마지막으로 이번 연구총서(1)를 한국 차산업의 선구자이신 故 雲茶 서양원박사님의 추모특집으로 발간하도록 허락해주신 한국제다 서민수대표님께 감사드린다.

2014년 秋分節
光州 金塘山下 三笑香室에서
明草 趙紀貞 謹識

8

目 次

2004년 명예공학박사학위를 영득하신 서양원 회장

"대한민국 차산업의 선구자" 한국제다 서양원 박사 약력

"커피에 밀려 시들해진 차(茶) 문화를
다시 일으켜 세운 게 보람이라면 보람이죠."

1931년   5월 25일 전남 광양군 골약면 출생
골약초등학교, 광양농업중고 졸업
부산 동아대학교 중퇴

1951년   차를 부산지역 약방에 한약으로 제공하고, 공업용 금속착색재로 차(茶)를 이용하면
서 착색업체에 차를 납품하며 전통녹차 연구생산.

1958년   순천시 인제동에 "한국홍차"로 차류 제조

1960년   우리나라 야생차 발굴을 위하여 17년간 전국을 헤매면서 200여 곳의 차나무 자생
지 발굴, 보호

1964년   광주시 동구 학동으로 이전 작설차(녹차), 홍차 외 두충차, 결명차를 추가생산
법률개정에 따라 1975년 2월 13일 보사부장관으로부터 다류제조허가 제52호를 획득
커피 등 외국 마실거리로 극심한 어려움을 겪고 있던 중에도 정부 농특사업으로 조
성된 보성지역 다원 농가 54세대와 1975년부터 1985년까지 10년간 전량수매 계약
을 체결하여 전량수매.

1979년   10월 광주시 동구 소태동 763의 4로 확장 이전 현재 각종 녹차 생산

1980년   정부외화정책과 전통문화 선양책으로 본격적 녹차생산과 보급에 주력

1980년   (주)태평양 대표 서성환과 "설록차" 공급제휴로 대중화에 노력

1980년   광주시 동구 소태동에 전통녹차 무료시음장 개설

1994년   상호를 "한국제다"로 변경

1994년   두충차 일본 수출

1995년   8월 광주 비엔날레 공식 전통녹차 상품화권자 선정

1995년   전통녹차 작설차 완제품 캐나다 처녀 수출

1995년   제4회 초의대상 수상

1996년   일본 시즈오카현청 주최 세계 차대회에 한국대표로 참가하여 한국 녹차의 국제적
위상을 높임

1997년   무료 전통녹차 교육 및 제다 교육장인 운차문화회관 광주시 소태동에 개관

1999년   10월 29일 해남대둔사(대흥사)에 차의 성인이신 초의선사 동상을 순수 사비로 건립

2000년　올해의 명차 선정 - 작설차(녹차)

2000년　영암 2공장 준공

2001년　광주광역시 신지식인 선정 - 제다분야

2001년　대한민국 신지식인상 표창

2002년　국제차품평대회에서 가루차, 우전감로, 감로가 3개 부문에서 우수상 수상

2004년　목포대학교에서 명예공학박사학위 영득

2008년　농림수산식품부 전통식품명인 지정

2012년　다산다인상 수상, 광주광역시장 표창

2012년　9월 11일(음 7월 24일) 향년 82세를 일기로 별세

2014년　현재 장성군 남면 1만 5천여 평, 영암군 덕진면 5만여 평, 해남군 해남읍 2만여 평, 보성군 쾌상리 1만 5천여 평 등 총 10여만 평의 직영 다원에서 전통녹차 기법을 응용 생산함.

위와 같이 61년 동안 차(茶)의 불모지인 우리나라에서 차산업 발전을 선도하였으며 차문화에 지대한 관심과 애정을 쏟으셨다. '한국차의 근대사'를 일궈온 기업 '한국제다'의 대표셨으며, 한국차문화협회 부회장과 한국차학회 고문, 초의문화제 집행위원회 위원을 역임하는 등 산업계와 학계를 아우르며 차산업의 발전과 차문화 보급에 일생을 헌신하였다

서양원 회장은 부인 김판인 여사와 슬하에 1남 5녀의 자녀를 두었다. 부인 김판인 여사와 1남 5녀의 자녀들은 모두 차생활 지도사범으로 활동하고 있다. 부인 김판인 여사는 현재 (사)한국차문화협회 부회장으로 활동하고 있다.

장남 서민수는 부친의 뒤를 이어 가업인 한국제다를 운영하고 있으며, 2013년 12월 3일 농림수산식품부로부터 전통식품명인으로 지정되었다.

자부 이지연은 차생원 본점을 운영하며 가업을 이어가고 있다.

장녀 서명주는 광주 차생원을 운영하며, (사)한국차문화협회 광주지회장으로 활동하고 있다.

3녀 서연옥은 미국 로스엔젤레스에서 차생원을 운영하고 있다.

4녀 서아라는 목포에서 차생원을 10년간 운영하였고, 성신여자대학교 대학원에서 차문화를 전공하였다.

막내 서희주씨는 보성에서 보림제다를 운영하고 있다.

이처럼 온 가족이 우리나라 차산업과 차문화 발전에 힘을 쏟고 있다. 차 업계 최초로 명예공학박사학위를 영득하고, 신지식인상을 수상하는 등 생전에 60여 차례 표창장과 공로패를 받은 서양원 회장은 "자녀와 사위, 조카며느리 등 16명이 차와 인연을 맺어, 명실공히 '다가(茶家)'를 이루었다는 게 무엇보다 자랑스럽다"고 말씀하셨다.

서양원 한국제다 회장 명예공학박사학위 수여식사

어느 새 신록이 녹음으로 짙어지는 산기슭 여기저기에 야생차 나무가 담록의 새 잎을 밀어내더니 이제는 제법 어엿한 이파리로 자랐고, 그 차나무를 안고 큰 느티나무 한 그루가 그늘을 드리우고 있습니다. 차나무에 둘러싸여 차나무를 안고 사는 느티나무 거목이 서양원 박사님이라고 생각되어 식사의 모두에 이런 비유를 했습니다.

서양원 박사님, 정말 그간 노고가 많으셨습니다. 그리고 이 영광스러운 자리를 빛내주기 위해 바쁘신 일정에도 왕림하신 내외 귀빈과 가족 친지 여러분께 감사의 말씀을 드립니다. 오늘 명예공학박사학위를 받으신 서양원 박사님께 12,000명의 목포대학인 모두의 이름과 임석하신 모든 분들의 마음 그리고 차 애호인의 뜻을 모아 축하의 말씀을 드리며 가족에게도 이 영광을 함께 드리고 싶습니다.

제가 모두에 꺼냈던 나무 이야기를 다시 이어 가겠습니다. 산야에는 숱한 나무들이 있지만 거목이 되어 그 아래 손자 같은 지란과 자식 같은 작은 나무를 키우며 그늘로 사람을 부르고 밤이면 산새들의 보금자리가 되는 나무는 흔하지 않습니다.

우리 목포대학에서는 이러한 거목과 같은 분을 찾아 그간의 노력을 위로하고 그 분이 살아온 삶과 쌓아온 업적과 공로를 기리기 위해 명예박사학위를 수여하고 있습니다. 그 가운데는 국위를 선양한 세계적인 인사와 탁월한 경영마인드를 가진 C. E. O, 지역발전에 공이 많으신 행정가와 사업가 등이 있습니다.

서 박사님의 그간의 집념과 노력에 대해 경의를 표하면서 박사학위라는 영광의 차꽃을 월계관 대신 올려드립니다. 전통을 계승하여 발전시키고 우리의 전통식품 보급과 세계화에 진력하시고 전통차의 산업화에 혼신의 노력을 경주하신 선생의 공로와 업적에 대해 찬사를 보냅니다. 저는 서양원 박사님의 경력을 보면서 앞에서 말한 두 단어 진력과 혼신이라고 평가했습니다. "있는 힘을 다한 것"이 진력이요, "온 몸을 다한 것"이 혼신입니다.

우리는 성실하게 사신 한 분을 찾아낼 수 있어서 기뻤고 본받을 만한 어른을 소개할 수 있어서 자랑스러웠습니다. 박사학위에는 학문적 성취에 의해 받은 연구학위와 인간적 성취에 의해 받은 명예학위가 있는데, 명예학위가 더 영광스러운 것은 그 속에 그 분의 삶의 모든 것이 녹아들어있기 때문입니다.

우리 대학에서는 전통 차문화의 계승 발전을 위해 2001년부터 "동서양의 차문화"를 교양과목으로 설강하여 우리 차와 문화에 목말라하던 학생들에게 감로수와 같은 역할을 하게 했고, 2004년에는 대학원 과정에 "국제차문화학과"를 신설하여 국내 및 해외의 적극적 호응을 받고 있습니다. 앞으로 전통차의 보급과 연구에 최선을 다할 것을 약속드립니다.

오늘을 계기로 서 박사님께서는 하시는 일에 더 정진하시는 동인이 되고 더 멋지고 아름다운 삶을 이루는 계기가 될 것으로 믿습니다. 다시 한 번 운차 서양원 박사님의 박사학위 영득을 축하드리며 가족의 행운을 빌겠습니다.

2004년 6월 10일
국립목포대학교 총장 김웅배

Ⅰ. 한국 차문화

한 · 중 전차(錢茶)의 제다법과 음다법 비교

Ⅰ. 들어가는 말

생활수준의 향상으로 인해 차에 대한 관심이 날로 증대되고 있다. 과거 일부 계층의 전유물이었던 차가 점차 일반화되면서 소비자의 요구도 점차 다양화하고 있다. 녹차 일변도의 차 시장에 지각변동이 일어나고 있는 것이다. 한편 농약파동으로 인한 녹차에 대한 부정적인 인식이 확산되면서 녹차의 소비시장은 불황의 늪에 빠졌다. 기존의 녹차 소비층들이 제다업체의 녹차를 마다하고 스스로 녹차를 만들어 마시거나, 서서히 외국의 차로 눈을 돌리고 있는 것이다. 당연히 국내의 재배농가와 제다업체의 어려움이 가중되고 있다.

.

녹차소비의 감소 원인은 농약파동과 제다기술의 부족 등을 포함한 품질저하에도 있지만 소비패턴의 변화에서도 찾을 수 있다. 특히 차의 종주국이라 할 수 있는 중국에서 유입된 다양한 차들은 녹차 일변도의 우리 차에 식상한 소비자들의 구미를 당기기에 충분했음을 부정할 수 없다. 대표적인 예로 대만의 우롱차와 무이산의 암차 그리고 기문의 홍차와 운남의 보이차 등을 들 수 있다. 이러한 이유로 인해 국내의 제다업계는 녹차의 고급화와 대중화는 물론이고 소비자의 다양한 요구도 수용해야하는 삼중고를 겪고 있는 실정이다. 즉, 세계시장을 겨냥한 고급의 생태녹차를 생산하는 한편 녹차의 대중화를 위해 값싸고 안전한 제품을 대량으로 생산해야 하고, 소비자의 다양한 요구를 수용하기 위해 늦었지만 녹차 이외의 제품들도 생산을 서두르지 않으면 안 된다.

수요가 있으면 반드시 공급이 따르듯이 최근 일부 제다업체들이 다투어 불발효차인 녹차 이외의 제품들을 출시하고 있다. 그 대표적인 차들이 황차와 청차 그리고 홍차인데, 모두 발효차에 속한다. 기술과 경험이 일천하고 차나무의 품종도 다양하지 못해 아직은 미흡한 수준이다. 하지만 선진 기술을 배우고 경험을 축적하면서 제품에 걸맞은 차나무의 품종을 개발한다면 머지않아 세계적인 명차의 출현도 기대해볼 수 있다. 최근에는 중국의 보이차가 국내의 차 시장을 휩쓸고 있어 이를 우려하는 목소리도 파다하다. 여기에 대응하기 위해 국내의 일부 연구자들을 중심으로 미생물을 이용한 후발효차의 생산을 서두르고 있다는 소식이다. 연구가 성공한다면 우리도 조만간 중국의 보이차와 같은 후발효차를 얼마든지 생산할 수 있을 것이다.

여기서 우리는 조상들이 오랫동안 만들어 먹었던 전통차에 주목할 필요가 있다. 과거 우리네 조상들이 만들어 마셨던 차들을 모두 전통차라고 할 수 있다. 그런데 우리 역사에서 문헌상 최초로 등장하는 차는 통상 떡차라고 하는 덩어리 모양의 固形茶이다. 때문에 전통차 중에서 그 원형을 찾다보면 散茶인 녹차보다 고형차인 떡차(餅茶)를 먼저 만나게 된다.[1] 고형차는 삼국시대에 유학승들에 의해

---

1) 조기정, 〈우리 떡차와 발효차의 원형을 찾아서〉, 계간 《차와 문화》(2006, 겨울호), 138-143쪽.

당나라로부터 禪宗과 더불어 전래된 것으로 추정되는데,[2] 이에 대해서는 이후 상세한 고찰이 요구된다.

　해방 직후까지 장흥군 보림사 주변과 남해안 일대에서 전통적으로 만들어져 판매까지 되었던 靑苔錢이란 전차가 최근에 주목을 받고 있다. 사실 청태전이란 전차는 일제시대《茶經》에 언급된 전차를 찾기 위해 중국과 일본 그리고 한국을 뒤집고 다니던 일본인들에 의해 보림사 주변과 남해안 일대에서 발견되었다.[3] 이러한 조사내용이《朝鮮의 茶와 禪》이란 책에 소개되었지만 당시 차계의 열악한 여건으로 인해 크게 주목을 받지는 못했다. 그러다가 이순옥이《靑苔錢 연구》라는 논문을 발표하고,[4] 유현희가《채엽 시기에 따른 청태전의 맛 및 주요성분 변화》라는 논문을 발표하자,[5] 장흥군이 먼저 청태전의 본격적인 연구와 상품화를 주도했다.[6] 장흥군에서는 이러한 연구 성과를 주민소득으로 연결시키기 위해 청태전의 대량생산시설과 체험과 홍보 및 마케팅을 위한 청태전 종합박물관 등의 건립을 서두르고 있다. 다행스럽게도 장흥의 청태전이 2008년 10월 16일에 일본의 최대 녹차산지인 시즈오카에서 열린 '세계 녹차 콘테스트 2008'에서 최고상인 '최고 금상'을 수상하여 앞으로 청태전을 위한 사업들이 탄력을 받을 것으로 기대된다.[7]

---

2) 이러한 추정이 가능한 것은 九山禪門 중 가지산문(迦智山門) 보림사, 실상산문(實相山門) 실상사, 성주산문(聖住山門) 성주사 등에 세워진 탑비의 명문에 茶字나 茗字 등이 보일 뿐만 아니라 차나무가 자랄 수 있는 지역의 구산선문 사찰 주변에는 지금도 야생 차밭이 산재하고 있기 때문이다. 또한 구산선문의 개산조 대부분이 당시 유행했던 선종을 배우고자 당나라에 유학했던 승려들이기 때문이다.
3) 諸岡存, 家入一雄 共著, 崔淳子 譯,《朝鮮의 茶와 禪》(광주, 삼양출판사, 1983), 또는《金明培 譯, 朝鮮의 茶와 禪》(서울, 圖書出版 保林社) 참조.
4) 이순옥,《靑苔錢 연구》(목포대학교 대학원 석사학위논문, 2006, 8).
5) 유현희,《채엽 시기에 따른 청태전의 맛 및 주요성분 변화》(목포대학교 대학원 석사학위논문, 2007, 8).
6) 목포대학교 지역특화작목산업화센터에서는 2007년 장흥군에서 발주한 고부가가치 전통차(청태전) 제품 연구개발 용역을 수행한 바 있다.
7)《무등일보》, 2008, 10, 24, 16면 참조.

그림 1. 청태전 복원 학술대회(장흥군 · 목포대학교 대학원)

본고에서는 한국 전차인 청태전과 청태전의 원형이라고 추정되는 《茶經》에 나오는 당나라의 전차[8]를 대상으로 이들의 제다법과 음다법을 고찰한 후 양자의 異同을 비교하고자 한다. 이러한 비교는 청태전이 당나라로부터 전래된 이래 오늘날까지 원형에 가깝게 전승되었음을 전제로 가능한 것이다. 이러한 연구를 통해 천년 이상의 전통을 이어온 우리 청태전의 역사적 가치를 확인할 수 있음은 물론 청태전의 전래과정과 원형을 밝히는 작업에도 도움을 줄 수 있을 것이다. 또한 한 · 중 양국의 차문화 비교를 통해 우리 차문화의 연원과 특성의 一端을 밝힐 수도 있을 것이다.

---

8) 《茶經》의 〈六之飮〉에 언급된 차의 종류로는 觕茶, 散茶, 末茶, 餠茶 등이 있다. 그런데 여기서 餠茶는 덩어리 형태의 固形茶를 대표하는 통상적인 명칭으로 보는 것이 옳다고 본다. 고형차는 다시 그 모양에 따라 餠茶, 錢茶, 團茶, 磚茶 등으로 구분한다. 《茶經》의 〈二之具〉와 〈三之造〉를 통해 당시에 만든 차의 모양을 알 수 있는데, 완성된 차의 복판에 송곳과 같은 도구로 구멍을 뚫은 후에 대나무를 쪼개거나 닥나무 껍질을 꼬아서 만든 꿰미에 꿰어서 저장하고 유통시켰다. 이처럼 복판에 구멍을 뚫었기 때문에 餠茶보다는 錢茶로 보는 것이 옳다고 본다. 때문에 본고에서는 《茶經》의 餠茶를 錢茶로 본다. 그런데 우리의 靑苔錢도 일부 지역에서는 餠茶라고 불렸다는 기록이 있는 점으로 보아 양국 모두 전차와 병차를 엄격히 구분하지 않고 병용했던 것으로 볼 수 있다. 청태전을 병차라고 부른 지역에 대해서는 崔淳子(1983), 136쪽, 145쪽 참조.

Ⅱ. 한 · 중 전차의 제다법

1. 한국 전차의 제다법

우리 전차인 청태전은 唐代 陸羽가 《茶經》에서 언급한 錢茶를 우리 유학승들이 배워온 것으로 보고 있다.[9] 陸羽는 780년에 《茶經》을 저술했고, 迦智山門의 開山祖인 道義는 784년에 入唐하여 37년간 머무르면서 西堂과 百丈같은 大祖師들로부터 인가를 받고 821년에 귀국하였다. 그렇다면 해방 후는 물론 6.25 직전까지도 장흥 보림사를 중심으로 하는 남해안 일대에서 판매되었던 청태전은 1,000년이 넘도록 唐代 전차의 명맥을 이어온 것으로 볼 수 있다. 앞으로 청태전의 전래과정과 전승과정이 기존의 추정단계를 넘어 소상하게 밝혀진다면 청태전의 역사적 가치는 한층 제고될 것이다. 하지만 아쉽게도 이를 밝힐만한 확실한 자료가 아직은 발견되지 않고 있다.

그림 2. 靑苔錢과 藥湯器 : 『朝鮮의 茶와 禪』

---

9) 崔淳子(1983), 88쪽에도 구산선문의 하나인 迦智山 寶林寺의 개산조 道義가 선종의 淸規와 함께 禪茶儀도 습득하고 돌아온 것으로 보고 있다.

우리 청태전의 가치를 인식하고 조사에 착수한 일본인들의 조사보고서를 보면서 1,000년이 넘도록 청태전을 만들어 마시던 우리 조상들은 대대로 그냥 만들어 마셨을 뿐 청태전의 역사적 가치나 우수성에 대해서는 별로 관심이 없었음을 알수 있다. 청태전이 거의 자취를 감출 무렵 다행히 일본인들이 여러 지역에서 청태전의 제다법과 음다법을 조사하여 기록으로 남겼다. 이러한 기록을 토대로 청태전에 대한 조사와 연구가 계속되면서 청태전의 가치가 날로 커지고 있다. 그간에 조사되고 연구된 내용을 토대로 청태전의 제다법과 음다법을 정리하면 다음과 같다.[10]

(1) 찻잎 따기

찻잎은 4월 하순부터 6월까지 따는데 주로 5월에 많이 딴다. 찻잎이 5-8장정도 났을 때 부드러운 잎만 손으로 따서 대바구니나 보자기에 싸서 운반한다. 날씨가 좋은 날 아침 이슬이 없을 때 딴다. 찻잎에 물기가 있으면 차를 만드는데 나쁘기 때문에 비가 올 때는 따지 않는다. 청태전을 만들기 전에 딴 여린 찻잎으로는 고급 녹차인 雀舌茶를 만들었다.

(2) 찻잎 찌기

찻잎을 시루에 찌는데 찻잎이 흐물흐물해질 정도로 부드러워지고 노란색을 띨기미가 보이면 시루에서 꺼낸다. 이때 시루뚜껑에서는 하얀 증기가 난다. 드문 경우지만 일부 지역에서는 찐 찻잎을 꺼내어 가마솥에 찐득찐득한 즙이 나올 때까지 덖기도 한다. 이는 찌기만 하면 센 잎의 경우 찰기가 부족해 잘 뭉쳐지지 않는 단점을 보완하기 위한 것으로 보인다.[11]

---

10) 청태전의 제다법과 음다법을 작성하는데 참고한 자료는 崔淳子(1983), 金明培(1991), 최규용, 《錦堂茶話》(서울, 이른아침, 2004), 박용서 외(2008), 이순옥(2006) 등이다.
11) 실제로 센 찻잎을 시루에 찌거나 끓는 물에 데친 후에 절구통에 찧어서 청태전을 만드는 실습을 해본 결과 잘 찧어지지도 않을 뿐만 아니라 잘 뭉쳐지지도 않았다.

(3) 찻잎 찧기

시루나 가마솥에서 꺼낸 찻잎을 나무 절구통에 넣고 절구대로 떡을 만들 때처럼 잘 찧는다. 이때 생강뿌리나 유자열매 또는 쑥이나 오갈피나무 등의 잎이나 줄기를 넣어 함께 찧기도 하는데, 찻잎의 부족을 고려한 측면도 있으나 그보다는 청태전의 맛이나 약효를 고려한 측면이 더 강했던 것으로 보인다.[12]

(4) 차 만들기

떡처럼 잘 찧어진 찻잎을 두꺼운 판자 위에서 조금씩 나누어 차를 만든다. 이때 찧어진 찻잎에 물기가 많으면 펴서 조금 말린 후에 만들기 시작한다. 먼저 무명베를 물에 적셔 물기를 짠 뒤에 竹輪(고조리) 밑에 깔고 조금씩 나눈 찧은 찻잎을 竹輪에 넣고 엄지로 눌러 표면을 평평하게 한다. 竹輪 대신 대나무 마디나 찻잔 밑굽 또는 木型을 이용하기도 한다. 竹輪의 안지름은 약 6cm이고 두께는 약 0.15cm이며 높이는 약 0.48cm인데, 지역마다 조금씩 차이가 난다.

(5) 차 말리기[13]

만든 차는 竹輪에서 꺼내어 주로 대바구니나 소쿠리 위에 평평하게 펴서 햇볕에 말리기도 하고, 꼬치나 줄에 꿰어 벽이나 시렁에 걸어두기도 했다. 햇볕에 충분히 말리지 못한 경우에는 온돌방에 종이를 깔고 충분히 말린다. 건조는 통상 당일에 끝내는 것이 좋다.

(6) 차 꿰기

건조가 절반정도 되었을 때 竹串(대꼬챙이)으로 청태전 가운데에 구멍을 뚫는다. 잘 건조된 다음에 구멍을 뚫으면 차가 쉽게 부서지므로 부드러울 때 하나씩

---

12) 중국의 소수민족 중에도 차를 만들 때 생강이나 마늘은 물론이고 기타 약초나 향료 등을 넣는 경우를 흔히 볼 수 있다. 이에 대해서는 조기정, 〈중국 소수민족의 유차 연구-瑤族의 打油茶를 중심으로-〉 참조.
13) 청태전의 건조법은 박용서 외(2008)에 잘 정리되어 있다.

뚫는다. 완전히 마르면 짚이나 새끼줄 또는 실에 차를 꿰어 보관한다. 보통 30개나 50개 또는 100개나 500개를 한 꿰미로 한다. 이처럼 꿰미에 꿰기 때문에 청태전을 현지에서는 綱茶 또는 串茶라고도 부른다.[14]

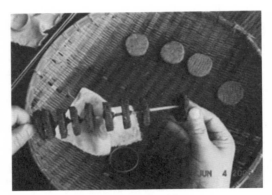

그림 3. 청태전 꿰기

(7) 차 보관하기

차 꿰미를 온돌방의 시렁이나 헛간 또는 다락방의 벽에 걸어두기도 하고, 꿰미를 종이에 싸서 온돌방의 건조한 곳에 보관한다.

2. 중국 전차의 제다법

찻잎을 약용과 식용으로 활용하던 중국인들은 삼국시대(220-265)에 접어들면서 비로소 찻잎을 가공하여 음용하기 시작한다. 魏나라 張揖이 쓴 《廣雅》에 최초로 차를 가공하는 과정이 보인다. 먼저 찻잎을 찌거나 데친 후에 으깨어 떡 모양의 덩어리로 만들어 말렸다. 마실 때는 덩어리차를 불에 구워 빻은 다음 끓는 물

---

14) 청태전은 이외에도 團茶, 차떡, 오차 등 지역에 따라 여러 이름으로 불렸는데, 이에 대해서는 上揭書, 22쪽 참조.

을 부어 마시거나, 파나 생강 또는 귤이나 박하 등을 함께 넣고 끓여 마시기도 했다. 이처럼 차에 약초나 향료 또는 소금이나 양념 등을 함께 넣고 끓여서 마시는 초기 형태의 음다법을 煮茶法 또는 烹茶法이라고 하는데, 雜飮의 형태를 특징으로 한다.

唐代에는 陸羽가 나와《茶經》을 저술하여 차에 대한 일반의 인식을 새롭게 하였다. 陸羽는 과거의 음다법을 혹평하며 새로운 제다법과 음다법을 제창하였다. 그가 새롭게 제창한 음다법을 특별히 陸羽式煎茶法이라고도 하는데, 흔히 간단하게 煎茶法이라고 한다. 과거의 雜飮형태와 달리 淸飮의 형태를 특징으로 한다. 음다법에 대해서는 다음 장에서 상세히 다루기로 하고 여기서는《茶經》에 나오는 전차의 제다법을 살펴보기로 한다.[15]

(1) 採茶

찻잎은 음력 2-4월 사이에 따는데, 비가 오거나 맑아도 구름이 낀 날에는 따지 않고, 청명한 날 이슬이 마르기 전에 딴다. 좋은 茶笋(펴지지 않은 잎)은 자갈이 섞인 비옥한 땅에서 나는데, 이슬을 머금었을 때 딴다. 茶芽(펴진 잎)는 우거진 차나무 숲 위로 올라온 3-5개의 곁가지 중에서 빼어난 가지의 것을 딴다. 찻잎을 따는 사람은 대광주리(籝)를 등에 짊어지고 다니면서 찻잎을 따서 담는다. 대광주리는 대바구니(藍), 종다래끼(籠), 대등구미(筥) 등이라고도 하는데, 용도와 재료는 같지만 모양이 달라서 붙여진 이름이다.

(2) 蒸茶

부뚜막(竈)에 솥을 걸고 솥 위에 시루(甑)를 올려놓는다. 부뚜막은 화력이 분산되지 않고 솥으로 모이도록 굴뚝이 없는 것을 사용한다. 시루는 나무나 진흙으로 만드는데 흙으로 만든 시루가 더 좋다. 솥 위에 시루를 걸 때 솥과 시루 사이로 증기가 새나가지 않도록 진흙을 바른다. 솥의 물이 끓으면 작은 대바구니에 찻잎

---

15)《茶經》의 제다법은 〈二之具〉와 〈三之造〉를 참고했다.

을 넣고 대바구니를 시루에 넣는다. 찻잎이 알맞게 쪄지면 대바구니를 시루에서 꺼내 찻잎을 식힌다. 가지가 셋으로 갈라진 닥나무를 이용해 뜨거운 찻잎을 헤쳐서 식혀야 진액(膏)이 유실되지 않는다. 찻잎은 알맞게 쪄야하는데, 지나치게 찌면 찻잎이 누렇게 변하고 맛이 싱거워지고, 부족하게 찌면 풋내가 나고 푸른빛이 난다.

(3) 搗茶

찻잎이 식으면 절구통(臼)에 넣고 절굿공이(杵)로 찧는다. 온기가 있을 때 잎은 잘 찧어지지만 줄기와 어린 순은 미끄러워 잘 찧어지지 않으므로 균형을 맞추어 고루 찧도록 한다. 절구통과 절굿공이 대신 디딜방아(碓)를 사용하기도 하는데, 평소에 자주 쓰던 것을 사용하는 것이 좋다.

(4) 拍茶

찻잎이 곱게 찧어지면 받침대, 깔개, 차틀 등을 이용해 전차를 찍어낸다. 받침대(承, 臺, 砧)는 보통 돌로 만드는데, 괴목나무나 뽕나무로 만들기도 한다. 받침대는 움직이지 않도록 절반을 땅 속에 묻는다. 깔개(襜, 衣)로는 기름을 먹인 명주, 비옷, 홑옷 헤진 것 등을 사용한다. 차틀(規, 模, 棬)은 쇠로 만드는데, 둥근 모양과 사각 모양 또는 꽃 모양 등 다양하게 만들 수 있다. 먼저 받침대 위에 깔개를 깔고, 깔개 위에 차틀을 올려놓는다. 차틀에 찧은 찻잎을 넣고 손으로 눌러 전차를 찍어낸다.

(5) 焙茶

찍어낸 전차는 햇볕과 焙爐를 이용해 건조시킨다. 햇볕에 말릴 때는 土羅(흙을 치는 체)와 비슷한 모양의 芘莉(籯子, 篣筤)라는 건조대를 사용한다. 焙爐는 송곳(棨, 錐刀)으로 전차 가운데에 구멍을 뚫고 이를 꼬챙이(貫)에 끼워 선반(시렁, 棚, 棧)에 올려놓고 말릴 수 있도록 만든 화로이다. 焙爐를 만들 때는 숯불을 담은 화로를 묻을 수 있도록 땅을 파고 땅 위에는 담을 쌓고 2층으로 된 선반을 설치한다. 담을 쌓는 이유는 바람을 막고 화로의 열기가 흩어지지 않도록 하기 위해서다. 반쯤 마른 전차 꼬챙이는 아래 선반에 올려놓고 완전히 마른 것은 위 선반에 올려놓는다.

(6) 穿茶

焙爐에서 완전히 건조된 전차는 휴대하기 편하도록 꿰미에 꿰는데, 꿰미는 지역에 따라 대나무를 쪼개어 만들기도 하고 닥나무 껍질을 꼬아서 만들기도 한다. 무게에 따라 上穿, 中穿, 小穿으로 나누는데; 지역에 따라 각각의 무게는 다르다.

(7) 封茶

완전히 건조된 전차는 습해지지 않고 숙성이 잘 되도록 育이라는 시설에 보관한다. 育은 나무로 뼈대를 짜고 대나무로 엮은 뒤에 대나무 위에 풀칠을 하고 종이를 바른다. 가운데 칸막이가 있고 위에는 덮개가 있으며 밑에는 받침이 있다. 그 받침 위에 잿불을 묻은 그릇을 놓아 내부를 따뜻하고 훈훈하게 한다. 育의 한쪽 옆에 출입문을 내고 쪽문을 달아 전차와 잿불을 옮길 때 사용한다.

Ⅲ. 한 · 중 전차의 음다법

1. 한국 전차의 음다법

唐代 전차에 비해 우리 청태전의 음다법은 의외로 간단하다. 위의 제다법에서 언급한대로 기존에 조사되고 연구된 내용을 토대로 청태전의 음다법을 정리하면 다음과 같다.[16]

---

16) 각주 10) 참조.

(1) 차 굽기[17]

청태전은 완전히 건조되어 단단하게 굳으면 만든 다음날부터라도 음용할 수 있었다. 때문에 차나무가 주위에서 자라고 있는 지역에서는 그때그때 만들어 마실 수 있기 때문에 보관에 크게 신경을 쓰지 않았던 것으로 보인다. 청태전을 음용할 때는 상황에 따라 1-3개를 단위로 해서 그냥 끓여서 마시거나 구운 후에 끓여서 마셨다. 지역에 따라서는 1인당 1개를 기준으로 하기도 했다. 청태전을 '별도로 구웠다'는 것으로 보아 한편에서는 물을 끓이면서 한편에서는 차를 구웠던 것으로 보인다. 차를 굽기 위한 도구에 대한 언급은 없으나 '직접 불에 구웠다'는 내용으로 보아 젓가락이나 집게 등을 사용해 구웠던 것으로 볼 수 있다. 불의 종류에 대한 언급도 없으나 당시의 상황으로 보아 온돌이나 화로의 숯불을 이용했거나 차를 굽기 위해 따로 모닥불을 피웠을 수도 있다. 거의 모든 지역에서 청태전의 색깔이 노랗게 될 때까지 구웠다.

(2) 차 끓이기

별도로 노랗게 될 때까지 구운 청태전을 끓고 있는 물에 넣으면 삐-하는 소리가 난다. 필요한 갯수만큼 끓고 있는 물에 넣고 2-3분정도 기다렸다가 茶湯의 색깔이 茶色이 되면 나누어 마신다. 물을 끓이는 용기로는 주로 곱돌로 된 약탕기나 질그릇 단지 또는 철제나 양철 주전자 등이 쓰인다. 물은 청태전 1개당 1홉 정도를 끓이는데 대개 용기의 6부 정도 물을 채운다. 경우에 따라 생강이나 오가피를 함께 넣고 끓이기도 한다. 재탕은 하지 않는다.

(3) 차 마시기

청태전은 일상음료로 쓰이기도 하고 약용으로 쓰이기도 했는데, 드물게는 손님접대용으로 쓰이기도 했다. 두통, 소화불량, 변비, 어지럼증, 고혈압 등에 상당한 효험이 있었다. 특히 제1차 세계대전이 끝난 1920년대에 콜레라가 돌았는데

---

17) 박용서 외(2008), 104쪽 참조.

청태전을 마시면 콜레라에 걸리지 않았기 때문에 집집마다 청태전을 상비약으로 비치했다. 그러다가 콜레라 예방접종이 시작되면서 청태전도 그 빛을 잃게 되었다. 청태전을 마시는 그릇은 따로 정해지지는 않았으나 주로 찻잔이나 찻주발을 이용했다.

2. 중국 전차의 음다법

중국의 음다법에는 煮茶法(烹茶法), 煎茶法, 點茶法, 泡茶法 등이 있다. 點茶法과 泡茶法에 대해서는 異論이 없으나 煮茶法과 煎茶法에 대해서는 국내 차계에 의견이 분분하다.[18] 煮茶法은 陸羽가《茶經》에서 煎茶法을 주장하기 이전까지 쓰이던 방법으로, 차나무의 생엽이나 제다한 찻잎 또는 덩어리차의 가루를 물과 함께 용기에 넣고 끓여 마셨던 것이다. 이런 차는 음용 이외에 약용이나 식용으로도 쓰였기 때문에 끓일 때 소금은 물론 각종 약초나 향료 등이 첨가되기도 하였다. 煮茶法은 초기단계의 음다법으로 차 이외에도 소금은 물론 각종 약초나 향료를 첨가하기 때문에 雜飮法이라 할 수 있다.

煎茶法은 巴蜀人들에 의해 개발된 음다법으로 陸羽가《茶經》에서 이를 긍정적으로 수용하였기 때문에 煎茶法을 陸羽式煎茶法이라고도 한다.[19] 그러나 당시에는 煮茶란 용어가 쓰였고 煎茶란 용어는 없었기 때문에 陸羽 자신도《茶經》에서 煮茶란 용어를 썼던 것이다. 煎茶法은 煮茶法이 발전된 것인데, 양자의 차이점은 3가지로 요약된다. 첫째, 煮茶法은 散茶든 茶末이든 모든 형태의 차를 끓이지만, 煎茶法은 덩어리로 된 전차의 茶末만을 끓인다.[20] 둘째, 煮茶法은 찬물과 차는 물론 소금이나 각종 첨가물을 동시에 넣고 끓이지만, 煎茶法은 끓고 있는 물에 茶末을 넣는다. 셋째, 煮茶法은 소금을 포함해 각종 약초나 향료를 첨가하지만

---

18) 하나는 煮茶法과 煎茶法을 동일시하는 것이고, 다른 하나는 잎차를 우리는 것을 煎茶法이라 하는 것이다.
19) 康乃 主編,《中國茶文化趣談》(北京: 中國旅遊出版社, 2006), 10쪽 참조.
20) 덩어리 형태의 전차를 부수어 좁쌀 모양으로 된 차 알갱이(부스러기)를 茶末이라 한다.

煎茶法은 소금을 제외한 일체의 첨가물을 넣지 않는다. 소금을 넣기 때문에 淸飮이라 할 수는 없지만 淸飮에 가깝다고 할 수 있다.《茶經》의 내용을 토대로 전차의 음다법을 정리하면 다음과 같다.[21]

(1) 전차를 대 집게나 쇠 집게에 끼워 숯불에 굽는다. 불길이 고른 상태에서 불에 바싹대고 기포가 생기도록 굽는다. 두꺼비 잔등처럼 부풀어 오르면 불에서 물러났다가 펴지면 다시 굽는다. 불에 닿는 부분은 볼록하게 나오고 반대쪽은 오목하게 들어가는데, 번갈아가며 구우면 원래의 상태로 돌아간다. 잘 구워진 전차는 젖먹이 애들의 팔뚝처럼 유연해진다. 차를 태울 수 있기 때문에 불똥이 튀는 숯불에서는 차를 굽지 않는다. 연료는 숯을 사용하는 것이 좋은데, 그 다음으로는 화력이 좋은 단단한 섶나무(뽕나무, 괴목나무, 오동나무, 참나무)를 쓴다. 고기를 굽는데 사용해 냄새가 나는 숯과 진액이 많아 그을음이 많이 나는 나무 또는 썩거나 부스러진 나무 등은 숯으로 쓰지 않는다. 잘 구워진 차는 眞香이 흩어지지 않게 紙囊에 넣는다.

(2) 지낭에 넣어둔 전차가 식으면 나무로 만든 茶碾(차 맷돌)으로 가루를 낸다. 한약방에서 사용하는 藥碾 형태의 차 맷돌을 사용하는데, 곡식을 가는 맷돌보다 크기가 작고 섬세하다. 귤나무로 만든 것이 상품이고 배나무, 뽕나무, 오동나무, 산뽕나무 등으로도 만든다. 차의 가루(茶末)를 털어내기 위해 새의 깃털로 만든 가루털개(拂末)를 이용한다.

(3) 茶末을 대나무에 비단을 입혀 만든 체(羅)로 쳐서 합(合)에 넣고 덮개를 닫아 보관한다. 茶末을 헤아려 뜨는 숟가락인 구기(則)도 합 속에 넣어두어 차를 끓일 때 사용하도록 한다.

(4) 물통의 물을 표주박으로 떠서 솥에 붓고 풍로 위에 얹고 끓인다. 육우는 차를 달이는 물은 山水가 으뜸이고, 江水는 중품이며, 井水는 하품이라 했다. 물을

---

21)《茶經》의 음다법은 〈四之器〉, 〈五之煮〉, 〈六之飮〉 등을 참고했다.《茶經》에서는 제다에 쓰이는 도구들을 茶具라 하고, 음다에 소용되는 기구를 茶器라 해서 서로 구분했다.

걸러낼 때는 漉水囊(물 거르는 주머니)을 사용한다. 솥바닥에 물고기의 눈(魚目)과 같은 기포가 생기고 어슴푸레 물 끓는 소리가 날 때를 첫 번째 끓음(一沸)이라 한다. 이때 소금단지에서 주걱으로 소금을 떠내 끓는 물에 넣어 간을 맞춘다.

(5) 솥바닥에서 구슬처럼 커진 기포가 마치 샘물이 솟구치듯 연달아 올라올 때(湧泉連珠)를 두 번째 끓음(二沸)이라 한다. 이때 끓고 있는 물을 표주박으로 떠내 물을 식히는 사발(熟盂)에 담아두고, 대젓가락으로 끓는 물의 복판을 휘저으면서 물 한 홉에 한 구기(약 3.7g)의 비율로 茶末을 끓는 물의 복판에 넣는다.

(6) 성난 파도처럼 끓어오르며 북치는 소리가 날 때(騰波鼓浪)를 세 번째 끓음(三沸)이라 한다. 이때 熟盂에 담아 식혀두었던 물을 솥에 부어 끓는 물의 기세를 가라앉히면 茶末이 3층의 거품을 형성한다. 두꺼운 거품(餑)은 아래에 생기고, 얇은 거품(沫)은 중간에 뜨고, 작고 가벼운 거품(花)은 맨 위에 뜬다.

(7) 표주박으로 茶湯을 떠내어 청자주발에 따라 마시는데 沫과 花를 고르게 나눈다. 차는 뜨거울 때 잇달아 석 잔을 마셔야 한다. 뜨거울 때 마시는 것은 차의 精華인 沫과 花가 茶湯 위에 떠있는데 茶湯이 식으면 沫과 花도 따라서 사라지기 때문이고, 석 잔을 마시는 것은 沫과 花를 풍족하게 나눌 수 있는 양이 셋째 잔까지이기 때문이다.

IV. 한 · 중 전차의 제다법과 음다법 비교

1. 제다법 비교

한국의 전차를 대표하는 청태전과 중국의 전차를 대표하는《茶經》에 나오는 錢茶의 제다법을 살핀 결과 제다과정은 양자 모두 7단계로 완벽하게 일치함을 알 수 있었다. 양자의 7단계를 병렬하면 다음과 같다.

1단계: 찻잎 따기   - 採茶

2단계: 찻잎 찌기   - 蒸茶

3단계: 찻잎 찧기   - 搗茶

4단계: 차 만들기   - 拍茶

5단계: 차 말리기   - 焙茶

6단계: 차 꿰기   - 穿茶

7단계: 차 보관하기 - 封茶

이처럼 제다과정은 완벽하게 일치하나 각 단계의 내용을 살펴보면 다소의 차이를 보이는데 각 단계별로 차이점을 정리하면 다음과 같다.

(1) 찻잎을 따는 시기가 우리는 4-6월이고 중국은 3-5월로 우리가 중국보다 1개월 정도 늦다. 두 지역의 기후차이로 볼 수도 있으나, 그보다는 재료로 사용하는 찻잎이 여린 잎이냐 아니면 센 잎이냐의 차이로 보는 것이 더 바람직하다는 생각이다. 그 이유는 우리 전차는 약용을 염두에 두고 차의 약성을 증대시키기 위해 센 잎을 사용했기 때문이다.[22] 대신 음용을 염두에 둔 고급차인 작설차는 따로 여린 잎을 따서 일찍 만들었다. 중국에서는 음용을 염두에 두고 최고의 차를 만들기 위해 아주 여린 茶筍이나 茶芽를 사용했다. 그래서 우리는 맑은 날 이슬이 없을 때 찻잎을 따고, 중국에서는 이슬이 마르기 전에 찻잎을 딴 것으로 볼 수 있다.

(2) 찻잎을 시루에 찔 때도 고급차를 만들기 위해 중국이 우리보다 훨씬 세심한 주의를 기울인 점을 엿볼 수 있다. 찻잎을 작은 대바구니에 담아 시루에 넣어 찻잎의 진액(膏)이 유실되는 것을 막았고, 또 찐 찻잎을 꺼낸 후 바로 닥나무로 헤쳐 널어 열기를 고루 식힘으로서 진액의 유실을 막던 것이다. 우리가 센 잎을 가지고 전차를 만들었다는 사실은 일부 지역이긴 하나 찐 찻잎을 다시 가마솥에

---

22) 청태전과 맥을 함께하는 것으로 보이는 또 다른 전차가 영광 불갑사의 수산스님에 의해 지금까지 전승되고 있다. 스님의 진술에 따르면 이 차는 모양으로는 전차이고, 용도로는 약차이며, 시기상으로는 단오차이기 때문에 엄밀한 의미에서 돈차(錢茶)보다는 端午藥錢茶라고 하는 것이 옳다고 한다. 단오철이면 찻잎이 이미 꽤 센 상태이다. 이에 대해서는《차와 문화》(2008년 가을호), 55쪽 참조.

넣고 찐득찐득한 즙이 나올 때까지 덖었던 것에서도 확인할 수 있다. 센 잎을 찌기만해서는 찰기가 부족해 잘 뭉쳐지지 않기 때문이다.[23]

(3) 찐 찻잎을 절구통에 넣고 찧을 때 우리는 생강뿌리나 유자열매 또는 쑥이나 오갈피나무의 잎이나 줄기를 함께 넣기도 했는데, 이는 차의 맛이나 약효를 고려한 측면도 있고 찻잎의 부족을 고려한 측면도 있는 것으로 조사되었다. 반면 육우는 濁飮을 배척하고 淸飮을 옹호했기 때문에 절구통에 찻잎만을 넣고 찧었다. 이렇게 찻잎을 찧을 때 우리는 중국과 달리 약초도 함께 넣었다는 사실을 통해서도 청태전이 약용으로 쓰였음을 확인할 수 있다.

(4) 찧은 찻잎을 가지고 받침대와 깔개 그리고 차틀을 이용해 돈차를 만드는 방법은 매우 흡사하다. 유일한 차이는 차틀의 재료가 다르다는 것인데, 우리는 대나무로 만든 竹輪이나 나무로 만든 木型 또는 찻잔의 밑굽을 이용해 전차를 찍어낸 반면 중국은 쇠로 만든 차틀을 이용했다. 우리가 자연소재를 사용하고 쇠를 사용하지 않은 것도 약효를 고려한 것으로 여겨진다.

(5) 차를 말릴 때 우리와 중국 모두 먼저 햇볕에 말리는 점은 같다. 차이점은 우리는 햇볕에 충분히 말리지 못한 경우 온돌방에 종이를 깔고 말리는데, 중국은 전차를 건조하기 위해 焙爐라고 하는 특수한 화로를 만들어 차를 말린다는 점이다. 또한 우리는 건조가 완전히 될 때까지 전차 하나씩 별개로 말리지만 중국은 여러 개의 전차를 貫이라는 꼬챙이에 꿰어 焙爐의 선반에 올려서 말린다. 배로를 만들 때는 화로를 묻을 수 있도록 땅을 파고 땅 위에는 담을 쌓고 2층으로 된 선반을 설치한다. 바람을 막고 화로의 열기가 흩어지는 것을 막기 위해 담을 설치하고, 선반을 2층으로 설치하는 것은 화로에 가까운 1층에는 반쯤 마른 차 꼬챙이를 올려놓고 완전히 마른 차 꼬챙이는 2층에 올려놓기 위해서이다. 우리는 온돌을 이용한 간접건조방식을 쓰고, 중국은 화로를 이용한 직접건조방식을 쓴다고 할 수 있다.

(6) 완전히 건조된 전차를 꿰미에 꿰어 갈무리하는 것은 우리와 중국이 같다. 다

---

23) 각주 11) 참조.

른 점은 우리는 짚이나 새끼줄 또는 실에 꿰는데 중국은 대나무를 쪼개거나 닥나무 껍질을 꼬아서 만든 꿰미를 사용한다는 것이다. 또한 우리는 한 꿰미에 30개나 50개 또는 100개나 500개 등을 꿰어 갯수단위로 보관하고 판매했는데 반해 중국에서는 斤(500g)이라는 무게를 단위로 보관하고 판매했다.[24]

(7) 우리는 차 꿰미를 온돌방의 시렁이나 헛간 또는 다락방의 벽에 걸어두거나, 차 꿰미를 종이에 싸서 온돌방의 건조한 곳에 보관했다. 백양사 같은 일부 사찰에서는 장마철이나 여름철에 불방을 만들고 여기에 전차를 보관하기도 했다.[25] 중국에서는 育이라는 시설을 설치하고 여기에 전차를 보관하고 숙성시켰다. 育의 내부에는 잿불을 묻은 그릇을 놓아두어 온도와 습도를 일정하게 유지했다. 양국 모두 전차의 보관에 주의를 기우리긴 했으나 약용보다는 음용을 목적으로 고급차를 생산했던 중국이 우리에 비해 훨씬 완벽을 기했던 것으로 보인다.

이상의 비교를 통해서 제다과정은 양국 모두 7단계로 완벽하게 일치하나, 세부적인 제다방법에서는 각 단계마다 다소의 차이가 있음을 알 수 있다. 이제 이러한 차이가 나는 주된 요인에 대해 살펴보기로 한다. 우선은 제다의 목적이 다르다는 점을 들 수 있다. 우리는 약용을 주된 목적으로 청태전을 만들었고 중국은 음용을 목적으로 전차를 만들었다는 것이다. 그래서 우리는 약성을 고려해서 찻잎이 충분히 자랐을 때 찻잎을 따서 약차를 만들고, 중국은 여린 잎을 따서 고급차를 만들었던 것이다. 때문에 우리는 청태전을 만들 때 생강뿌리나 유자열매 또는 쑥이나 오가피나무의 잎이나 줄기 등을 함께 절구통에 넣고 찧었고, 중국은 찻잎만을 넣고 찧었던 것이다.

---

24) 지역에 따라 한 꿰미의 무게가 달랐는데, 江東에서는 한 斤(500g)을 上穿 반 斤(250g)을 中穿 4兩 (125g)이나 5兩(163g)을 下穿으로 했고, 峽中에서는 120斤(60kg)을 上穿 80斤(40kg)을 中穿 50斤 (25kg)을 下穿으로 했다. 오늘날에도 우리가 갯수로 거래하는 것들을 중국에서는 대부분 무게로 거래를 하는데, 무게보다 갯수가 편리하기는 하나 정확도는 떨어지는 단점이 있다.
25) 영광 불갑사의 수산스님이 장성 백양사에 주석할 때 차를 온전하게 보관하기 위해 불방을 사용했다고 한다. 불방이란 발을 들여놓기 어려울 정도로 뜨끈뜨끈하게 불을 지핀 온돌방을 말하는데, 이 불방에 차를 담은 항아리를 보관했다. 《차와 문화》(2008, 가을호), 52-54쪽 참조.

우리의 약차인 청태전에 비해 중국의 고급차인 전차는 제다방법에서 고도의 전문성과 철저한 법칙이 필요했던 것으로 보인다. 때문에 찻잎을 따는 시기와 찻잎을 쪄서 말릴 때도 세심한 주의를 기우렸고, 건조와 보관을 위해서도 焙爐나 育과 같은 특수한 시설을 설치했던 것이다. 《茶經》에서 제다에 쓰인 茶具의 개수가 17개인 점을 보아도 고급차를 만들기 위해 그들이 고도의 전문성과 철저한 규범화를 강구했음을 알 수 있다. 이러한 차이점을 통해서 우리가 만들었던 청태전의 원형을 《茶經》에 나오는 전차보다 빠른 시기의 것으로 소급할 수 있음을 확인한 셈이다. 육우가 淸飮과 음용을 강구한 반면 청태전은 아직 雜飮과 약용의 단계를 벗어나지 못하고 있기 때문이다. 이런 상황은 중국의 대다수 소수민족들이 아직도 고유의 전통적인 방식으로 차를 만들고 있는 점과 일맥상통한다고 할 수 있다.

2. 음다법 비교

우리는 전차를 먼저 불에 구운 후에 물이 끓고 있는 약탕기나 단지 또는 주전자에 넣고 2-3분 정도 기다렸다가 우러나면 찻잔이나 찻주발에 따라 마셨다. 이보다 더 간편한 방법을 찾아볼 수 없을 정도로 지극히 간편한 음다법이라 할 수 있다. 이에 반해 육우가 제창한 煎茶法은 상당히 복잡한 음다법이라 할 수 있다. 양국 음다법의 차이는 이러한 간편함과 복잡함이라고 총괄할 수 있으나, 세부적인 차이를 정리하면 다음과 같다.

(1) 우리는 차를 구워서 바로 끓고 있는 물에 넣는다. 중국은 구운 차를 眞香이 흩어지지 않도록 紙囊에 보관했다가 식으면 나무로 만든 차 맷돌에 갈아 茶末로 만든다. 茶末을 다시 체로 쳐서 슴에 구기와 함께 보관했다가 사용한다.

(2) 우리는 물이 끓으면 바로 차를 넣는데 경우에 따라서는 생강이나 오가피를 차와 함께 넣고 끓이기도 한다. 중국은 물이 끓으면(一沸) 먼저 소금을 넣어 간을 맞추고, 다시 물이 끓으면(二沸) 표주박으로 물을 떠서 熟盂에 담아 식혀두고 대젓가락으로 끓는 물의 복판을 휘저으며 茶末을 넣는다. 우리는 물 한 홉에 1개의

비율로 청태전을 넣는데, 중국은 물 한 홉에 한 구기(則, 약 3.7g)의 비율로 茶末을 넣는다.[26] 또다시 물이 끓으면(三沸) 식혀두었던 熟盂의 물을 솥에 부어 끓는 물의 기세를 가라앉힌다. 이때 茶末이 3층의 거품으로 나뉘어 餑과 沫과 花를 형성한다.

(3) 우리는 茶湯의 색깔이 茶色으로 변할 정도로 우러나면 찻잔이나 찻주발에 고루 나누어 마신다. 중국은 표주박으로 茶湯을 떠내어 청자주발에 따라 마시는데 沫과 花를 고르게 나눈다. 차는 뜨거울 때 연달아 석 잔을 마신다.

지금까지 한 중 양국의 제다법과 음다법의 차이를 살펴보았는데 제다법의 차이에 비해 음다법의 차이가 훨씬 크다는 것을 확인했다. 위에서 언급한대로 우리의 음다법이 중국에 비해 훨씬 간편하다고 할 수 있다. 이제 그 원인을 규명해야 하는데 다행스럽게도 원인의 일단을 엿볼 수 있는 자료가 있다. 경상남도 하동군 쌍계사 경내에 있는 국보 제47호인 眞鑑禪師碑銘의 내용이 바로 그것이다.

碑銘의 내용 중 음다법과 관련된 내용은 다음과 같다.[27]

"或有以胡香爲贈者, 則以瓦載煻灰, 不爲丸而爇之曰, 吾不識是何臭虔心而已. 復有以漢茗爲供者, 則以薪爨石釜, 不爲屑而煮之曰, 吾不識是何味濡腹而已. 守眞忤俗皆此類也"(혹 어떤 사람이 胡香을 선물하면 질그릇에 잿불을 담아 환을 짓지 않은 채로 태우면서 말하기를 "나는 이것이 무슨 냄새인지 알지 못하고 마음을 경건히 할뿐이다." 라고 했다. 또 漢茗을 바치는 사람이 있으면 돌솥에 섶불을 지펴 가루를 내지 않은 채로 끓이면서 말하기를 "나는 이것이 무슨 맛인지 알지 못하고 배를 적실뿐이다."라고 하였으니, 참됨을 지키고 속됨을 싫어함이 다 이러한 類였다.)

진감선사 慧昭(774-850)는 31세 때인 804년에 구법을 위해 입당하여 27년만인 830년에 흥덕왕의 환대를 받으며 귀국하였다. 육우가《茶經》을 저술한 것이 780년경이었으니 진감선사가 당나라에서 유학한 시기는 차문화가 꽤나 융성했던 시

---

26) 청태전 1개의 무게는 가벼운 것이 3-3.75g이고 무거운 것이 5.6-7.5g인 것으로 조사되었으니 물과 차의 비율은 비슷했던 것으로 보인다.

27) 河東文化院 刊,《眞鑑禪師碑銘錄》(2002), 참조.

기였다. 때문에 진감선사는 당나라의 음다법을 익히 알고 있었을 것이다.[28] 碑銘에 나오는 漢茗은 바로 당시 유행했던 당나라의 전차를 말하고, 石釜는 곧 당시 신라에서 전차를 끓여 마시기 위해 물을 끓이던 돌솥을 말한다. 당시 신라에도 토산차가 있었지만 당나라의 고급 전차를 수입해 《茶經》에 나오는 방식대로 가루를 내어 마셨음을 알 수 있는 대목이다. 그런데도 진감선사는 참됨을 지키고 속됨을 싫어하여 사치스럽고 복잡한 당나라의 방식을 따르지 않고 자신만의 소박하고 간편한 방식을 취했던 것으로 볼 수 있다.

진감선사는 뛰어난 禪僧으로 귀국할 때 홍덕왕의 환대를 받았을 뿐만 아니라 그 뒤에도 다섯 임금으로부터 존숭을 받아 경주에서 쌍계사까지 말고삐가 줄을 이을 정도였다고 한다. 또한 불법을 청하는 사람들이 기다랗게 줄을 서서 송곳 하나 꽂을만한 땅도 없을 정도였다고 한다. 이밖에도 진감선사는 범패(梵唄)와 차는 물론 풍수와 조경 그리고 의술과 바둑까지 능했다고 한다. 불교국인 신라에서 뛰어난 승려의 영향력은 지대할 수밖에 없다. 더구나 조정의 임금은 물론 일반 백성들까지도 정신적 지도자로 추앙하는 선승의 일거수일투족은 만백성의 귀감이 될 수밖에 없다. 진감선사가 사치스럽고 복잡한 당나라의 음다 풍속을 따르지 않고 소박하고 간편한 자신만의 방식을 취했던 것도 예외일 수는 없었을 것이다. 선사를 따르는 사람들이 차츰 선사를 본받으면서 소박하고 간편한 방식의 음다법이 확산되고 또 정착되었던 것으로 볼 수 있다.

이상에서 살펴본 음다법의 차이를 통해 우리 청태전의 음다법은 《茶經》의 음다법에 비해 훨씬 간편한데, 그 원인의 중심에 진감선사의 참됨을 지키고 속됨을 싫어하는 소박하고 간편한 음다방식이 자리하고 있음을 확인했다. 제다법의 비교를 통해서도 청태전의 원형을 《茶經》 이전의 차로 소급할 수 있음을 밝혔는데, 음다법의 비교를 통해서도 청태전의 음다법이 雜飮과 약용의 단계에 머물러 있고 煮茶法의 범주를 크게 벗어나지 못했기 때문에 《茶經》에 나오는 음다법보다는 시기

---

28) 일제시대 때 멸실된 《쌍계사기》의 기록에 "이후 문성왕 2년 우리 불교 梵唄宗匠이신 진감국사께서 중국 유학을 마치시고 차종자(茶種子)를 가지고 오셔서 이곳 지리산 주변에 심으시고 대가람으로 중창하시니…"라는 글귀가 있다고 한다. 上揭書, 115쪽 참조.

적으로 앞선 것이라 할 수 있다. 이런 상황은 중국의 대다수 소수민족들이 중앙의 발전을 따르지 않고 지금도 고유의 전통을 고수하여 煮茶法으로 차를 끓여 마시는 것과 일맥상통한다고 할 수 있다.

《茶經》의 음다법은 雜飮과 약용의 단계를 벗어나 淸飮과 음용을 강구하는 煎茶法의 단계로 발전했다. 때문에 제다법과 마찬가지로 음다법에 있어서도 고도의 전문성과 철저한 법칙을 요구했다. 차를 구워서 眞香이 흩어지지 않게 紙囊에 보관하고, 맷돌에 간 茶末를 다시 체로 쳐서 合에 보관한 점, 그리고 물의 끓음을 3가지로 나누고, 주발에 형성된 거품을 3가지로 구분한 점 등을 예로 들 수 있다. 《茶經》에서 차를 끓여 마시는데 사용된 茶器의 개수가 27개나 된다는 점을 통해서도 제다법 뿐만 아니라 음다법에서도 그들이 고도의 전문성과 철저한 규범화를 강구했음을 알 수 있다.

V. 나오는 말

지금까지 한국 전차인 청태전과 청태전의 원형이라고 추정되는 당나라의 전차를 대상으로 이들의 제다법과 음다법을 고찰한 후 양국의 제다법과 음다법을 비교했다. 한·중 양국의 제다법과 음다법의 차이점과 이를 통해 밝혀진 내용을 요약하면 다음과 같다.

제다과정은 양국 모두 7단계로 완벽하게 일치한다. 그러나 제다방식에 있어서는 다소의 차이가 있는데 그것은 제다의 목적이 다르기 때문이다. 우리는 약용을 주된 목적으로 청태전을 만들었고 그들은 음용을 목적으로 전차를 만들었다. 그래서 우리는 약성을 고려해 찻잎이 충분히 자랐을 때 찻잎을 따서 약차를 만들고, 그들은 여린 잎을 따서 고급 전차를 만들었다. 또한 우리는 약효를 고려해 생강뿌리나 유자열매 또는 쑥이나 오가피나무의 잎이나 줄기 등을 찻잎과 함께 절구통에 넣고 찧었고, 그들은 찻잎만을 넣고 찧었던 것이다.

또한 제다방식에서 중국이 우리에 비해 고도의 전문성과 철저한 법칙을 강구했다. 건조와 보관을 위해 焙爐나 育과 같은 특수한 시설을 설치했다는 사실과 제다에 필요한 茶具가 17가지나 되었다는 사실 등이 이를 말해주고 있다. 《茶經》의 제다법은 이전의 약용을 위한 제다법에서 한 단계 발전된 것인데 반해 청태전의 제다법은 아직도 약용의 범주를 벗어나지 못하고 있는 것이다. 이러한 제다법의 차이를 통해서 우리 청태전의 제다법이 《茶經》의 제다법보다 시기적으로 앞선 것이라 할 수 있다. 이런 상황은 중국의 대다수 소수민족들이 지금도 고유의 제다법을 고수하고 있는 것과 비슷하다.

음다법의 차이는 제다법에 비해 훨씬 큰데 우리는 간편한 반면 그들은 복잡하다고 할 수 있다. 그 원인의 중심에는 참됨을 지키고 속됨을 싫어하는 소박하고 간편한 眞鑑禪師의 飮茶風이 자리하고 있다. 이렇게 우리 청태전의 음다법이 煮茶法과 雜飮의 범주를 크게 벗어나지 못한 반면 《茶經》의 음다법은 기존의 煮茶法을 한 단계 뛰어넘어 煎茶法과 淸飮의 단계로 발전했다. 때문에 그들은 제다법과 마찬가지로 음다법에 있어서도 고도의 전문성과 철저한 법칙을 강구했다. 물의 끓음을 3가지로 나누고, 형성된 거품을 3가지로 구분했던 사실과 음다에 필요한 茶器가 27가지나 되었다는 사실 등이 이를 말해주고 있다. 이러한 음다법의 차이를 통해서 우리 청태전의 음다법이 《茶經》의 음다법보다 시기적으로 앞선 것이라 할 수 있다. 이런 상황도 중국의 대다수 소수민족들이 지금도 고유의 음다법을 고수하고 있는 것과 비슷하다.

우리 전통차인 청태전의 역사적 가치를 확인하고 청태전의 원형과 전래과정의 실마리를 찾아보기 위해 한·중 전차의 제다법과 음다법을 비교했는데, 이러한 비교는 당나라의 전차가 전래되어 지금까지 비교적 원형에 가깝게 전승되고 있다는 점을 전제로 가능한 것이다. 제다법과 음다법의 차이를 비교한 결과 우리 청태전의 제다법과 음다법이 《茶經》의 제다법과 음다법보다 시기적으로 이르다는 것을 확인할 수 있었다. 이러한 사실은 중국의 대다수 소수민족들이 지금도 고유의 제다법과 음다법을 고수하고 있다는 사실과 같은 맥락에서 설명할 수 있다.

參考文獻

葉　羽 主編,《茶伴書香》(哈爾濱, 黑龍江人民出版社, 2001)

絳　塵 編著,《說茶》(北京, 中國商業出版社, 2002)

康　乃 主編,《中國茶文化趣談》(北京, 中國旅遊出版社, 2006)

張宏庸 編纂,《陸羽茶經叢刊》(桃園, 茶學文學出版社, 1985)

于觀亭 編著,《茶文化漫談》(北京, 中國農業出版社, 2003)

王從仁 著,《茶趣》(上海, 學林出版社, 2004)

金明培 編著,《中國의 茶道》(서울, 明文堂, 2001)

諸岡 存, 家入一雄 共著,《朝鮮の茶と禪》(서울, 寶蓮閣, 1975)

諸岡 存, 家入一雄 共著, 崔淳子 譯,《朝鮮의 茶와 禪》(광주, 三陽出版社, 1983)

諸岡 存, 家入一雄 共著, 金明培 譯,《朝鮮의 茶와 禪》(서울, 圖書出版 保林社, 1991)

崔啓遠 著,《우리茶의 再照明》(광주, 三陽出版社, 1983)

陸 羽 지음, 朴良淑 해역,《다경(茶經)》(서울, 자유문고, 1998)

河東文化院 刊,《眞鑑禪師碑銘錄 (2002)

박용서 외 지음,《1,000년 신비의 전통차 돈차 청태전》(서울, 중앙생활사, 2008)

계간《차와 문화》(서울, 이른아침, 2006, 겨울호)

계간《차와 문화》(서울, 이른아침, 2008, 가을호)

이순옥,〈青苔錢 연구〉(목포대학교 대학원 석사학위논문, 2006, 8)

유현희,〈채엽 시기에 따른 청태전의 맛 및 주요성분 변화〉(목포대학교 대학원 석사학위논문, 2007, 8)

조기정,〈중국 소수민족의 油茶 연구〉,《中國人文科學》제33집(2006, 8)

조기정,〈우리 떡차와 발효차의 원형을 찾아서〉, 계간《차와 문화》(2006년 겨울호)

【中文提要】

　由製作青苔錢住民的證言以及當時調查現地的一些日本人的證言所整理的當時製茶方法如下；首先在4-6月採取生葉，蒸茶葉以後搗茶葉．利用竹皮和布拍成銅錢模樣的錢茶，在乾燥臺乾燥錢茶以後，用繩子穿過其中央連接起來後保管．

　《茶經》中的製茶方法如下；首先在3-5月採取生葉，蒸茶葉以後搗茶葉．用規和承以及襜拍茶，用笓莉和焙爐焙茶，再用錐穿茶以後，保管於育內而熟成茶．

　青苔錢的飲茶方法如下；先用炭炙錢茶後，放在沸水中，完全煮沸後等了2-3分鐘，把得到的茶湯倒于茶湯器，每人飲一到兩杯．青苔錢還可以用來治療感冒或腹痛等．青苔錢在泡製中加入生姜和五加皮等對治療頭痛 消化不良 便秘 高血壓等有相當的效果．特別是第一次世界大戰以後，爲了豫防瘧亂，當時每個家庭都豫備青苔錢，當作常備藥．

　《茶經》中的飲茶方法如下；先用炭炙錢茶後，用紙囊藏之，而防止香之發散．用茶碾碾茶後，用絹羅羅茶，而保管于羅合．煎茶的方法相當複雜，第一沸時加鹽，第二沸時出水一瓢，用竹夾環激湯心先，用則量出定量的茶末，于沸水當中心投下．第三沸時用先前的一瓢水，以制止其沸騰，使生成餑(厚者)沫(薄者)花(細輕者)．燙的時繼續喝三盃茶湯，有使沫花均勻．

　韓·中錢茶的七個製茶過程完全一致，製茶方法上有一些差異，最大的差別如下；韓國的錢茶用老茶葉，製造以藥用爲主的茶，所以搗茶時放一些藥草一起搗．唐代的錢茶用茶筍和茶芽，製造以飲用爲主的茶，所以搗茶時不放藥草．

　韓·中錢茶的飲茶方法上的差異相當大，韓國錢茶的飲茶方法，比唐代的簡單得多．韓國的飲茶法仍然用舊式的煮茶法，唐代的陸羽才用比較發展的他的煎茶法．

　我們通常說青苔錢是保持千年神秘的傳統茶，這句話的意思是青苔錢繼承陸羽的唐茶．可是通過以上的比較，我們已經確認兩者的差異不少．青苔錢仍然保有藥用和煮茶法的此階段，陸羽的唐茶已進入飲用和煎茶法的階段．因此我們可以推斷, 靑苔錢的來源, 不是陸羽的唐茶, 是陸羽以前的茶. 靑苔錢的傳來時期, 也早於陸羽活動的時期.

【中心語】錢茶, 靑苔錢,《茶經》, 陸羽, 唐茶, 製茶法, 飮茶法

출전
〈한·중 전차(錢茶)의 제다법과 음다법 비교〉
《中國人文科學》제40집, 中國人文學會, 2008. 12)

한국 차문화의 발전과정과 연구현황 고찰

Ⅰ. 들어가는 말

한국에서 차문화라는 용어가 처음 쓰이기 시작한 것은 1970년대였던 것으로 보인다.[1] 이후 점차 사용이 늘어나면서 요즘은 차인들이 가장 일상적으로 사용하는 용어가 되었다. 하지만 아쉽게도 사용 초기부터 차문화에 대한 정확한 설명이 없어 누구나 그저 막연하게 사용하고 있는 실정이다. 그것은 문화라는 용어 자체가 그렇듯 차문화라는 용어 또한 알쏭달쏭하여 설명하기가 쉽지 않기 때문으로 여겨진다. 과거 우리는 茶道라는 용어 때문에 한 차례 심한 홍역을 치른 경험이 있다. 또한 아직도 茶道와 茶禮 그리고 茶藝라는 용어를 놓고 한국과 중국 그리

---

1) 李起潤 編著《저널리스트의 눈에 비친 茶道熱風》56쪽 참조. 또한 1979년 1월 20일에 창립된 한국차인연합회의 첫 번째 기능(사업)에 '전통 차문화 연구'가 들어있다.

고 일본이 논쟁을 벌이고 있는 실정이다. 이러한 전철을 밟지 않기 위해서 뿐만 아니라 차문화계 내부의 결속을 위해서 어렵더라도 차문화에 대한 정확한 설명이 시급한 실정이다.

문화를 설명할 때 廣義와 狹義로 나누어 설명하듯 차문화 또한 광의와 협의의 구분이 있다. 광의의 차문화는 인류사회가 창조한 차와 관계되는 물질적인 자원과 정신적인 자산의 總和이기 때문에 응당 차의 자연과학적인 분야와 인문과학적인 분야를 모두 포괄한다.[2] 광의의 차문화는 이렇듯 물질과 정신 그리고 자연과학과 인문과학을 넘나드는 전형적인 仲介文化로서, 雅俗이 함께 즐기는 문화라고 할 수 있다. 중국 속담에 '開門七件事'라 하여 생활필수품으로 柴(땔나무), 米(쌀), 油(기름), 鹽(소금), 醬(간장), 醋(식초), 茶(차)를 들었다.[3] 또한 '文人七件事'라 하여 시인묵객들이 갖추어야 할 風雅한 것으로 琴(거문고), 琪(바둑), 書(글씨), 畵(그림), 詩(시), 歌(노래), 茶(차)를 들었다.[4] 진정한 智者는 때로는 세속에 뛰어들 수도 있고 때로는 세속을 벗어날 수도 있는 것처럼, 차 또한 이렇게 물질과 정신세계를 자유롭게 왕래할 수 있었던 것이다. 차문화는 또한 물질성, 계승성, 시대성, 전세계성, 다양성 등의 기본적인 특성을 가지고 있다.[5]

광의의 차문화는 구체적으로 네 단계의 문화를 포괄한다. 첫째, 볼 수 있고 만질 수 있는 물질문화이다. 여기에는 차나무의 품종과 재배, 차의 가공과 보존, 차의 성분분석과 효능, 品茶에 필요한 물과 다기, 다정과 다실 등이 포함된다. 둘째, 차의 생산과 소비과정 중에 형성된 사회적 행위규범인 제도문화이다. 여기에는 차

---

[2] 차문화에 대한 내용은 《中國茶文化趣談》(2006), 《茶文化學槪論》(2003), 《茶文化漫談》(2003) 등을 참고했음.

[3] '開門七件事'라는 속담이 언제부터 생겨났는지는 고증을 요한다. 南宋의 吳自牧이 지은 《夢粱錄》에 '八件事'가 나오는데, '七件事'에 酒(술)가 추가되었다. 하지만 술은 생필품이 아니라 하여 元代에 酒를 빼버리고 '七件事'만 남았다. 때문에 일반적으로 '開門七件事'란 말은 吳自牧으로부터 비롯된 것으로 보고 있다.

[4] '文人七件事'는 모두 風雅로운 것들인데, 어떤 사람은 歌와 茶 대신 酒와 花를 들기도 한다. 淸代의 文人 張燦은 다음과 같은 시를 지어 수년간의 자신의 변화를 감탄했다. 琴棋書畵詩酒花, 當年件件不離他. 而今七事都更變, 柴米油鹽醬醋茶.

[5] 《中國茶文化漫談》(2003), 2-8쪽 참조.

의 생산과 소비를 관리하기 위한 국가의 각종 관리정책들이 포함된다. 예로 唐代부터 시작된 権茶制와 宋代부터 清代까지 茶馬貿易을 관리하기 위한 茶馬司, 고려시대의 茶所와 茶房제도 등을 예로 들 수 있다. 셋째, 차의 생산과 소비과정 중에 사회적 약속으로 형성된 행위양식인 행위문화이다. 통상 행위문화는 茶禮, 茶俗, 茶藝, 茶法 등의 형식으로 표출된다. 넷째, 차를 응용하는 과정 중에 배양된 가치관념, 審美적인 情趣, 사유방식 등의 주관적 요소인 정신문화이다. 여기에는 品茶에서 추구하는 심미적인 정취, 茶禮나 茶藝를 시연할 때의 분위기나 우아함, 茶道, 茶德 등이 포함된다. 이상의 네 단계 중에서 마지막의 정신문화가 차문화의 최고단계이자 핵심부분이라고 할 수 있다.

협의의 차문화는 인류사회가 창조한 차와 관계되는 물질적인 자원과 정신적인 자산 중에서 오직 정신적인 자산 분야만을 가리킨다. 때문에 협의의 차문화는 주로 차의 인문과학적인 분야에 치중하며, 주로 정신과 사회에 대한 차의 기능을 다룬다. 통상 우리가 차문화라고 할 때는 일반적으로 차에 대한 인문과학적인 내용을 가리키며, 인간과 사회에 대한 차문화의 가치기능을 강조한다. 때문에 일반적 의미에서 '차문화는 곧 협의의 차문화를 가리킨다'고 할 수 있다. 그간 논란이 되어왔던 茶道나 茶禮 그리고 茶藝라는 용어들은 광의든 협의든 모두 차문화의 범주에 속한다. 하지만 엄밀하게 말하면 그 중에서도 협의의 차문화에 속한다고 할 수 있다.

대한민국 정부가 수립된 후 벌써 60여 년이 지났으니 한국 차문화도 어언 회갑을 넘긴 셈이다. 그간 어려움도 많았고 우여곡절도 많았지만 한국의 차문화는 양적인 면에서나 질적인 면에서 괄목할만한 발전을 했다고 할 수 있다. 활력이 넘치는 차인들 모두가 오직 한국 차문화의 재건이라는 목표를 향해 앞을 보고 질주한 결과임에 틀림없다. 그런데 최근에 들어 차인들 대부분이 우리 차문화계의 현실을 직시하며 한편으로는 대견해 하면서도 한편으로는 자성과 비판의 목소리를 내기 시작한 것이다. 이제는 무작정 앞만 보고 질주만 할 것이 아니라 지난날을 돌이켜보면서 취할 것과 버릴 것을 가릴 수 있는 안목과 여유가 생긴 것으로 볼 수 있다. 최근의 이러한 변화는 한국 차문화의 재도약을 위해 매우 다행한 것이라 할 수 있다. 차문화계에서는 이러한 변화를 적극적으로 수용하고 보다 이를 가속화 시켜 도도한 변화의 물결로 발전시켜 나가야 한다.

이런 변화를 선도하기 위해 차문화를 연구하는 연구자 입장에서 지난 60여 년 동안의 한국 차문화의 발전과정과 연구현황을 점검하고 향후 바람직한 발전방향 과 연구방향을 제시하고자 한다. 그러기 위해서는 그간에 진행된 차문화와 관련 된 모든 활동과 연구 성과물을 대상으로 삼아야 한다. 발전과정을 살펴보기 위해 서는 정부와 학계는 물론 종교계와 민간단체 등 각계의 모든 활동들을 조사대상 으로 삼아야 하지만 연구의 편의상 우선은 주요한 내용만을 조사하기로 한다. 또 한 연구현황도 논문과 저서는 물론이고 각종 잡지와 회보 등 모든 자료를 망라해 야 한다. 하지만 자료가 너무 방대하기 때문에 조사에 어려움이 따른다. 때문에 우 선 연구의 일환으로 대학원의 석사와 박사학위논문만을 연구의 대상으로 삼아 연 구를 진행하기로 한다. 대학원의 학위논문이 어느 정도는 한 나라의 연구현황을 대표한다고 보기 때문에 차문화 연구의 현황을 개략적으로 점검할 수는 있다고 본다. 발전과정과 관련된 한국 차문화계의 보다 구체적인 연혁이나 활동사항은 물론 연구현황을 고찰하기 위한 일반논문과 저서 및 기타 연구 자료에 대한 조사 는 향후 계속할 것임을 밝혀둔다.

이 글을 쓰다가 잠시 신문을 보았는데 무척 반갑고도 기쁜 소식을 접했다. 2002 년 국내 처음으로 친환경 유기농 녹차 밭 인증을 받은 순천의 신광수 명차가 체코 에 첫 수출된다고 한다.[6] 수출품 중에 勝雪茶는 眞香과 五味가 가득하다는 평을 받아 유럽 부유층의 관심을 끌어 체코 현지에서 100그램당 680유로(약 240만원)라 는 높은 가격에 판매될 예정이라고 한다. 지난해 말에는 까다롭기로 정평이 난 일 본 농림수산성의 엄격한 심의를 거쳐 안전과 품질이 확보된 우수 농산품에 대해 서만 발급되는 JAS 인증을 받기도 했는데, 그동안 일본으로 수출이 한정됐던 것을 이번에 유럽으로 시장을 다변화할 수 있는 물꼬를 트게 된 것이다. 수출실적도 지

---

6) 《무등일보》(2009. 4. 16.), 2면 참조.

난해 15만 5천 달러에서 올해는 90만 달러를 예상하고 있다고 한다. 이러한 성과는 한 개인의 부단한 노력의 결과이기도 하지만 한국 차문화의 위상이 그만큼 높아진 결과이기도 하다. 2009년 광주김대중컨벤션센터가 주최한 제2회 국제 차문화 학술대회가 한국 차의 수출증대에 크게 기여할 수 있기를 기대해본다.

Ⅱ. 한국 차문화의 발전과정

1. 발전과정

이제 지난 60여 년 동안 한국 차문화계의 주요한 연혁과 활동 등을 조사하여 정리한 다음 이를 토대로 한국 차문화의 발전과정을 살펴보기로 한다.[7] 편의상 지난 60여 년을 5단계로 나누었는데, 제1단계는 1948년부터 1969년까지이고 제2단계부터는 10년 단위로 끊었다.

(1) 제1단계(1948년 - 1969년, 배태기)
1950년 - 6. 25 동란 전까지 남해안 일대에서 錢茶 유통됨
1953년 - 삼애학원(1947) 광주농업고등기술학교로 승격 인가(제다법 등 교육)
1956년 - 최남선이 허백련에게 차시 선물
1956년 - 윤재우 등 다산초당복원위원회 구성
1957년 - 다산초당 복원
1957년 - 대한다업(주) 창업

---

7) 한국 차문화의 발전과정을 살펴보기 위해 참고한 문헌은 《우리茶의 再照明》(1983), 《茶道學》(1994), 《한국차문화강좌》(2002), 《五性茶道》(2006), 《茶爐經卷》(1991, 1993, 1995), 《차문화 유적답사기》(2001), 《진주시민과 茶생활》(2001), 《海南의 茶文化》(2008), 《저널리스트의 눈에 비친 茶道 熱風》(1987), 《한국 생활문화 100년》(1995) 등인데, 이밖에도 각종 잡지와 신문 그리고 인터넷 검색자료 등을 두루 참고했다. 아직도 조사가 미진한 부분은 이후 계속해서 추가할 것임을 밝혀둔다.

1959년 - 대한다업(주)이 경성화학공업(주)이 1940년에 개원한 보성차밭 인수

1959년 - 화개제다(홍소술) 홍차생산

1962년 - 방산다장(조태연) 녹차생산

1962년 - 대한다업(주)이 일본의 홍차가공기계로 홍차 생산

1963년 - 예용해《한국일보》에 「차를 따라서」연재

1963년 - 도동열 교수(동의공업전문학교) 웅천(熊川)에서 이도다완 출토

1965년 - 대한다업(주) 다원 조성(50ha)

1965년 - 동양홍차(주) 다원 조성(30ha)

1966년 - 무등산 삼애다원 춘설헌 부근에서 녹차와 홍차 생산

1968년 - 경상대 김재생 교수《한국산차의 역사적 고찰》을 박사학위 부논문으로 제출

1969년 - 방산다장(조태연) 녹차제조허가 취득

1969년 - 전라남도 농특사업으로 다원 확장 장려

1969년 - 월간《다원(茶苑)》창간(1969년 8월호-1970년 1월호)

1969년 - 진주차례회 발족(1977, 진주차도회 1979, 진주차인회)

1969년 - 진주 대아고 박종한 교장 다도교육 실시

제1단계는 주로 민족의 선각자들이었던 의재 허백련과 효당 최범술 등에 의해 우리의 차문화가 명맥을 유지했던 시기라고 할 수 있다. 5. 16 이후 외국 홍차와 커피의 수입이 전면 금지되자 서둘러 국산 홍차를 생산하기 위한 제다업체들이 생겨났고, 정부에서도 농특사업으로 다원의 조성을 장려하기도 했다. 하지만 겨우 30ha의 차밭에서 생산되는 국산홍차에 매달리게 되어 공급량의 절대 부족 현상을 초래할 수밖에 없었다. 66년 말부터 센 찻잎은 물론이고 심지어는 불순물이나 색소를 첨가한 이른바 엉터리 홍차가 시중에 유통되기 시작하다가 급기야 70년대 중반에 가짜홍차사건이 터지고 만다. 외국 홍차와 커피에 길들여진 소비자들로부터 엉터리 홍차가 푸대접을 받는 것은 당연한 결과였다.

이러한 어려움 속에서도 의재와 효당이 있어 우리의 차문화계를 지켜주었고,

두 선각자를 따르던 사람들이 있어 고등학교에서 다도교육을 실시하기도 하고 월간잡지도 발행하였다. 이런 점들을 통해서 극히 어려운 시기였음에도 불구하고 우리 차문화의 싹은 이미 배태되었다고 할 수 있다.

(2) 제2단계(1970년 - 1979년, 태동기)

1970년 - 류춘희《한국산 녹차에 대한 연구》석사학위논문(중앙대) 제출

1970년 - 화엄사 주지 도광과 명원 김미희 1975년까지 덖음차 생산

1972년 - 권덕주《考槃餘事》번역서 출판

1972년 - 한국제다공업사가 보성에 21ha 다원 매입에 이어 장성에 3ha 다원 조성

1972년 - 석지허 선암사에서 청량차(淸凉茶) 생산

1973년 - 방산다장(조태연) 녹차제조허가 취소

1973년 - 남해 원예시험장 차나무 재배 시작(모두 동사)

1973년 - 전남 보성지역 다원면적 580ha 달성

1974년 - 권태원《차고사의 고찰과 현황》(충남대학교 논문집 제13권 제1호) 발표

1975년 - 최범술《한국의 다도》출판

1975년 - 황을순《한국차의 유래와 그 예속에 관한 소고》석사학위논문(동아대) 제출

1975년 - 예지원 개원

1977년 - 이지호〈한국 다업에 관한 지리학적 연구〉《지리학과 지리교육》발표

1977년 - 가짜 홍차 사건으로 국산 홍차 재고량 70톤(전남대학교 김동연 교수팀 조사)

1977년 - 전남대학교 김동연, 신용인《국산 홍차의 수요개발에 관한 연구》발표

1978년 - 광주 요차회 창립

1978년 - 최규용《금당다화》출판

1978년 - 김봉호《草衣選集》번역서 출판

1978년 - 홍순관《한국 다구에 대한 고찰》석사학위논문(홍익대) 제출

1978년 - 이창영 화개다(茶)농회 설립-작목반 구성하여 제다와 재배 연구

1979년 - 해남다인회 창립

1979년 - (사)한국차인회 창립(한국차인연합회 전신)

1979년 - 일지암 복원

1979년 - 박종한《茶道》번역서 출판(초의선사의《동다송》과《다신전》번역)

1979년 - 하동 새미골(진교) 청이도 다완 발굴

제2단계는 가짜 홍차사건으로 우리 차문화계가 홍역을 치르면서도 한국 차문화라는 옥동자의 탄생을 위해 힘차게 태동하던 시기였다. 국산홍차를 외면한 소비자들이 청량음료나 대용차로 눈을 돌렸지만 이를 극복하기 위해 학자들도 연구에 열을 올리고 제다업체도 몸부림을 쳤다. 어려움에 빠진 농가를 돕기 위해 한국제다의 서양원은 보성 회천의 농민들과 50ha의 다원을 계약재배하기도 했다. 뜻있는 차인들이 다투어 차에 대한 저서와 번역서를 출판했고, 차인들의 힘을 결집하기 위해 전국적인 법인체나 각종 차 모임을 조직하기 시작했다. 원로 차인들은 차문화 유적지의 중요성을 간파하여 일지암을 복원하고 야생차밭을 조사하기 위해 전국을 누비기도 했다. 한국 차문화의 탄생을 위한 제반 노력이 경주되었기 때문에 제2단계는 한국 차문화의 태동기라 할 수 있다.

(3) 제3단계(1980년 - 1989년, 유아기)

1980년 - 김운학《전통다도 풍속조사》출판

1980년 - 강우식《차의 효능》번역서 출판

1980년 - 광주요다도문화연구회 창립

1980년 - 진해 웅천 두동 이도다완 발굴

1980년 - 태평양화학이 강진과 제주도에 다원 조성(40만본 삽목)

1981년 - 차의 날 제정(5월 25일)

1981년 - 한국차인회 월간《차인》창간

1981년 - 석성우《다도》출판

1981년 - 태평양화학공업(주) 다예관 개관

1981년 - 정상구《다도사상과 다사》출판

1981년 - 김운학《한국의 차문화》출판

1981년 - 석지허 가마금잎차 보사부 등록

1982년 - 광주 요차회《요차여담》제1집 '차란 무엇인가' 발간

1982년 - 방산다장(조태연) 녹차제조허가 부활

1982년 - 문화공보부가 전통다도의 종합적인 진흥시책 발표

1982년 - 문교부가 전통다도의 교육지도방안 시달

1982년 - 최규용《茶疏》번역서 출판

1982년 - 김두만《동다송·다신전》번역서 출판

1982년 - 김명배《茶經》번역서 출판

1982년 - 이규정《다경·대관다론》번역서 출판

1982년 - 숭의여자전문대학에서 교양선택 과목으로 전통다도교육 실시

1982년 - 김영옥《조선조 도자다기에 관한 연구》석사학위논문(단국대) 제출

1982년 - 전국대학다도연합회 결성

1983년 - 김명배《한국의 다도문화》출판

1983년 - 최순자《조선의 차와 선》번역서 출판

1983년 - 김명배《한국의 다서》편역서 출판

1983년 - 정상구《다신전·동다송》번역서 출판

1983년 - (사)한국다도협회 창립

1983년 - (사)한국다도협회 다도박물관 개관

1983년 - 태평양화학공업(주)이 월간《설록차》발행

1983년 - 김봉호 월간《다원(茶苑)》복간

1983년 - 최계원《우리차의 재조명》출판

1983년 - 정상구《실용다도교본》출판

1983년 - 보건사회부가 국산차 보급시책 시행

그림 1. 월간《다원(茶苑)》창간호

그림 2. 보성 다향제

1983년 - 보건사회부에 등록된 제다업체 수가 12개 업체로 조사됨

1985년 - 한국차문화학회 창립

1985년 - 한국차문화연구회 결성(일지암 東茶亭 건립을 위한 발원문 작성)

1985년 - 이도다완과 천목다완 첫 작품전(서울 롯데백화점)

1985년 - 보성 다향제 개최

1985년 - 응송 박영희《東茶正統考》출판

1986년 - 하동군 다방에〈매주 화요일은 향토차 마시는 날, 커피 없는 날〉포스터 부착

1987년 - 이기윤 월간《다담(茶談)》창간

1987년 - 이기윤《저널리스트의 눈에 비친 茶道 熱風》출판

1988년 - 한국차인연합회 월간《차인(茶人)》창간

1988년 - 육우다경연구회 발족(최규용 등)

1989년 - 수로왕과 허왕후 등 제전에 운상차(雲上茶) 헌다

1980년대는 한국이 새롭게 세계무대에 우뚝 섰던 시기였다. 덩달아 한국 차문화도 세계무대에 탄생을 알리고 새로운 걸음마를 시작한 유년기라고 할 수 있다. 국력의 신장으로 해외여행을 자유화하고 86아시안게임과 88올림픽을 성공적으로 개최하였다. 이를 통해 가장 한국적인 것이 가장 세계적이라는 자부심을 갖게 된

것이다. 우리 전통문화의 우수성을 새롭게 인식하고 문화공보부와 문교부 등 정부가 나서서 전통차문화의 진흥을 서둘렀다. 보건사회부에서도 국산차의 보급을 위해 각종 시책을 시행했다. 이런 노력의 결과로 전문대학에서 전통다도교육이 실시되고 제다업체도 증가되었다.

특히 주목할 만한 사실은 차의 대중화를 위해 대기업인 태평양화학(주)이 차 시장에 뛰어든 것이다. 여기에는 차의 대중화를 절감한 한국제다 서양원의 역할이 컸다. 이로써 차의 대중화를 위한 발판이 마련된 것이다. 태평양화학(주)은 이후 한국 차산업을 선도하며 월간지 발행과 박물관 개관 그리고 문학상 공모 등을 통해 한국의 차문화 발전에 이바지하고 있다. 또한 학회가 창립되고 각종 연구회도 결성되어 차문화연구의 기틀을 마련했다. 전국대학다도연합회가 결성되고 전국적인 차인 조직도 늘어났다. 각종 차문화 잡지도 잇달아 창간되어 차문화의 홍보와 차산업의 발전에 일조를 하였다.

(4) 제4단계(1990년 - 1999년, 소년기)

1990년 - 정영선《한국 茶文化》출판

1990년 - 정영선 한국차문화연구소 개소, 차문화연구지 창간

1990년 - 한국 식문화학회 차문화연구회 창립

1990년 - (사)한국차문화협회 창립

1990년 - 일지암 東茶亭 준공

1991년 - 부산여대 차문화과 개설(2년제, 2001년 차문화복지과로 개명)

1991년 - 전남농촌진흥원 보성차 시험장 설립

1991년 -《茶爐經卷》합본(해인승가대학 다경원, 제7호-제45호) 출판

1992년 - 제1회 초의문화제 개최

1993년 - 제4회 국제무아차회 개최(서울)

1993년 -《茶爐經卷》합본(두 번째, 해인승가대학 다경원, 제46호-제66호) 출판

1994년 - 한국차학회 창립

1994년 - 제1회 대한민국 올해의 명차 품평대회 개최

1994년 - 김대성《차문화 유적답사기》출판

1995년 - 명원문화재단 설립

1995년 -《茶爐經卷》합본(세 번째, 해인승가대학 다경원, 제67호-83호) 출판

1996년 - 한국차생활예절교육원 개원

1996년 - 청여원 개원

1997년 - 예명원 개원

1999년 - 월간《다도(茶道)》창간

1999년 - 성신여자대학교 대학원(석사) 전통문화산업학과 개설(예절다도학 전공, 2003)

1999년 - 박천현, 김태연 기독교차문화협회 창립

　　제4단계는 한국의 차문화가 본격적으로 발전하기 위해 초석을 다진 시기로서 소년기라고 할 수 있다. 우선 개인과 단체가 차문화연구의 필요성을 절감하고 개인연구소와 연구회를 설립하여 연구 성과를 발표하기 시작했다. 정부에서도 전남 농촌진흥원 산하에 보성차 시험장을 개장하여 자연과학분야인 육종과 재배 등에 대한 연구를 시작했다. 학자들도 한국차학회를 창립하여 차 관련 연구자들의 보금자리를 마련하였다. 해인승가대학 다경원에서는 1988년부터 매월 발행했던「茶爐經卷」을 세 차례에 걸쳐 합본으로 출판하여 차인들의 박수갈채를 받았다. 김대성이《차문화 유적답사기》를 출판하여 차문화 유적에 대한 차인들의 관심을 한층 고조시켰다. 또한 석용운의 노력으로 제4회 국제무아차회가 서울에서 개최되어 한국 차문화의 위상을 세계 차문화계에 과시하기도 했다.[8]

　　한편 지나친 서구화로 인해 우리의 전통예절이 무너져가는 현실을 직시한 여성 차인들이 중심이 되어 다투어 한국 여성의 예절교육을 위한 법인체들을 개원하였

---

8) 無我茶會는 1989년에 臺灣에서 만들어진 茶會의 한 형식인데, 국제무아차회는 1990년 가을 臺灣의 臺北市에서 한국의 釋龍雲과 臺灣 육우다예중심의 蔡榮章 그리고 일본 매다진류의 家元 正木義完이 중심이 되어 시작되었다. 국제무아차회는 제4회까지는 매년 개최되었으나 제5회부터는 격년제로 열리고 있다. 지난 2007년에는 서울과 익산 등지에서 제11회 국제무아차회가 개최되었다. 무아차회에 대해서는 拙稿〈중국 무아차회 고찰〉(2009)을 참조.

다. 한국의 차문화 교육은 차를 매개물로 교육을 하지만 교육의 내용과 방법 그리고 목표에는 차문화 교육은 잘 드러나지 않고 오히려 예절과 정신 함양이 부각되고 있는 것이 현실이다.[9] 이렇게 전국 규모의 차인 법인체와 단체들이 늘어나면서 한국의 차문화계는 점점 활기를 찾아가기 시작했다. 수많은 차인들을 동원한 대규모의 전국적인 각종 행사들이 일반 대중들의 관심을 끌면서 차문화 홍보와 보급에 주도적인 역할을 하였다. 반면 1990년대까지도 대학이나 대학원에 차문화를 교육하는 정규의 학과가 개설되지 못하다가 1999년에 가서야 성신여자대학교 대학원에 전통문화산업학과가 개설되어 예절다도학을 교육하기 시작했다.

(5) 제5단계(2000년 - 2009년, 청년기)

2000년 – 성균관대학교 대학원(석사) 생활예절다도전공 개설

2000년 – 매암 차문화 박물관 개관(경상남도 하동군 악양면)

2001년 – 오설록 녹차 박물관 개관(제주도 서귀포시 안덕면)

2001년 – 예명원 김포다도박물관 개관

2001년 – 월간《차의 세계》창간

2002년 – 월간《Tea&People》창간

2002년 – 한서대학교 대학원(석사) 심신건강증진학과 다도전공 개설(차학 전공, 2003)

2002년 – 이귀례 규방다례로 인천광역시 무형문화재(제11호) 보유자 지정

2002년 – 김의정 궁중다례로 서울특별시 무형문화재(제27호) 보유자 지정

2002년 – 제4회 국제명차품평대회 개최

2003년 – 목포대학교 교양과목으로 '동서양의 차문화' 강좌 개설

2003년 – 조기정, 이경희《동서양의 차문화》출판

2003년 – 제1회 국제차문화대전(서울 코엑스)

2004년 – 농촌진흥청 작물과학원 목포시험장 차연구실 개설

---

9) 조기정, 이경희,《차와 인류의 동행》(2007), 45쪽 참조.

2004년 - 원광디지털대학교(4년제) 차문화경영학과 개설

2004년 - 목포대학교 대학원(석사) 국제차문화학과 개설

2004년 - 원광대학교 대학원(석·박사) 예다학과 개설

2004년 - 한국제다 서양원 회장 명예공학박사학위 수여(목포대학교)

2006년 - 서원대학교(4년제) 생명산업학부 차학과 개설

2006년 - 보성실업고등학교 차분야 특성화고 지정

2006년 - 계간《차와 문화》창간(격월간, 2009)

2006년 - 제1회 부산국제차문화대전(부산세계차문화대전, 2007)

2006년 - 제1회 부산국제차공예박람회

2006년 - 제1회 대구국제차문화축제(대구세계차문화축제, 2008)

2006년 - 김동섭 세계 희귀 차 박물관 '티지움' 개관(서울 노원구)

2006년 - (재)하동녹차연구소 설립

2007년 - 보성실업고등학교 차산업경영과 신입생 모집

2007년 - 류건집《한국차문화사》출판

2007년 - 제11회 국제무아차회 개최(서울, 익산)

2007년 - 나주대학(2년제) 차문화산업과 개설(차문화복지과, 2008)

2007년 - 제1회 세계차·홈데코 전시회(광주김대중컨벤션센터)

2007년 - 농약파동으로 차산업이 어려움을 겪음

2008년 - 동국대학교 불교대학원 차문화콘텐츠학과 개설

2008년 - 일본 시즈오카 '세계 녹차 콘테스트 2008'에서 장흥 청태전 최고금상 수상

2008년 - 전남도립대학(2년제) 도예다도과 개설

2009년 - 조선대학교 대학원(석·박사) 국제차문화학과 개설

2009년 - 4월말 현재 보성군에 등록된 제다업체수 80개소로 조사됨

2009년 - 기린다원 서울 양재동 농협 하나로 클럽에서 유통판매 개시

2009년 - 보성녹차 국제유기인증 획득(네덜란드 CUWG, 18농가 128ha)

2009년 - 한국차문화학회 창립(광주김대중컨벤션센터)

그림 3. 한국차문화학회 창립대회(2009)

2009년 - 계명대학교 대학원 전통문화학과 차문화전공 개설
2011년 - 목포대학교 대학원(박사) 국제차문화학과 개설

제5단계는 한국 차문화가 본격적으로 발전하기 시작한 시기로 바야흐로 청년
기에 접어들었다고 할 수 있다. 청년기에 접어든 한국 차문화계의 가장 두드러진
변화는 우선 대학과 대학원에 차문화와 관련된 학과가 개설된 것이라고 할 수 있
다. 성신여자대학교 대학원(1999년)을 선두로 성균관대학교 대학원(2000년), 부산
여자대학(2002년), 한서대학교 대학원(2002년), 원광디지털대학교(2004년), 목포대
학교 대학원(2004년), 원광대학교 대학원(2004년), 서원대학교(2006년), 나주대학
(2002년), 전남도립대학(2008년), 동국대학교 대학원(2008), 조선대학교 대학원
(2009년), 계명대학교 대학원(2009) 등에 정규학과가 개설되어 차문화와 차산업의
발전을 선도하고 있다.

둘째로 차문화와 차산업이 당당하게 문화와 산업의 한 분야로 자리를 잡은 점
도 주목할 만한 변화이다. 차를 잘 만드는 사람에게 영예로운 명예박사학위를 수
여하거나 명인으로 선정하여 표창하고, 전통다례에 뛰어난 사람을 무형문화재로
지정하거나 훈장을 수여하는 등이 이를 증명하고 있다.

마지막 변화로는 전국 주요 대도시를 중심으로 차를 주제로 하는 국제규모의 다양한 박람회가 열리기 시작한 점을 들 수 있다. 이러한 박람회를 통해 국내·외의 차문화 교류를 증진시키고 나아가 차문화의 발전은 물론 차산업과 차문화산업의 발전을 촉진시키고 있다.

2. 발전전망

지금까지 지난 60여 년 동안에 진행된 우리 차문화의 발전과정을 5단계로 나누어 살펴보았다. 배태기와 태동기를 거치고 유년기와 소년기를 지나 지금은 청년기를 치닫고 있다. 2007년에 있었던 농약파동으로 잠시 주춤하기는 했지만 청년기를 맞이한 우리 차문화와 차산업의 발전 추세를 꺾을 수는 없다고 본다. 향후 상당기간은 이러한 발전 추세가 계속될 것이라고 확신한다. 다만 연구자의 입장에서 바람직한 발전 방향에 대한 소견을 피력하고자 한다.

좋은 건물을 짓기 위해서는 기초공사를 잘해야 하고 학문이 꽃을 피우려면 기초학문이 튼실해야 하듯이 차문화가 꽃을 피우기 위해서는 차산업이 먼저 발전해야 한다. 지난 60년을 회고하면서 우리가 사상누각을 지으려 했던 점도 전혀 부정할 수는 없다. 너무나도 열악한 차산업을 기초로 하여 차문화의 꽃을 피워보려고 몸부림을 쳐왔던 점이 그것이다. 어쩔 수 없는 현실이었다고는 하지만 뼈아픈 경험이 아닐 수 없다. 차산업의 발전이 없이 차문화의 꽃은 결코 피울 수 없는 고로 지금 우리가 가장 시급하게 역점을 두어야 할 분야는 뭐니 뭐니 해도 차산업이다. 4월말 현재 보성군에 등록된 제다업체수가 80개로 조사된 사실을 접하면서 우리 차산업의 현실을 직시할 수 있었다. 차축제를 몇 년 열지 못하더라도 차산업이 제대로 경쟁력을 갖출 수 있도록 정부나 지자체가 대책을 강구해야 한다. 소규모 제다업체에서 재배와 제다는 물론이고 판매까지 해야 하는 지금까지의 방식은 시급히 개선되어야 한다. 차산업도 이제는 전문화하고 대형화하지 않으면 살아남을 수 없기 때문이다.

우리 차인들은 고유의 민족성을 살려 해방 후의 어려웠던 시기에도 차문화의 맥을 잇고 더 나아가 차문화의 재건을 위해 온 몸을 던졌다. 그러나 근자에 들어 차문화가 어느 정도 궤도에 오르면서 일부 차인들의 자세가 세인들의 입방아에 오르내리고 있다. 그것은 일부이기는 하나 잠시 차인정신을 망각하고 여러 사람 앞에서 자신이나 자신이 소속된 단체나 지역을 내세우려는 자세에서 비롯된다.[10] 자신 또는 자신이 소속된 단체나 지역을 내세우려면 필연적으로 타인 또는 다른 단체나 지역을 과소평가해야 하는데, 이는 필연적으로 반목과 질시를 낳는다. 이 렇듯 우리 차문화의 발전을 저해하는 요소는 외부가 아닌 바로 우리 내부에 있는 것이다. 차인정신의 요체는 자신을 최대한 낮추는 것이다. 스스로 낮게 처신하면 항상 위풍당당하고 벼락이 쳐도 꿈쩍하지 않는 법이다.[11] 우선 모든 차인들이 스 스로를 낮추고 상대를 공경하는 것을 생활화해서 차인들이 대동단결해야 한다. 그래야만 차산업도 발전하고 차문화도 꽃을 피울 수 있기 때문이다.

III. 한국 차문화의 연구현황

1. 연구현황

한국 차문화의 연구현황을 살펴보기 위해서는 다양한 연구자료가 망라되어야 하지만 여기서는 서론에서 언급한대로 우선 1968년부터 2008년 사이에 국내에서 발표된 석사와 박사학위논문 408편(석사학위논문: 357편, 박사학위논문: 51편)을 대

---

10) 차인정신은 이후 구체적인 연구를 요하는 부분인데 우선 참고로 無我茶會의 七大精神을 소개하면 다음과 같다. 1. 無尊卑之分 2. 無報償之心 3. 無好惡之心 4. 無流派與地域之分 5. 求精進之心 6. 遵守公共約定 7. 培養團體默契, 體現團體律動. 무아차회에 대해서는 拙稿, 〈中國 無我茶會 考察〉(2009) 참조.

11) 중국의 소수민족 중에 龍虎鬪茶, 鹽巴茶, 糖茶, 油茶 등을 즐겨 마시는 納西(Naxi)族이 있는데, 예부터 전해지는 노래에 다음과 같은 가사가 있다. 早茶一盅, 一天威風. 午茶一盅, 勞動輕鬆. 晩茶一盅, 提神去病. 一日三盅, 雷打不動.(아침에 차 한 잔은 하루를 위풍당당하게 하고, 낮에 차 한 잔은 일 하는 것을 가볍게 해주고, 저녁에 차 한 잔은 정신을 일깨워주고 병을 없애준다. 하루에 세 잔을 마 시면 벼락이 쳐도 꿈쩍하지 않는다.) 중국 소수민족의 차에 대해서는 拙稿, 〈중국 소수민족의 油茶 연구 -瑤族의 打油茶를 중심으로〉(2006) 참조.

상으로 삼았다.[12]

408편의 논문을 발표년도 별로 구분하여 표로 정리하면 다음과 같다.

〈표 1〉 연도별 발표현황(단위: 편)

연도	편수	연도	편수	연도	편수	연도	편수	연도	편수	연도	편수	연도	편수
1968	1	1974		1980		1986	1	1992	2	1998	9	2004	41
1969		1975		1981		1987	4	1993	5	1999	9	2005	32
1970	1	1976	2	1982		1988	2	1994	4	2000	12	2006	52
1971		1978	1	1983	1	1989	5	1995	7	2001	25	2007	56
1972		1978		1984		1990	2	1996	8	2002	29	2008	65
1973		1979		1985	2	1991	3	1997	5	2003	22	합계	408

〈표 1〉을 통해서 차문화와 관련된 석사와 박사학위 논문의 발표현황과 증가추이를 살펴볼 수 있다. 80년도 중반 이전까지는 연구다운 연구가 진행되지 못하다가 80년대 중반 이후부터 90년대 말까지는 미미하게 서서히 증가하고, 2000년부터는 급속도로 가파르게 증가함을 알 수 있다. 그런데 제2장 한국 차문화의 발전 과정에서 발전단계를 5단계로 구분하여 살펴보았는데, 이와 같은 맥락에서 연구현황도 이 구분을 적용하기로 한다. 단계별 논문 발표현황은 다음과 같다.

〈표 2〉 단계별 발표현황(단위: 편)

단계	시기	명칭	석사논문수	박사논문수	계
제1단계	1948-1969	배태기	0	1	1
제2단계	1970-1979	태동기	4	0	4
제3단계	1980-1989	유년기	14	1	15
제4단계	1990-1999	소년기	46	8	54
제5단계	2000-2008	청년기	293	41	334
계			357	51	408

---

12) 학위논문자료는 국회전자도서관의 학위논문 DB를 위주로 하고 한국교육학술정보원의 학위논문 DB와 국립중앙도서관의 학위논문 DB를 참고로 하였다. 수여일을 기준으로 1972년부터 2008년까지의 논문을 대상으로 삼았는데, 2009년 논문은 아직 탑재가 되지 않아 이용할 수 없었다. 1972년 이전의 논문은《다도학》(1994)의 내용을 참고했다.

〈표 2〉의 단계별 논문 발표현황을 통해서 단계별 발표논문의 증가추세가 제2장에서 살펴본 발전과정과 일맥상통함을 알 수 있다. 앞에서도 언급했듯이 대학과 대학원에 차와 관련된 학과가 정식으로 개설되기 시작한 것이 1999년도부터이기 때문에 2000년대부터 발표된 논문수가 현저하게 급격히 증가하는 양상을 보이고 있다. 때문에 2000년 이전에 발표된 논문들은 50% 이상이 의학, 약학, 식품학 등의 분야에서 차의 성분과 효능 등을 다룬 것들이다.[13) 2000년부터 2008년까지 9년 동안에 발표된 석사논문은 293편으로 전체의 약 82.1%를 차지하고, 박사논문은 41편으로 전체의 80.4%를 차지한다.

차문화학은 다른 학문분야에 비해서 특히 늦게 출발한 후발학문에 속한다. 때문에 축적된 연구 인프라가 상대적으로 미미한 것이 사실이다. 더구나 학과(학부)가 먼저 개설된 것이 아니고 우선 대학원 과정부터 개설되었기 때문에 연구 논문의 질적 수준도 자연히 상대적으로 떨어질 수밖에 없다. 이러한 문제는 시급히 해결되지는 않겠지만 연구의 양적 증가와 시간의 흐름에 따라 서서히 해소될 것으로 보인다.

이제 연구 분야에 대한 구체적인 변화상황을 살펴보기로 하자. 연구 분야는 구분하는 사람에 따라 다소의 차이가 있을 수 있다.[14) 여기서는 연구 분야를 10개로 구분하기로 한다. 성분분석과 효능 그리고 기능성 등을 다룬 논문을 효능으로 묶고, 육종과 재배, 제다와 저장, 유통과 마케팅, 차 음료와 차 음식 등은 차산업으로 묶었다. 다구와 다기 등은 다도구로 묶고, 다례와 다례교육, 행다법과 차생활 등은 다례로 묶었다. 차문화와 차문화사, 차인과 다시, 차 문헌과 차 잡지 등은 한국차문화로 묶고, 茶畵와 茶花, 차 미학, 다실과 다정, 茶樂과 茶躂 등은 예술로 묶었다. 차를 활용한 정신치료와 건강관리, 축제와 관광, 차 명상과 차훈 명상 등은 차문화산업으로 묶었다. 그밖에 중국차문화와 일본차문화 및 홍차문화 등이 있다.

---

13) 1999년까지 발표된 총 60편 중 성분과 효능 등을 다룬 논문이 32편을 차지한다.
14) 박준식, 이순영은 〈석·박사 학위논문을 통해 본 한국 차문화 관련 연구동향의 분석〉(2005)에서 다음과 같이 9개 분야로 분류했다. 효능·효과, 마케팅·디자인, 제조·제다법, 교육, 다식, 다구, 다례, 다도, 차문화 일반.

이상에서 구분한 분야별 연구현황과 변화의 추이를 살펴보기 위해 단계별로 논문 수를 조사하여 표로 정리하면 〈표 3〉과 같다. 연구 분야의 변화추이 역시 앞에서처럼 단계별로 구분하는데 5단계인 2000년대는 발표된 논문이 특별히 많을 뿐만 아니라 연구 분야의 변화추이를 살펴보기 위해 전반기(2000년-2004년)와 후반기 (2005년-2008년)로 나누었다.

〈표 3〉 분야별, 연도별 발표현황(단위: 편, 백분율)

분야＼연도	1948-1969	1970-1979	1980-1989	1990-1999	2000-2004	2005-2008	계(%)
효능		1	5	26	62	46	140(34.3)
차산업	1	1	4	5	12	31	54(13.2)
다도구		1	4	10	10	12	37(9.1)
다례		1	2	2	19	47	71(17.4)
한국차문화				8	12	30	50(12.3)
예술					9	10	19(4.7)
차문화산업						9	9(2.2)
중국차문화				2	1	8	11(2.7)
일본차문화				1	4	7	12(2.9)
홍차문화						4	4(1.0)
계	1(0.2)	4(1.0)	15(3.7)	54(13.2)	129(31.6)	205(50.2)	408(100)

〈표 3〉을 통해 우선 연구 분야가 지속적으로 확대되고 있음을 알 수 있다. 처음에는 차산업에서 시작했으나 70년대와 80년대에는 효능, 다도구, 다례 등으로 확대되고, 90년대에는 한국차문화, 중국차문화, 일본차문화 등으로 확대되었다. 2000년대 전반기에는 여기에 예술분야가 추가되었고, 2000년대 후반기에는 차문화산업과 홍차문화까지 확대되었다. 이러한 연구 분야의 확대는 한국 차문화의 발전과정과 일맥상통하는 것으로 극히 자연스런 현상으로 볼 수 있다.

차의 효능에 대한 연구는 계속 증가하여 2000년대 전반기에 절정에 도달하였으나 2000년대 후반기에 다소 감소하였다. 효능분야가 140편으로 전체 논문의 34.3%를 차지해 1위를 차지했다. 다례분야도 계속 증가하고 있는데 71편(17.4%)으로 2위를 차지했다. 우리 차문화사에서 다례가 차지하는 비중이 컸을 뿐만 아니라 법인과 단체에서도 다례를 중시했던 결과로 보인다. 차산업 분야는 처음부터 지금까지 꾸준히 증가하고 있는데 54편(13.2%)으로 3위를 차지했다. 한국차문화 분야는 90년대부터 연구되기 시작해서 계속 증가되고 있는데 50편(12.3%)으로 4위를 차지했다. 다도구에 대한 연구는 매우 완만하게 증가하고 있으며 37편(9.1%)으로 5위를 차지했다.

중국차문화와 일본차문화는 대개는 한국차문화와의 비교차원에서 연구되는데 이런 경우는 모두 한국차문화에 포함시켰고, 〈표 3〉에 표시된 것은 순수하게 중국차문화와 일본차문화를 연구한 논문의 숫자이다. 90년대부터 연구가 시작되어 증가추세를 보이고 있는데 각각 8위와 7위를 차지했다. 2000년대 전반기에 예술분야에 대한 연구가 새롭게 시작되었는데 총 19편이 발표되어 6위를 차지했다. 2000년대 후반기에는 차문화산업과 홍차에 대한 연구도 시작되었는데 후발분야지만 예술분야와 함께 연구가 증가될 분야로 기대를 모으고 있다.

2. 연구전망

〈표 1〉과 〈표 2〉의 연구현황에서 보았듯이 발표논문의 수는 2000년대에 들어 급속도로 가파르게 증가하고 있다. 2000년부터 2008년까지 지난 9년 동안에 발표된 논문이 전체의 81.8%를 차지하고 있는데, 마치 오랫동안 막혔던 둑이 한꺼번에 갑자기 터지는 것과 흡사한 양상을 보이고 있다. 이러한 양상은 차문화학이 일찍부터 대학에 수용되지 못하다가 뒤늦게 후발학문으로 출발함으로써 생겨난 현상이다. 1999년부터 지금까지 6개 대학교의 대학원에 차문화 관련 학과가 개설되었는데, 앞으로도 상당기간 이러한 증가추세는 지속될 것으로 전망된다. 따라서 차문화와 관련된 발표논문의 증가의 속도와 폭은 점점 빠르고 클 것으로 전망된다.

차문화학이 후발학문에 속하기 때문에 축적된 연구 인프라도 상대적으로 미미한 수준이다. 더구나 대학이 차문화학을 수용하는 과정에서 학과(부)를 개설하고 나중에 대학원을 개설하는 정상적인 과정을 거치지 않고 대학원부터 개설했기 때문에 발표된 논문의 질적 수준이 상대적으로 뒤떨어질 수밖에 없다. 이러한 문제를 해결하기 위해서는 대학에 차문화학 관련 학과(부)가 시급히 개설되어야 한다. 학과(부)의 개설이 가능하기 위해서는 차산업의 발전이 전제되어야 한다. 차산업의 발전을 전제로 대학에 학과(부)를 개설하는 것도 시급하지만 차문화학은 복합학문이기 때문에 지역의 몇 개 중심대학에 아예 단과대학인 차문화대학을 설립하는 것이 어렵기는 하겠지만 가장 바람직한 방안이라고 확신한다.

〈표 3〉을 통해서 연구 분야의 확대과정과 연구 분야별 발표논문의 추이를 살펴보았다. 연구 인력이 증가하면서 연구 분야의 확대는 앞으로도 지속될 것으로 보이는데, 우선 위에서 구분한 10개의 큰 연구 분야 자체에서 스스로 독립하는 분야가 늘어날 것으로 전망된다. 예컨대 차산업에서 시차를 두고 먼저 육종과 재배, 제다, 유통과 마케팅, 차음식 등의 순으로 독립하는 것이다. 사실 육종은 차산업의 근간이라 할 수 있는데 여러 가지 요인으로 인해 발표논문이 극소수에 불과한 실정이다. 국가 차원의 지원을 통해 육종분야의 연구가 활성화되기를 기대해본다.

위와 같은 유형의 연구 분야의 세부적 확대 이외에도 전혀 새로운 유형의 연구 분야도 계속해서 확대될 것으로 전망된다. 예컨대 다원 경영이나 다실 경영 같은 분야를 들 수 있다. 다원 경영은 대규모의 다원이 조성되는 것을 전제로 하는 분야이고, 다실 경영도 다실의 대형화를 전제로 하는 분야이다. 이처럼 연구 분야는 앞으로 여러 유형으로 확대를 지속할 것으로 전망된다.

마지막으로 위에서 구분한 10개의 분야 모두 발표 논문이 증가될 것은 분명하지만 현실적 상황에 따라 분야별로 다소의 차이가 날 것으로 보인다. 효능과 다례 분야는 이미 상당한 연구가 되었기 때문에 증가 속도가 완만할 것으로 전망되고, 다도구 분야는 연구자가 많지 않아 증가량이 적을 것으로 보인다. 차산업, 한국차문화, 예술, 차문화산업 등의 분야는 사회적 수요 때문에 증가의 속도도 빠르고 증가의 폭도 클 것으로 전망된다. 외국차문화 분야는 완만하기는 하지만 꾸준히 증가할 것으로 보인다.

Ⅳ. 나오는 말

대한민국 정부가 수립된 1948년부터 2009년까지 지난 60여 년 동안 우리 차문화의 발전과정과 연구현황을 살펴본 후 바람직한 발전방향과 연구방향을 전망해 보았다. 지금까지 살펴본 내용을 요약하면 다음과 같다.

* 발전과정: 60여 년 동안의 발전과정은 배태기(1948년-1969년), 태동기(1970년-1979년), 유년기(1980년-1989년), 소년기(1990년-1999년), 청년기(2000년-2009년) 등의 5단계로 구분할 수 있다.

* 발전전망: 청년기를 맞이한 우리의 차문화는 향후 더욱 빠른 속도로 발전할 것으로 전망된다. 그러기 위해서는 차산업의 발전이 전제되어야 하는데, 차산업의 전문화와 대형화가 가능하도록 우선은 정부와 지자체가 적극적으로 나서야 한다. 차인들 또한 그간의 구태를 벗고 자신을 낮추는 차인정신으로 똘똘 뭉쳐야 한다. 그래야 차산업도 발전하고 차문화도 꽃을 피울 수 있다.

* 연구현황: 80년대 중반 이전까지는 연구다운 연구가 진행되지 못하다가 80년대 중반 이후부터 90년대 말까지는 발표논문이 미미하게 서서히 증가하고, 2000년부터는 급속도로 가파르게 증가했다(〈표 1〉 참조). 연도별 발표논문수의 변화추이를 살펴본 결과 5단계로 나눈 발전과정과 매우 근접하게 나타났다(〈표 2〉 참조). 연구 분야별 변화추이를 살펴본 결과 연구 분야도 계속해서 확대되는 것으로 나타났는데(〈표 3〉 참조), 이 또한 5단계로 나눈 발전과정과 일맥상통하는 자연스런 현상으로 보인다. 10개 분야별 발표논문 순위는 효능(140)-다례(71)-차산업(54)-한국차문화(50)-다도구(37)-예술(19)-일본차문화(12)-중국차문화(11)-차문화산업(9)-홍차문화(4) 순으로 나타났다.

* 연구전망: 대학원에 개설되는 차문화 관련 학과가 증가 일로에 있기 때문에 발표논문의 수는 계속해서 가파르게 증가될 것으로 전망된다. 논문의 질적 제고를 위해서는 대학에 차문화학과(부)나 차문화대학이 개설되어야 한다. 연구 분야

의 확대 또한 내부로부터의 세부적 확대는 물론 전혀 새로운 연구 분야도 속속 등장할 것으로 전망된다. 10개 분야별 모두 발표논문의 수는 계속해서 증가하겠지만 증가속도는 다소 차이를 보일 것으로 보인다. 효능과 다례분야는 증가속도가 완만하고 다도구 분야는 증가량이 적을 것으로 전망된다. 차산업, 한국차문화, 예술, 차문화산업 등의 분야는 증가속도도 빠르고 증가폭도 클 것으로 전망되고, 외국차문화 분야는 완만하기는 하지만 꾸준히 증가할 것으로 전망된다.

參考文獻

朴暎熙 著,《東茶正統考》(서울, 호영출판사, 1985)

金明培 著,《茶道學》(서울, 學文社, 1994)

崔啓遠 著,《우리茶의 再照明》(광주, 三陽出版社, 1983)

석용운 지음,《한국茶문화강좌: 역사편》(서울, 도서출판 초의, 2002)

朴鐘漢 지음,《五性茶道》(창원, 도서출판 토피아, 2006)

해인사 다경원 편,《茶爐經卷》합본(3권)(대구, 부흥기획, 1991, 1993, 1995)

김대성 著,《차문화 유적답사기》(서울, 佛敎映像, 2001)

정헌식 지음,《진주시민과 茶생활》(진주, 형평출판사, 2001)

권경안 글,《보성을 말한다》(서울, 학연문화사, 2003)

(사)해남다인회 편,《海南의 茶文化》(해남, 해남신문사, 2008)

조기정, 이경희 지음,《차와 인류의 동행》(서울, 서우얼출판사, 2007)

康乃 主編,《中國茶文化趣談》(北京, 中國旅遊出版社, 2006)

高旭暉, 劉桂華 著,《茶文化學槪論》(合肥, 安徽美術出版社, 2003)

于觀亭 編著,《茶文化漫談》(北京, 中國農業出版社, 2003)

李起潤 編著,《저널리스트의 눈에 비친 茶道熱風》(서울, 도서출판 保林社, 1987)

전완길 외 8인 공저 태평양50년사 부록《한국 생활문화 100년》(서울, 도서출판 장원, 1995)

박준식, 이순영, 〈석·박사 학위논문을 통해 본 한국 차문화 관련 연구동향의 분석〉, 《한국도서관·정보학회지》, 제36권 제2호

이순영, 〈해방이후 한국 차문화 관련 문헌에 관한 분석적 연구〉(계명대학교 대학원 석사학위 논문, 2006)

조기정, 〈중국 소수민족의 油茶 연구—瑤族의 打油茶를 중심으로〉,《중국인문과학》, 제33집(2006,8)

조기정, 〈中國 無我茶會 考察〉,《중국인문과학》, 제41집(2009, 4)

【Abstract】

The progress of Korean tea culture and its research status during the last 60 plus years from 1948 when the Korean government was established to 2009 were looked at and, then, desirable progress and research ideas were presented. The summary of this study is as follows:

* Developmental stages: the progress of the last 60 plus years could be divided into 5 stages - conception stage(1948-1969), pregnant stage(1970-1979), infant stage(1980-1989), childhood stage(1990-1999) and adolescent stage(2000-2009).

* Progress outlook: our tea culture which is now in its adolescent stage is expected to grow at an even faster speed. In order for that to happen, the development of the tea industry is necessary. The central government and local autonomies should take proactive actions so that the industry can be specialized and made bigger. In line with that, tea aficionados should get out of old-fashioned practices and get united in the spirit of self-lowering tea aficionados. In that way, not only tea culture but also the tea industry can prosper.

* Research status: up to the middle of the 1980s there had been little research and from the mid-1980s to the late 1990s theses started to increase at a slow pace. But, from 2000, the number of theses increased at a skyrocketing speed(see Table 1>). The number trend of theses in the years was quite similar to that of the 5 developmental stages(see <Table 2>). The developments in research fields showed that they continued to expand(see <Table 3>), which seems to be quite natural in view of the 5 developmental stages. The 10 fields of published theses in the decreasing order are: efficacy(140)-tea ceremony(71)-tea industry(54)-Korea tea culture(50)-tea utensil(37)-arts(19)-Japanese tea culture(12)-Chinese tea culture(11)-tea culture industry(9)-black tea(4).

* Research prospect: since the tea culture-related departments in graduate schools are on the rise, it is expected that published theses will continue to increase sharply. In order to raise thesis quality, tea culture departments or tea culture colleges should be set up. It is also expected that totally new research fields as well as the expansion of existing fields will continue to come into existence. All 10 research fields are sure to show increasing numbers of theses, but each field will have its own different increasing speed. The fields of efficacy and tea ceremony will show rather slower increasing speeds and the field of tea utensil will have a small increase. The fields of tea industry, Korean tea culture, arts, tea culture industry, etc. are expected to have both high increasing speeds and bigger increasing increments and the field of foreign tea culture is expected to show a slow but steady increase.

【Key words】

Korean tea culture, developmental stage, progress outlook, research status, research prospect

---

출전
〈한국 차문화의 발전과정과 연구현황 고찰〉
(《韓國茶文化》創刊號, 韓國茶文化學會, 2010, 6)

喬覺의 茶詩 考察

Ⅰ. 들어가는 말

생활수준이 향상되면서 차를 마시는 인구도 점차 늘어나고 있다. 이런 추세에 따라 차의 재배면적과 생산량은 물론 판매점과 찻집들도 증가하고 있다. 더욱 특기할 만한 것은 2000년을 전후해 전문적으로 차를 교육하는 대학들이 늘어나고 있다는 사실이다.[1] 때문에 우리의 차문화는 바야흐로 청년기를 맞이했다고 할 수 있다. 하지만 차문화가 후발학문인 까닭에 관련 자료와 연구 인력이 부족하여 이에 대한 연구 성과도 턱없이 부족한 실정이다. 그나마 다행인 것은 우리 조상들이 남긴 茶詩가 많아 이를 토대로 우리의 차문화사를 얼기설기 엮을 수 있다는 것이다.

茶詩는 한 · 중 · 일 3국 중 특히 우리 조상들이 가장 많이 남겨놓아 시대별 차문화를 연구하는데 귀중한 자료로 쓰이고 있다. 茶詩에는 찻잎을 따서 차를 만들고 차를 마시는 여러 과정들은 물론 차를 마시는 분위기와 정서 등 차와 관련된 제반 분야들이 모두 표현되어 있기 때문에 당시의 차문화를 복원하고 연구하는

───────────────

1) 이에 대해서는 拙稿, 〈한국 차문화의 발전과정과 연구현황 고찰〉, 《韓國茶文化》, 창간호 참조.

데 많이 활용되고 있다. 특히 茶書가 절대적으로 부족한 우리의 현실을 감안할 때 茶詩의 가치는 갈수록 증대될 것이다.

이러한 茶詩의 절실한 필요성으로 인해 그간 많은 茶詩들이 소개되고 번역되었으며,[2] 일부는 茶詩를 중심으로 하여 한국의 차문화사를 엮어 책으로 출판되기도 하였다.[3] 하지만 대부분이 茶詩를 통해 당시의 차문화와 관련된 필요한 자료를 수집하기 위한 목적에서 번역에만 치우친 경우가 많았다. 번역마저도 일부는 한문에 대한 이해의 부족으로, 일부는 차에 대한 이해의 부족 등으로 誤譯을 하는 경우도 적지 않았다. 이런 상황이다 보니 茶詩의 내용과 형식에 대한 올바른 분석과 감상은 물론 작자의 詩心을 헤아리는 작업 등은 뒷전으로 밀려날 수밖에 없었다. 특히 茶詩의 형식에 대해서는 아예 언급조차 없는 실정이다.

필자는 10여 년 전 목포의 한 차인 단체에서 중국어를 강의한 적이 있는데, 틈틈이 한국과 중국의 茶詩를 한 편씩 소개하기도 하였다. 하루는 喬覺이 쓴 茶詩 〈送童子下山〉을 풀이하는데 頸聯을 설명할 즈음 여기저기서 울먹이는 소리가 들리는 것이 아닌가! 설명이 尾聯에 이르자 울먹이는 소리가 차츰 커지고 많아지더니 끝내는 모두들 엉엉 울어버리고 말았다. 설명하던 필자도 울먹이며 더 이상 말을 잇지 못하고 말았다. 漢文으로 된 茶詩 한 편 번역했을 뿐인데 작자의 詩心이 전해져 모두의 가슴을 울리고 만 것이다.

신라 왕자 喬覺을 재조명하기 시작한 단체는 다름 아닌 한국차문화협회였다. 1996년 11월 15일에 喬覺에 대한 학술발표회를 필두로 1999년 6월 7일에는 喬覺의 肉身寶殿에 六法供養 獻茶禮 의식을 거행하였다. 또한 2001년 1월 10일에는 喬覺의 茶詩碑를 건립하였다. 喬覺의 茶詩가 국내에 소개된 후 여러 사람이 이를 번역하였으나 대부분 喬覺의 詩意를 제대로 전달했다고 하기에는 미흡한 실정이다. 혹자는 차에 대한 이해의 부족으로, 혹자는 한자의 誤讀으로, 혹자는 童子에 얽힌 숨은 이야기에 대한 이해 부족 등이 원인인 것으로 보인다. 本考에서는 喬覺

---

2) 예로 김상현의 《한국의 茶詩》(1997)와 김길자의 《中國茶詩》(1999)를 들 수 있다.
3) 예로 류건집의 《韓國茶文化史》를 들 수 있다.

의 생애를 살핀 후에 그의 茶詩 〈送童子下山〉의 내용과 형식고찰을 통해 작자의
詩意를 제대로 전달하고자 한다.

Ⅱ. 喬覺의 생애

喬覺에 관한 중국의 자료로는 唐나라의 費冠卿이 쓴《九華山化城寺記》(元和
8년, 813), 宋나라의 贊寧 등이 지은《宋高僧傳》(권20), 明나라 때 御命에 의해 지
은《神僧傳》(권8),《靑陽縣誌》등이 있고, 우리의 자료로는 조선 후기에 韓致奫이
지은《海東繹史》(70권, 조카 韓鎭書가 15권 6책을 보충, 권67-70 인물고)가 있다. 이
가운데 가장 믿을 만한 것은《九華山化城寺記》이다. 그것은 喬覺과 거의 동시대
사람이자 九華山 현지인이었던 費冠卿이 어려서부터 직접 보고 들은 바를 적은
기록이기 때문이다. 최근 인터넷에 모 필자가 1981년에 입수했다는 銅版에 관한
글이 떠돌았는데, 아직까지는 공식적으로 믿기 어려운 내용이다.[4]《九華山化城寺
記》의 내용을 중심으로 하고 위에 언급된 자료들을 참고삼아 喬覺의 생애를 더듬
어보기로 한다.

僧 喬覺은 신라국 왕자 김씨로 696년 聖德王(702-737)의 장자로 태어났다. 본
명은 守忠으로, 목에는 괴상한 뼈가 솟아있고, 七尺 거구이며, 힘은 백(혹은 열)사
람을 능가하였다. 714년 2월에 唐나라에 파견되었고, 715년에는 제2비인 嚴貞王
后 소생의 제2자인 重慶이 태자로 책봉된다. 716년에는 守忠의 생모인 제1비 成
貞王后가 폐출되었다. 717년 9월에 唐나라에서 귀국한 守忠은 24세 되던 해인
719년에 善聽(혹은 諦聽[5])이란 개와 黃粒稻, 金地茶 등을 가지고 바다를 건너 구
화산에 들어와 修道에 정진하였다. 어느 날 독사가 물었으나 단정히 앉아 개의치

---

4) 인터넷에 올라온 글에 의하면 喬覺은 신라 29대 太宗武烈王 金春秋의 아들이라고 주장했다.
5) 善聽이나 諦聽 모두 주인의 말을 잘 듣는다는 뜻이다.

않자 고운 여인이 홀연히 나타나 사죄하고 샘물을 솟게 하였다. 사람들은 이를 龍女泉이라 불렀다.

至德(756-758) 년간에 마을의 노인인 諸葛節 등이 산에 오르다 석실에서 명상에 젖어 있는 喬覺을 발견하였는데, 다리가 부러진 솥에다 白土(고령토)에 약간의 쌀을 섞어 먹고 있었다. 이에 감동한 노인들이 돈을 모아 화성사를 짓고 대사를 모셨다. 그의 명성이 신라에도 알려져 방문객들이 쇄도해 식량이 부족하자 백토를 파 먹이고, 이후 농사를 지어 자급자족하게 하였다. 757년에는 당나라 숙종으로부터 金印(地藏利成金印)을 하사받았는데, 교각의 얼굴이 조각된 금인의 머리부위에 뿔이 솟아있어 비관경이 '머리에 괴상한 뼈가 솟아있고 七尺 거구이며 힘은 백(혹은 열)사람을 능가했다'는 기록과 일치 한다.

99세가 되던 貞元 10년(794)에 대중에게 작별인사를 한 후에 앉아서 조용히 숨을 거두었다. 이때 산이 울리고 돌이 굴러 떨어졌으며, 종을 쳐도 소리가 나지 않고 땅에 떨어져 버렸고, 서까래가 부서졌다. 불교 장례 절차에 따라 시신을 函에 넣어 두었는데, 3년이 지난 797년에 函을 열자 결가부좌한 생시의 모습 그대로였고, 뼈마디에서 금자물쇠 흔드는 소리가 났다. 이 모습이 불경에서 묘사한 地藏菩薩과 흡사해 대중들은 地藏菩薩이 現身한 것으로 굳게 믿었다. 그래서 시신 위에 金地藏塔을 세우고 이 탑을 보호하기 위해 건물을 지었는 바 이것이 오늘의 肉身寶殿이다.

肉身菩薩은 生身菩薩을 가리키는 말로 等身佛 또는 즉신불로도 불리는데, 부모가 낳아준 몸 그대로 보살의 지위에 오르는 것을 말한다. 이는 철저한 계율수행과 힘찬 정신력을 통하여 肉身成道를 이룬 경우에 일어나는 특수한 현상이다. 지장보살은 이미 해탈의 경지에 이르렀으나 석가모니 부처님 사후 미래불인 미륵불이 출현하기까지 無佛의 시대에 육도의 중생을 모두 교화하고 구제하기 위해 성불을 포기한 보살이다. 九華山은 地藏菩薩의 도량으로서, 觀音菩薩의 도량인 浙江省의 普陀山, 文殊菩薩의 도량인 山西省의 五臺山, 普賢菩薩의 도량인 四川省의 峨嵋山과 더불어 중국 불교의 四大 명산으로 꼽히지만, "衆生度盡, 方證菩

提. 地獄未空, 誓不成佛.(중생을 모두 제도하고서, 비로소 보리를 증득하리. 지옥이 텅 빌 때까지는 맹세코 성불하지 않으리)"이라 다짐하였던 地藏菩薩의 서원이 워낙 크기 때문에 오늘날도 가장 많은 참배객이 붐비는 곳이다.

九華山은 安徽省 靑陽縣에 있으며 최고봉인 十王峰(1342m) 등 9개의 봉우리로 이루어져 있다. 옛날 閔씨가 개척할 당시 9명의 아들들이 9마리의 용들과 싸우다가 9개의 봉우리가 되었다 하여 九子山이라 했는데, 李白이 "靈山開九華"라고 읊은 이후부터 九華山으로 불리게 되었다. 구화산을 이야기 할 때는 늘 숫자 九가 따라다닌다. 九蓮庵, 九子巖, 九子松, 九華街, 九死還魂草, 九十九階段, 八十一階段, 9.9m의 지장보살상, 1999년 9월 9일 9시 99m의 동상 건립 등 길상의 숫자 九는 99세에 입적한 喬覺과 직간접적으로 관계가 있다.

신라에서 온 고행승 金喬覺은 이렇게 해서 地藏菩薩이 되어 중국 백성들의 마음속에 영원히 자리를 잡게 되었다. 실제로 그의 행적을 훨씬 생생하게 전해주는 것은 문헌기록보다도 구전되어오는 민간의 이야기이다. 九華山의 어디를 가나 喬覺의 자취가 서려있다. 一宿庵은 그가 하루 유숙했던 암자이고, 龍池는 그가 龍女를 교화했던 흔적이며, 二聖殿은 두 외삼촌을 기린 건물이고, 娘娘塔은 그의 어머님을 기린 탑이며, 古拜經臺는 그가 경전을 읽던 너럭바위이고, 觀音峰과 蠟燭峰은 관음보살이 그를 예방하면서 남긴 예물이고, 老虎洞은 그가 팽개친 호랑이가 처박힌 동굴이고, 神光嶺은 그가 열반할 때 신령한 빛을 발했던 고개이며, 大鵬聽經石은 그의 독경소리를 듣던 큰 새의 화석이며, 黃粒稻와 金地茶는 그가 고국에서 가져온 볍씨와 차라고 하는 등등 그를 떠나서는 구화산을 이야기 할 수가 없다.

한 마디로 九華山은 地藏菩薩로 환생한 喬覺의 영토였던 셈이다. 이를 입증이나 하려는 듯 퍽 흥미로운 이야기가 전해오고 있다. 구화산은 원래 閔氏의 아홉 아들이 惡龍과 싸워 지켜낸 곳이기에 대대로 閔氏 소유였다. 당시의 가장은 閔讓和였는데, 남에게 베풀기를 좋아했기 때문에 모두들 그를 閔公이라 부르며 존경했다. 기회만 있으면 齋會를 열어 스님들께 공양을 올렸으나 아쉽게도 늘 99명에 머물렀다. 그러다가 동굴에 異國僧이 있다는 소식을 듣고 獨生子인 道明을 보내 간청한 끝에 喬覺을 모시게 되었다. 드디어 100분께 공양을 올리게 된 閔公은 기쁜 나머지 교각스님께 보시할 수 있도록 기회를 달라고 하자 교각은 가사를 펼칠 만큼의 수도할 땅을 부탁했다. 閔公이 흔쾌히 승낙하자 교각이 가사를 펼치니 가사가 99개의 봉우리 모두를 덮어버리고 말았다. 엄청난 법력 앞에 덥석 무릎을 꿇은 閔公은 道明을 제자로 거두어 줄 것을 간청하고 자신도 출가하고 말았다. 지금도 동자승과 평복차림의 노인이 지장보살상을 협시하고 있다.

Ⅲ. 茶詩 고찰

1. 내용 고찰

喬覺의 시는 아쉽게도 두 편만 전해지고 있는데, 한 편은 수행 초기 어려운 시절에 柯(吳)用之로부터 공양미를 받고서 고마운 마음을 표현한 〈酬惠米〉라는 시이고,[6] 다른 한 편은 말년에 거둔 마지막 제자인 童子를 하산시키며 그 감회를 담아낸 〈送童子下山〉이란 시이다. 후자는 《全唐詩》 제12함 제1책에 실려 있으나, 전자는 《全唐詩》 등에 실려 있지 않는 작품들을 조사하다 安徽省의 한 縣誌에서 최근에야 발견되었다. 두 편의 시 가운데 후자가 茶詩에 속하기 때문에 여기서는 후자만을 고찰대상으로 삼는다. 《送童子下山》의 全文은 다음과 같다.

　　空門寂寞汝思家,

---

6) 棄却金鑾衲布衣, 修身浮海到華西. 原身自是喬王子, 慕道相逢柯用之. 未敢叩門求地語, 昨叩送米續晨炊. 而今殖食黃精飯, 腹飽忘思前日飢.(궁궐을 떠나 승복으로 갈아입고서, 몸을 닦고자 바다 건너 중국에 왔네. 출신을 따지자면 원래 만 왕자이지만, 도를 흠모하여 가용지를 만났네. 미처 감히 문을 두드려 불법을 구하지도 못했는데, 어제 외람되이 보내주신 쌀을 받아 아침끼니를 이었네. 이제 선약 같은 저녁밥을 먹게 되니, 배가 부르다고 전날의 배고픔을 잊을손가.)

禮別雲房下九華.
愛向竹欄騎竹馬,
懶於金地聚金沙.
添瓶澗底休招月,
烹茗甌中罷弄花.
好去不須頻下淚,
老僧相伴有煙霞.

喬覺의 시 〈送童子下山〉에 대해서는 이미 여러 사람들이 번역을 했다. 하지만 기존의 번역들이 詩意를 전달하는데 다소 미흡한 바, 그 이유는 우선 詩에 나오는 童子에 얽힌 숨은 이야기를 모르거나, 煎茶에 대한 이해가 부족한 결과로 볼 수 있고, 다음으로는 詩에 나오는 몇 글자를 誤讀한 결과로 보인다.

먼저 童子에 얽힌 숨은 이야기를 살펴보기로 하자. 어느 날 한 노인이 어린 손자의 손을 잡고 구화산의 밤길을 걷고 있었다. 喬覺의 법력이 세상에 자자하자 불치병에 시달리고 있는 아들을 구하기 위해 마지막 희망의 안고 喬覺을 찾아오는 길이었다. 그런데 난데없이 배고픈 호랑이가 나타나 노인을 물어뜯고서 아이에게 달려드는 것이 아닌가. 위기의 순간에 어디선가 喬覺이 나타나 호랑이를 한 방에 내리쳐서 아이를 구했다. 지금도 건너편 절벽에 老虎洞이란 동굴이 있는데, 당시 호랑이가 꼬리만 남기고 처박힌 자국이라 전한다.

이때 아이의 나이는 5세였는데, 아이의 처지를 불쌍히 여긴 喬覺이 거두어 돌보다가 마지막 제자(關門弟子)로 삼았다. 6년이 지난 어느 날 男裝 차림의 한 여인이 喬覺을 찾아왔다. 자초지종을 듣고 보니 이 여인이 바로 아이의 어머니가 아닌가! 어느 날 남편의 병은 감쪽같이 나았으나 아버지와 아들의 행방은 끝내 묘연하자 최후의 수단으로 喬覺을 찾아온 것이었다. 喬覺은 童子의 손을 어머니에게 쥐어주며 구화산을 내려가도록 했다. 〈送童子下山〉은 이때의 온갖 감회를 표현한 시이다.

이어서 煎茶에 대해 살펴보기로 하자. 陸羽는 《茶經》의 끓이기(〈五之煮〉) 편에서 "其水, 用山水上, 江水中, 井水下."(차를 달이는 물은 山水를 쓰는 것이 상등품이요, 강물을 쓰는 것이 중등품이고, 우물물을 쓰는 것이 하등품이다)[7]라고 했는데, 위 시 頸聯의 出句(제5구)는 차를 끓이기 위해 최상의 산골 물을 긷는 내용이다. 童子가 차츰 정신적으로 안정을 찾아가자 喬覺은 童子를 위해 차츰 이것저것을 가르쳤을 것이다. 우선 산골짜기로 가서 찻물을 길어오게 했는데 한참을 기다려도 돌아오지 않자 걱정스러운 나머지 골짜기로 가보았다. 마침 초저녁 초승달이 골짜기에 비쳤는데, 글쎄 동자가 수 없이 몇 번이고 그 초승달을 물병에 담으려고 애를 쓰고 있는 것이 아닌가! 이제 어머니 품으로 돌아가면 산골짜기로 찻물을 뜨러 가는 일은 그만 둘 것을 생각하며 당시를 회상하고 있다.

唐代 사람들은 중기 이후 차를 갈증해소의 차원인 喝茶(飮茶)의 단계를 뛰어넘어 정신적 享受 차원인 茶道의 단계로 격상시켰는데 이를 煎茶道라 한다.[8] 頸聯의 落句(제6구)는 煎茶法에 의해 餅茶나 錢茶를 끓였을 때 茶湯의 표면에 핀 湯花를 가지고 노는 장면을 묘사한 내용이다.[9] 처음 물이 끓으면 소금으로 간을 맞추고, 두 번째 물이 끓으면 끓는 물 한 바가지를 떠내어 식혀두고서 차 가루를 끓는 물 한 복판에 넣고 휘젓는다. 세 번째 물이 끓어오르려고 할 때 식혀두었던 한 바가지의 물을 세차게 부으면 물의 온도 차이에 의해 무거운 가루는 바닥에 갈아 앉는데 이를 餑이라고 한다. 중간에 형성되는 큰 거품을 沫이라 하고 맨 위에 뜨는 작은 거품을 花라고 한다. 보통 沫과 花를 마시는데 이를 湯花라고 한다.

기어이 달을 물병에 담으려는 童子를 억지로 달래 찻물을 가지고 처소에 돌아

---

7) 陸羽, 《茶經》, 〈五之煮〉.

8) 차를 마시는 행위는 통상 4단계로 나눌 수 있는데, 제1단계는 차를 해갈에 필요한 음료로 보고 마치 물을 마시듯이 차를 마시는 喝茶이고, 제2단계는 차의 色·香·味를 중시하여 水質과 火候는 물론이고 다구와 품미에 이르기까지 세세하게 격식과 예절을 갖추어 차를 마시는 品茶이고, 제3단계는 차를 마시는 분위기와 환경을 강조하여 茶樂과 茶花는 물론이고 차를 우리고 권하는 기교에 이르기까지 예술적 환경과 예술적 분위기에서 차를 마시는 茶藝이고, 제4단계는 茶事活動을 통해 정신상의 향유와 인격상의 승화에 도달한다는 것으로, 차를 마시는 최고의 경지라고 할 수 있는 茶道이다. 絳塵 編著, 《說茶》, 42쪽. 唐代 중기 이후에 성립된 茶道를 煎茶道라 한다. 康乃 主編, 《中國茶文化趣談》, 12쪽.

9) 陸羽, 《茶經》, 〈五之煮〉.

온 喬覺은 이제 가르쳐준 대로 옆방에서 가서 차를 끓여오라고 시킨다. 아무리 기다려도 소식이 없자 궁금해진 喬覺은 살며시 방문을 열고 童子를 살폈다. 그런데 童子는 煎茶法대로 끓인 茶湯의 표면에 피워 오른 湯花를 가지고 노느라 喬覺이 오는 줄도 모르는 것이 아닌가! 이제 어머니 품으로 돌아가면 차를 끓이는 일도 그만둘 것을 생각하며 역시 당시를 회상하고 있다.

마지막으로 詩에 나오는 몇 글자를 誤讀한 경우인데, 頸聯 出句의 添瓶을 漆瓶으로, 尾聯 出句의 好去를 好玄으로, 下淚를 不淚로 본 경우가 많았다. 모두 字形이 비슷해서 誤讀할 가능성이 많은 글자들이다.

首聯의 出句에서는 5살 어린 아이를 거두었을 때의 상황을, 落句에서는 6년 뒤 생모가 찾아와 아쉬운 작별을 고하는 老僧의 심사를 담담하게 묘사하여 얘기를 전개시키고 있다(起).

頷聯에서는 老僧의 눈에 비친 천진난만한 童子의 산사생활을 재미있고 생생하게 묘사하여 분위기를 한껏 고조시키고 있다(承).

頸聯에서는 물에 비친 달을 병에 담으려고 애쓰는 앙증맞은 정경과 湯花놀이에 빠진 茶童의 장난 끼 어린 모습을 너무도 정겹게 그려냄으로서 이별의 분위기가 절정에 이르렀다(轉).

尾聯에서는 僧俗의 갈림길에서 감당키 어려운 북받쳐 오르는 내적 슬픔을 절제된 외적 담담함으로 승화시키며 마지막 당부를 하며 제자를 떠나보내는 老僧의 너무나 인간적인 마음을 읽을 수 있다(結)

지금까지 살핀 내용을 토대로 〈送童子下山〉의 全文을 번역하면 다음과 같다.

절간이 적막해서인지 넌 늘 집을 그리워하더니만,
이제 승방에서 이별의 인사를 하고서 구화산을 내려가누나!
대나무 난간에서 죽마타기만을 엄청 좋아하고,
절집에서 공부하는 데는 게으름을 피웠지.
산골짜기에서 찻물 길면서 물병에 달을 담으려는 일도 그만두고,
차 솥에 차를 끓일 때 하던 湯花놀이도 이젠 그만 두겠지!

잘 가되 너무 자주 눈물을 흘려서는 안 되느니,

이 노승에겐 서로 벗할 안개와 노을이 있잖니!

2. 형식 고찰

〈送童子下山〉은 七言律詩인데 七言律詩가 갖추어야 할 규율들은 다음과 같다.[10]

* 二四不同: 每句의 제2字와 제4字의 平仄이 달라야 하는데, 위의 시는 이를 모두 지켰다.[11]

* 二六對: 제2字와 제6字의 平仄이 같아야 하는데, 이 규율도 모두 지켰다.

* 反法: 제2, 4, 6字의 平仄이 每聯마다 서로 달라야 하는데, 이 규율도 모두 지 켰다.

* 粘法: 제2句와 3句, 제4句와 5句, 제6句와 7句의 제2, 4, 6字들은 平仄이 같아 야 하는데, 이 규율도 모두 지켰다.

* 押韻: 每聯의 끝 字들이 같은 韻에 속해야 하는데, 七言의 경우 首聯의 出句 에도 押韻을 하며 平聲韻이 원칙이다. 위 시의 押韻字들인 家, 華, 沙, 花, 霞 등은 모두 平聲 麻韻에 속한 字들이어서 이 규율도 모두 지켰다.[12]

* 起承轉結: 시 전체의 내용이 起承轉結의 형식을 갖추어야 하는데, 위의 내용 고찰에서 살핀대로 起承轉結의 형식을 제대로 지켰다.

* 對句: 頷聯과 頸聯은 반드시 對句를 이루어야 하는데, 내용면에서는 물론이 고 품사까지도 정확하게 對句를 이루고 있다.

* 重疊字不可: 전체 56字 중에 동일한 글자를 중복해서 써서는 안 되는데, 안타 깝게도 竹, 金, 下字 등을 중복해서 사용했다.

* 孤平: 仄聲字 사이에 平聲字가 끼어서는 안 되는데, 이를 모두 지켰다.

---

10) 律詩의 형식에 대해서는 金學主의 《中國文學槪論》(1977), 72-76쪽 참조.

11) 唐代 이전까지는 平上去入으로 성조를 따지다가 唐代 이후부터 平仄으로 따지게 되었다. 仄聲은 上 去入聲을 통칭한다. 이에 대해서는 拙稿, 〈平頭, 上尾, 蜂腰, 鶴膝의 新解釋〉, 《中國人文科學》, 제5집, 1986 참조.

12) 唐詩의 押韻字를 따질 때는 《廣韻》이란 韻書를 사용하는데, 여기에서도 이를 따랐다.

* 孤仄: 平聲字 사이에 仄聲字가 끼어서는 안 되는데, 이를 모두 지켰다.

* 下三連: 每句의 끝 세 字가 같은 聲調여서는 안 되는데, 이를 모두 지켰다.

위의 平仄律에 따라 七言律詩의 詩式을 정리하면 다음과 같다.

平起式(正格)13)

首聯: 평평△측측평평(韻)

　　　측측평평측측평(韻)

頷聯: △측△평평측측

　　　△평△측측평평(韻)

頸聯: 평평측측평평측

　　　측측평평측측평(韻)

尾聯: △측△평평측측

　　　△평△측측평평(韻)

仄起式(偏格)14)

首聯: 측측평평측측평(韻)

　　　△평△측측평평(韻)

頷聯: 평평측측평평측

　　　측측평평측측평(韻)

頸聯: △측△평평측측

　　　△평평측측평평(韻)

尾聯: 평평측측평평측

　　　측측평평측측평(韻)

〈送童子下山〉의 평측

空門寂寞汝思家(麻韻)

---

13) 首聯 出句의 두 번째 글자가 平聲으로 시작되는 경우 이를 平起式이라 하며 正格에 속한다. '△' 표시는 平聲과 仄聲 모두 가능하다는 것을 표시한다(이하 같음).

14) 首聯 出句의 두 번째 글자가 仄聲으로 시작되는 경우 이를 仄起式이라 하며 偏格에 속한다.

평평측측측평평

禮別雲房下九華(麻韻)

측측평평측측평

愛向竹欄騎竹馬

평측측평평측측

懶於金地聚金沙(麻韻)

측평평측측평평

添瓶澗底休招月

평평측측평평측

烹茗甌中罷弄花(麻韻)

평측평평측측평

好去不須頻下淚

측측측평평측측

老僧相伴有煙霞(麻韻)

측평평측측평평

　

위의 조사를 통해 〈送童子下山〉이란 시는 平起式에 속하고, 또한 平起式의 詩式이 요구하는 平仄律들을 완벽하게 지켰음을 확인했다.

Ⅳ. 나오는 말

(1) 신라의 왕자 喬覺이 唐으로 망명 · 출가하여 오랜 수행 끝에 등신불인 지장보살로 화신하여 민중의 추앙을 받고 있다는 사실에 놀라움을 금할 수 없다. 喬覺의 신분이 신라의 왕자인 것은 분명하나 그의 출생과 생몰연대에 대해서는 보다 상세한 연구가 필요한 실정이다.

(2) 喬覺의 茶詩 〈送童子下山〉에 대해서는 그간 여러 사람들이 번역을 했지만

대부분 詩僧의 詩意를 제대로 전달했다고 보기 어렵다. 그것은 우선 詩에 나오는 童子에 얽힌 숨겨진 이야기를 모르거나 당시에 유행했던 煎茶에 대한 이해가 부족한 결과로 볼 수 있고, 다음으로는 詩에 나오는 몇 글자를 誤讀한 결과로 보인다(添甁 → 漆甁, 好去 → 好玄, 下淚 → 不淚).

(3) 판독을 제대로 하고, 童子에 얽힌 숨은 이야기와 煎茶에 대한 올바른 이해를 거치고 나면 喬覺의 茶詩〈送童子下山〉은 내용면에서 분명 李白(詩仙)이나 杜甫(詩聖)의 시에 뒤지지 않는다.

(4)〈送童子下山〉에 대한 형식을 살펴본 결과 七言律詩가 갖추어야 하는 그 까다로운 규율들을 거의 완벽하게 지켰음을 알 수 있다. 다만 3개의 글자(竹, 金, 下)를 중복해서 사용한 점은 옥에 티라고 지적할 수 있다. 喬覺의 시는 형식면에서도 李白이나 杜甫의 시에 뒤지지 않는다.

(5) 喬覺의 성덕을 칭송하기 위해 李白과 弘一法師가 讚詩를 남겼고, 喬覺의 제자들도《九華山誌》에 地藏菩薩을 찬송한 글귀를 남겼다. 이제라도 우리나라의 종교계와 학계에서 喬覺에 대한 연구를 심도 있게 진행할 수 있기를 기대한다.

(6) 喬覺의 시는 안타깝게도 두 편만이 오늘에 전해지고 있다. 보다 많은 시를 찾기 위한 노력과 함께 地藏菩薩의 화신으로서만이 아니라 詩僧으로서의 喬覺을 부각시키기 위한 우리 문화계와 학계의 노력도 절실히 요구된다.

參考文獻

文璇奎,《中國文學史》, 景仁文化社, 1972.

文璇奎,《中國古代音韻學》, 民音社, 1990.

朱光潛 지음, 鄭相泓 옮김,《詩論》, 東文選, 1991.

陳彬藩 主編,《中國茶文化經典》, 光明日報出版社, 1999.

李章佑,《中國文學을 찾아서》, 영남대학교출판부, 1994.

新校正切,《宋本廣韻》, 黎明文化事業股份有限公司, 1982.

絳 塵 編著,《說茶》, 中國商業出版社, 2002.

康 乃 主編,《中國茶文化趣談》, 中國旅遊出版社, 2006.

陸 羽,《茶經》.

贊 寧 等 撰,《宋高僧傳》.

費冠卿,《九華山化城寺記》.

韓致奫,《海東繹史》.

金學主 著《中國文學槪論》, 新雅社, 2007.

김상현,《한국의 茶詩》, 민족사, 1997.

김길자 역주와 감상,《中國茶詩》, 현암사, 1999.

류건집 지음,《韓國茶文化史》, 도서출판 이른아침, 2007.

拙 稿,〈平頭, 上尾, 蜂腰, 鶴膝의 新解釋〉,《中國人文科學》, 제5집, 1986.

拙 稿,〈한·중 錢茶의 제다법과 음다법 비교〉,《中國人文科學》, 제40집, 2008.

【Abstract】

(1) I was surprised at the fact of prince of Silla, Gyogak, since he lived in exile and entered the Buddhist priesthood, after a long period of asceticism by incarnated to JiJang bodhisattva that the statue of the Buddha which is the same size with human, receives the public's reverence. It is definite that Gyogak is the prince of Silla, however, more circumstantial study is needed about his period of birth and the death

(2) Many people have translated tea poem, <Let young monk go down the mountain> by Gyogak, however it is difficult to say that have delivered most of poet monk's meaning in the poem properly. That is because they do not know the hidden story of the young monk in the poem, or understandings of the trend of infusing tea at the times was not enough, or the misreading of some words in the poem. (添瓶 → 漆瓶, 好去 → 好玄, 下淚 → 不淚).

(3) If decipher properly, and through right understandings about the hidden story of the young monk and infusing tea, Gyogak's tea poem <Let young monk go down the mountain> is no longer behind at Li Po(God of poem) and Tu Fu(Sain of poem) in contents.

(4) As I have looked out the form of <Let young monk go down the mountain>, can realize that the poem already followed the strict rule of seven words in one phrase. But using the three words (bamboo, gold, under) repetitively can be classified in mistake. Gyogak's poem is not behind at Li Po and Tu Fu in the formal point.

(5) To sing of Gyogak's flourishing virture, Li Po and Hong Il monk left compliment poem and Gyogak's students also left compliment phrases of JiJang bodhisattva in《九華山誌》. Even now, I expect that our country progress studies in religious and academics about Gyogak seriously.

(6) Unfortunately, two of Gyogak's poem is now introduced. With the efforts of searching more poems and to bring into relief Gyogak as not only as a incarnation of JiJang bodhisattva but also as a poet monk, our cultural part and academical part's effort is urgently needed.

【中心語】喬覺, 茶詩, 〈送童子下山〉, 내용고찰, 형식고찰, 詩式, 平仄律

출전
〈喬覺의 茶詩 考察〉《韓國茶文化》제2집, 韓國茶文化學會, 2011. 6)

한국 차문화 · 산업의 활로 모색
- 정책적 측면을 중심으로 -

Ⅰ. 들어가는 말

우리의 차문화는 삼국시대에 형성되기 시작하여 통일신라시대의 발전기를 거쳐 고려시대에 꽃을 피웠던 대표적인 전통문화에 속한다. 때문에 조선시대 쇠퇴 일로의 기로에서도 다산 정약용과 초의 장의순 그리고 추사 김정희 등이 나와 중흥을 이룩할 수 있었다. 또한 일제침략으로 인해 침체의 늪에 빠졌을 때도 무등산의 의제 허백련과 다솔사의 효당 최범술 등이 중심이 되어 가까스로 우리 전통 차문화의 맥을 이를 수 있었다. 이렇듯 우리의 차문화는 우리 민족의 역사와 애환을 함께한 자랑스러운 전통문화이기 때문에 해방 이후 어려운 여건에서도 꾸준히 발전을 거듭해오고 있다.

필자는 해방 후 우리 차문화의 발전과정과 연구현황을 다음과 같이 5단계로 나누어 고찰한 바 있다.[1]

---

1) 졸고, 「한국 차문화의 발전과정과 연구현황 고찰」, 《한국차문화》, 창간호, 23쪽 표2 참조.

단계	시기	명칭	석사논문수	박사논문수	계
제1단계	1948-1969	배태기	0	1	1
제2단계	1970-1979	태동기	4	0	4
제3단계	1980-1989	유아기	14	1	15
제4단계	1990-1999	소년기	46	8	54
제5단계	2000-2008	청년기	293	41	334
계			357	51	408

　　이러한 발전추세대로라면 우리 차문화와 산업은 날로 발전을 거듭해야 마땅하지만 오늘의 현실은 그렇지가 못하다. 지난해의 혹한피해를 간신히 견디고 살아난 차나무들을 보면서 차 재배농가들은 아직도 희망의 끈을 움켜쥐고 있고, 전국 각지의 차 축제들도 재기를 위해 준비에 박차를 가하고 있다. 하지만 우리 차문화와 산업의 발전을 선도했던 일부 대학과 대학원의 차와 관련된 학과들이 입학생 충원과 졸업생취업의 벽에 부딪쳐 문을 닫을 수밖에 없다는 암울하고 참담한 소식도 들려온다. 녹차의 대체재인 커피열풍이 전남 보성군의 녹차산업을 강타하고 있다는 신문보도도 있다.[2] 이러한 현실은 우리 차문화와 산업의 미래가 암울하고 참담하다는 것을 예고하는 것이기 때문에 우리의 충격도 그만큼 클 수밖에 없다.

　　2000년을 전후해서야 대학과 대학원에 차와 관련된 학과가 개설되기 시작했는데,[3] 이는 차와 관련된 학문이 국내에서는 가장 늦게 출발한 이른바 후발학문에 속한다는 것을 입증한다. 여타 분야에 비해 가장 늦게 출발했기 때문에 아직 뿌리도 제대로 내리지 못하고 있는 실정은 주지의 사실이다. 몇 개 되지도 않는 학과들의 일부가 불과 10년도 못 견디고 문을 닫을 수밖에 없었다는 것은 우리 차문화와 산업이 얼마나 열악한가를 단적으로 보여주고 있다.

　　차산업이 열악하니 학부 졸업생들이 취업할 곳이 없고, 졸업생들이 취업을 못하니 입학생이 줄어들 수밖에 없다. 관련 학과들이 늘지 않고 오히려 줄어드니 대학원 졸업생들의 갈 곳도 막막한 실정이다. 차산업의 부진으로 인해 우리 차문

---

2) 《중앙일보》(2012년 4월 3일) 참조.
3) 상게논문, 20-21쪽 참조.

화는 발전은 고사하고 아직 형성되지도 못하고 생사의 기로를 헤매고 있는 것이다. 차문화가 형성되기 위한 첫째 조건은 차의 생산규모가 일정한 수준에 도달하는 것이다.[4] 때문에 필자는 차 축제를 몇 년 열지 못하더라도 차산업이 제대로 경쟁력을 갖출 수 있도록 정부나 지자체가 대책을 강구해야 한다고 역설한 바가 있다.[5]

일제강점기를 거치면서 겨우 명맥만을 이어오던 우리의 차문화와 산업이 해방 후 발전을 거듭하다 대내·외적인 여러 요인들로 인해 중병에 시달리고 있다. 하루 빨리 중병을 딛고 일어나 새롭게 도약할 활로를 모색해야만 한다. 그러기 위해서는 중병에 대한 정확한 진단과 그에 따른 적절한 처방이 우선되어야 한다. 본고에서는 우선 우리 차문화와 산업의 총체적 부진에 대한 근본적인 원인들을 살펴보고, 이어서 총체적 부진에 대한 처방의 일환으로 정책적인 측면에서 활로를 모색해보고자 한다.

II. 차문화·산업의 총체적 부진 원인

요즘 대학생들의 취업난이 심각한 수준이다. 졸업시기를 늦춰가면서까지 각종 스펙을 쌓기에 여념이 없다. 청년들의 일자리가 근본적으로 부족하기에 취업난은 갈수록 어려워질 것으로 전망된다. 우리 차계의 현실도 이와 비슷한 상황이다. 발전과정에서 보았듯이 청년기를 거쳐 이제 사회에 나가 열심히 일할 때가 되었는데 일할 곳이 없는 것이다. 여기서는 우리 차문화와 산업의 총체적 부진에 대한 여러 원인들을 살펴보기로 한다.

---

4) 차문화의 형성여부를 판단하는 5가지 표준으로 차의 생산규모, 과학적 이론체계의 형성, 정신영역에서의 완벽한 구현, 충분한 저작성과, 茶政의 시행 등을 들 수 있다. 于觀亭 編著,《茶文化漫談》(2003), 28쪽.
5) 졸고(2010), 21쪽.

첫째, 차나무 육종에 대한 지원과 연구부족으로 신품종 개발이 저조한 점을 들수 있다. 우리나라에는 녹차제조에 적합한 중국소엽종 계통의 잡종인 재래종과 증제차 제조에 적합한 일본의 야부기다(敷北)종이 자생 또는 재배되고 있다. 전남 농업기술원 보성녹차연구소에서 1992년부터 우리나라의 250여 개 지역에 분포된 재래종 중에서 우수개체를 선발하여 우량품종을 육성하였는데, 그 결과 2001년에 우리나라에서는 최초로 보향(寶香)과 명선(茗禪) 그리고 참녹이라는 3가지 신품종을 개발하였다. 증식속도에 한계가 있어 보급이 원활하지는 않지만 주로 보향과 참녹이 농가에 보급되고 있다. 이어서 2010년에는 다향(茶香)이란 신품종도 개발되어 보급을 서두르고 있는 실정이다.

하지만 개발된 신품종이 모두 녹차제조에 적합한 품종에 국한되어 문제점으로 지적된다. 발효차를 포함한 다양한 차의 제조에 적합한 신품종들도 개발을 서두르지 않으면 안 된다. 새로운 품종의 개발에는 오랜 시간과 많은 자금은 물론 육종전문가의 지속적인 연구가 필요하기 때문에 국가 차원의 장기적인 지원이 절실한 실정이다.

둘째, 차나무 품종의 한계로 인해 제조된 차의 종류가 다양하지 못한 점을 들수 있다. 자생하거나 재배되는 차나무가 모두 녹차제조에 적합하기 때문에 생산되는 차의 대부분이 녹차인데, 수출되는 극소량을 제외하고는 거의 모두 국내에서 소비된다. 하지만 소비자들은 다양한 차를 원하고 있다. 이러한 생산과 소비의 패턴은 자연히 차의 수입을 초래할 수밖에 없다. 특히 1995년 국내의 차 시장이 개방된 이후 수입차의 양은 급속도로 증가되었다. 다행히 2007년 농약파동으로 수입차가 대폭 감소되기는 했으나, 이후 다시 증가추세를 보이고 있고, 이러한 추세는 향후에도 지속될 것으로 전망된다.

우리는 주로 중국·스리랑카 등에서 차를 수입하고 있는데, 2010년을 기준으로 전체 수입량의 55% 이상을 중국에서 수입하고 있다. 세관을 통해 중국에서 수입한 차의 약 96%는 발효차인데, 비공식적으로 유입되는 차까지 포함하면 전체 수입차에서 중국차의 점유율은 70%를 상회할 것으로 추측된다.[6] 다양한 차를 원하는 소비자의 욕구를 충족시키고 무차별적으로 행해지는 발효차의 수입을 저지하기 위해서는 발효차 제조에 적합한 품종도 시급히 개발되어 농가에 보급되어야 한다.

셋째, 다양한 차의 제조방법을 가르치는 전문교육기관이 턱없이 부족하다는 점이다. 극소수의 대학과 대학원에 차와 관련된 학과들이 있지만 그나마 대부분은 차문화에 치중하고 차산업에는 소홀한 실정이다. 극소수의 연구소에서 제다교육을 하고는 있지만 대부분 제다체험수준에 그치고 있다. 일부 지자체의 농업기술센터에서도 제다교육을 실시하지만 역시 전문적인 수준에는 미치지 못하고 있다. 때문에 일부분의 농가들은 어깨너머로 제다법을 배워 차를 만들고 있는 실정이다.

제다법은 오랜 세월 자신만의 축적된 경험을 통해 통달할 수 있는 것이다. 때문에 처음 제다법을 배울 때 전문가로부터 제다법의 원리와 기초를 제대로 배우고 익혀야 한다. 하지만 그 이후부터는 스스로 오랜 경험을 통해 제다법에 대한 내공을 쌓아가야 한다. 때문에 자신의 다원을 직접 관리하며 각종 재배환경과 기후변화는 물론 찻잎의 생육상태와 제다시기 등을 면밀하게 살펴 찻잎의 조건에 가장 적합한 제다법을 스스로 체득하지 않으면 안 된다. 이런 측면에서 2011년에 교육과학기술부와 평생교육진흥원이 주관하고 목포대학교와 보성군이 공동으로 운영하는 평생학습중심대학의 '전통차 및 웰빙식품전문과정'은 늦었지만 그 의미가 크다고 할 수 있다.

넷째, 차산업의 영세성을 문제점으로 들 수 있다. 극소수의 대기업을 제외하고는 대다수 재배농가와 제다업체들이 영세성을 면치 못하고 있다. 차산업에 대한 전망이 불투명하기 때문에 대규모 투자가 이루어지지 않고, 이로 인해 차산업의 전문화와 대형화가 탄력을 받지 못하고 있다. 지방자치제가 실시된 이후 지방정

---

6) 한국국제차엽연구소 정인오 소장의 〈한국의 차 상품 및 차 소비 특징〉이란 글의 내용을 참고하였다. 《茶人》(2012, 1-2), 제156호, 94-96쪽.

부의 지원을 받으며 소규모 농가들이 돈이 된다는 이유로 차나무를 심고 차산업에 뛰어 들었다. 자연히 제품생산에 대한 관리·감독이 부실하게 되었고, 이로 인해 차의 품질이 저하되어 차는 많아도 마실만한 차가 드물게 되었던 것이다.

현재 보성군에 등록된 제다업체수가 80여 개로 조사된 사실을 접하면서 우리 차산업의 영세성을 실감할 수 있다. 소규모 제다업체에서 재배와 제다는 물론이고 판매까지 도맡아야 하는 지금까지의 방식은 시급히 개선되어야 한다. 차산업도 이제는 전문화하고 대형화하지 않으면 살아남을 수 없기 때문이다. 보성군의 모든 제다업체가 하나의 법인체로 합쳐 공동브랜드의 명차를 출시하는 방안을 강구할 수는 없는 것일까?

다섯째, 우리 고유의 전통문화인 차문화를 제대로 계승하지 못한 점을 들 수 있다. 茶飯事란 말이 생겨날 정도로 우리 조상들은 일상의 생활 속에서 자주 차를 마셨다. 특히 인간의 삶에서 가장 중요한 儀禮라 할 수 있는 冠婚喪祭 때마다 모두 차를 이용했고, 다례와 차례라는 용어가 공존했듯이 궁중과 민간 모두 차로서 조상님들께 예를 올렸던 것이다. 커피와 콜라로 대표되는 서구음료에 탐닉하는 대신 우리네 미풍양속의 계승을 통해 차를 생활화하는데 앞장섰어야 했다.

고려시대에 왕이 斬刑을 결정하기 전에 신중하고 공정한 판결을 내리기 위해 신하들과 함께 차를 마시는 의례를 행했는데, 이를 重刑奏對儀라 한다. 또한 고려시대와 조선시대 모두 司憲府에서는 날마다 한 번씩 차를 마시는 시간을 가지고서 자기가 한 말의 책임을 다하고 공정한 판결을 기했는데, 이를 茶時라고 했다. 중형주대의라는 의례와 다시라는 제도(풍습) 모두 차가 우리의 정신을 맑게 하여 사사로운 감정에 치우치지 않고 올바른 판단을 내릴 수 있게 하는데 도움을 준다는 데에서 연유된 것으로 보인다. 이렇게 훌륭한 우리 고유의 전통문화를 제대로 계승하지 못했기 때문에 오늘날 '정치검찰'이니 '유전무죄, 무전유죄'라는 말이 유행하는 것이 아니겠는가?

여섯째, 일부 차인들의 그릇된 자세를 문제점으로 들 수 있다. 우리 차인들은 해방 후 어려웠던 상황에서도 차문화의 맥을 잇고 나아가 차문화의 재건과 차산업의 발전을 위해 온 몸을 던졌다. 하지만 지난 60년을 회고하면서 우리가 사상누각을 지으려고 했던 점도 전혀 부정할 수는 없다. 너무도 열악한 차산업을 기초로 하여 차문화의 꽃을 피워보려고 몸부림을 쳐왔던 점이 그것이다. 어쩔 수 없는 현실이었다고는 하지만 너무도 뼈아픈 경험이 아닐 수 없다. 차산업의 토대도 없이 차문화의 꽃은 결코 피울 수가 없다. 때문에 지금 우리가 가장 시급하게 역점을 두어야 할 분야는 뭐니 뭐니 해도 차 소비를 늘려 차산업을 활성화시키는 일이다.

전국 규모의 차인 법인체와 단체들이 늘어나면서 차문화계는 점점 활기를 띠기 시작했다. 나름대로의 교육과정을 운영하여 각종 자격증을 수여하기도 하고, 다양한 내용을 담은 각종 회지나 회보도 발간하였다. 대도시들의 차 박람회와 각종 차 축제가 일반 대중들의 관심을 끌면서 차인들은 차(문화)의 홍보와 보급에 주도적인 역할을 하였다. 이렇게 차인들이 일반 대중과 접촉하는 기회가 늘면서 부작용도 나타나기 시작했다. 일부 차인들이 잠시 차인정신을 망각하고 과도한 사치에 빠져 차의 대중화를 저해하고 있고, 자신과 자신이 소속된 단체를 내세우기 위해 상대를 비방함으로써 차인들과 차인단체들 상호간에 불신을 자초하고 있다.[7] 검소하고 소박한 차 생활과 자신을 낮추고 상대를 공경하는 올바른 자세를 견지하여 전국의 차인들이 일반 대중들로부터 사랑과 존경을 받아야 차의 대중화를 앞당길 수 있다.

일곱째, 유아와 아동 및 청소년에 대한 차문화교육이 제대로 시행되지 못한 점을 들 수 있다. 커피를 비롯한 대부분의 음료들이 매우 감성적인 반면 차는 이성적인 면이 강한 음료이다. 때문에 차산업이 발전하기 위해서는 차문화가 대중들에게 그 가치를 인정받고 수용되어져야만 한다. 즉, 차문화교육을 통해서 차문화의 가치를 인식시켜야만 음차문화가 확산되어 차의 대중화를 기대할 수 있는 것이다. 일부 지자체나 교육청 등의 지원을 받아 학교장의 재량으로 방과 후 학습이나 특별활동 등으로 차문화교육이 실시되고는 있지만 아직 정규수업으로는 실시

---

7) 혹자는 일부 차문화단체들의 행태를 교조적 형식주의에 빠졌다고 혹평하기도 한다. 월간《Tea & People》(2008, 9)

되지 못하고 있다. 차문화교육이 정규수업으로 실시되기 위해서는 교육법에 대한 손질이 필요하다. 전국의 차인들이 하루속히 대동단결하여 유치원과 초·중등학교에서 차문화교육이 실시될 수 있도록 교육정책입안자들과 협력을 해야 한다. 이것은 곧 '차문화심기'에 투자하는 것으로 우리 차산업의 위기를 막을 수 있는 가장 근본적인 방안의 하나이다.

요즘 학교폭력과 집단따돌림 등으로 공교육이 무너지고 있다. 사고가 터질 때마다 서둘러 대책을 내놓기는 하지만 대부분 미봉책에 불과해 문제의 심각성은 날로 높아만 간다. 미봉책의 단골메뉴로 인성교육을 외쳐대지만 정작 어떻게 해서 청소년의 인성을 함양할 것인지에 대한 구체적인 방안은 찾아보기 어렵다. 차문화교육이 인성교육의 아이템으로 적합하다는 사실은 이미 수많은 연구자들에 의해서 여실히 입증되었다.[8] 문제는 현실의 벽에 부딪쳐 여태 실시를 못하고 있을 뿐이다. 철학과 도덕과 예술이 내재된 차문화의 진정한 가치를 가르쳐서 우리의 정신문화를 함양하게 하고, 가정과 학교에서 차를 생활화하여 들뜬 마음과 행동을 다잡도록 해야 한다.

여덟째, 홍보부족으로 인해 차의 소비량 증가와 대중화가 더디다는 점을 들 수 있다. 대한민국에 불어 닥친 커피열풍이 우리의 녹차산업을 강타하던 지난해 2011년 2월 5일과 6일 오후 7시 20분에 KBS1에서 이틀에 걸쳐 설날특집으로 '일상의 기적'이란 프로그램을 2부작으로 방영했다. 그 결과 구체적인 통계는 없지만 녹차가 불티나게 팔렸다고 한다. 물론 그 효과가 오래가지는 않았지만 홍보의 효과가 엄청나다는 것은 증명된 셈이다. 동서식품의 조사에 따르면 지난해 우리 국민이 마신 커피는 총 232억 6900만 잔으로, 성인을 기준으로 했을 때 1년에 약 670잔을 마셔 하루 평균 1.83잔의 커피를 마신 셈이라고 한다. 글로벌 리서치 기관인 닐슨코리아가 추정한 지난해 커피전문점 가맹 점포수는 9400여 개로 3년 만에 51%가 증가했다. 여기에 소형 점포까지 포함하면 전국의 커피숍은 15,000개가 넘는 것으로 추산된다. 엄청난 커피광고가 한 몫을 톡톡히 한 결과라고 할 수 있다.

---

8) 조기정·이경희 지음,《차와 인류의 동행》, 2. 차와 인성교육(47-58쪽)

우리의 차문화는 분명 높은 가치를 지니고 있지만 사회적으로 그 가치를 인정받지 못하면 차문화의 확산과 차의 대중화는 기대하기 어렵다. 편리를 추구하는 현실에서 차는 접근 자체가 어렵다고 인식하기 때문에 기능성과 정신을 강조한다고 해도 여타의 음료와 경쟁하기는 쉽지가 않다. 오직 시간을 가지고 대중에게 이성적으로 접근하여 차문화의 가치를 인식시켜 차가 문화로 뿌리를 내리도록 하는 수밖에 없다. 교육을 통한 방법이 근본적인 대책이지만 이는 너무나 오랜 시간을 요한다. 때문에 차의 대중화를 앞당기기 위한 홍보가 시급한 실정이다. 홍보의 내용은 '일상의 기적'처럼 대중들이 차와 차문화의 가치를 이성적으로 수용할 수 있는 내용이어야 한다.

아홉째, 차문화와 산업을 발전시키기 위한 정책의 수립과 시행이 미흡한 점을 들 수 있다. 1969년 전라남도가 농특사업으로 다원의 확장을 장려한 것을 필두로 중앙정부와 지자체에서 차문화와 산업의 발전을 위해 시행했던 주요한 정책을 들면 다음과 같다.

1982년 문화공보부가 전통다도의 종합적인 진흥시책을 발표함

1982년 문교부가 전통다도의 교육지도방안을 시달함

1983년 보건사회부가 국산차 보급시책을 시행함

1992년 전남농촌진흥원에서 보성차시험장(현 전남농업기술원 녹차연구소)을 개장함

1995년 농림사업으로 특화작목 생산 유통사업비를 지원함(보성제다)

1996년 보성군에서 '범군민 차밭조성 10개년 계획'을 수립함

2002년 국립농산물품질관리원에 보성녹차를 지리적표시 제1호로 등록함

2002년 인천광역시에서 이귀례를 규방다례 보유자(무형문화재 제11호)로 지정함

2002년 서울특별시에서 김의정을 궁중다례 보유자(무형문화재 제27호)로 지정함

2004년 농촌진흥청 작물과학원 목포시험장에 차연구실을 개설함

2005년 보성군에서 녹차사업단을 신설함

2005년 행정자치부에서 6년간 신활력사업을 추진함(100억)

2006년 농림부에서 3년간 지역농업클러스터 시범사업을 추진함(200억)

2006년 보성실업고등학교를 차 분야 특성화고로 지정함

2007년 지식경제부에서 보성군을 보성녹차명품특구로 지정함

2007년 보성실업고등학교에서 차산업경영과 신입생을 모집함

2008년 보성군에서 브랜드 슬로건을 '녹차수도보성'으로 확정함

2008년 보성군에서 보성녹차 군수품질인증제를 도입함

2010년 보성군에서 한국차박물관을 개관함

　

이상의 조사내용을 통해 우리의 전통문화인 차문화를 계승·발전시키고 이를 뒷받침할 차산업의 발전을 견인할 중앙정부 차원의 정책들이 턱없이 부족했다는 사실을 확인할 수 있다. 그나마 다행스러운 것은 차산업의 발전을 군정의 최우선으로 정하고 다양한 활로를 모색하고 있는 보성군의 몸부림을 확인했다는 점이다.

차문화가 형성되기 위한 최후의 요건으로 茶政의 시행여부를 든다.[9] 여기서 茶政이란 '차의 생산과 유통 그리고 경영 등을 관리하기 위해 국가가 시행하는 제도'를 말한다.[10] 唐代 중기 이후부터 시행된 茶政으로는 権茶·貢茶·茶稅·茶馬互市 등을 들 수 있다. 차문화가 꽃을 피웠던 고려시대에도 국가 차원의 여러 제도들이 시행되었는데, 중요한 것들로는 茶房과 茶所 그리고 각종 茶禮와 稅茶 등을 들 수 있다. 산림청 산하의 국립산림과학원에서 주관한 세미나에 참석해 인지한 사실인데, '논밭에서 재배하는 차나무는 농수산부에서 관리하고, 산에서 자라거나 재배하는 차나무는 산림청에서 관리한다.'는 것이다. 늦었지만 이제부터라도 서둘러 차문화와 산업을 발전시키기 위한 국가 차원의 종합적인 정책을 수립하고, 이러한 정책들이 법률로 확정되어 하루속히 시행되도록 힘써야 한다.

지금까지 우리 차문화와 산업이 총체적으로 부진하게 된 원인들을 9가지 측면에서 살펴보았다. 이러한 원인들을 분석해보면 크게 생산의 부진(첫째-넷째)과 소비의 부진(다섯째-여덟째)으로 나눌 수 있고, 생산과 소비의 부진은 결국 차문화와 산업을 발전시키기 위한 정책의 수립과 시행이 미흡한 결과(아홉째)로 볼 수 있다. 여기에는 나름대로의 이유가 있는데, 차의 생산지가 국토의 일부에 한정된다는

---

9) 각주 3 참조.

10) 졸고(2010), 382쪽. 제도에는 정책과 법규도 포함된다.

점과 차를 마시는 인구가 그다지 많지 않다는 점 등이 그것이다. 때문에 차나무를 특용작물의 하나로 취급하고, 찻집을 영세사업장으로 분류하고 있는 것이다. 차에 대한 정부의 인식과 시각이 이와 같으니 국가정책의 부재는 어쩌면 당연한 결과라고 할 수 있겠다.

Ⅲ. 차문화 · 산업의 활로 모색-정책적 측면

총체적 부진에 직면한 우리 차문화와 산업의 위기를 타개하려면 우선 생산과 소비를 촉진시키는 일이 급선무이다. 이를 위해서는 다양한 방안들이 개진될 수 있는데, 여기서는 정책적인 측면에서 생산과 소비를 촉진시킬 수 있는 방안을 제시하고자 한다. 방안의 주요 골자는 법률을 제정하여 생산과 소비를 촉진시키자는 것이다. 법률을 제정하는 일이 비록 어렵기는 하지만 차의 생산과 소비를 촉진시키기 위한 가장 확실하고 효과적인 방안임에는 이론의 여지가 없을 것으로 사료된다.

중국에서는 唐代 중기 이후 차산업의 흥기로 인해 차가 전국적인 경제상품으로 발전하여 생활필수품의 위치에 오르게 되었다. 차라는 상품이 튼튼한 경제적 기초를 마련한 것이다. 이렇게 차의 생산과 유통이 증대하고 경영과정에 막대한 이익이 발생하게 되자 국가가 차를 중시하게 되었다. 차로 인해 발생하는 이윤의 일부를 재정에 충당하기 위해 국가가 직접 차의 경영방식을 조정하고 통제하게 되었던 것이다. 이를 위해 각종 제도와 정책 및 법규 등이 마련되었는데, 이들의 總和를 茶政이라고 한다.[11] 이렇게 茶政이 시행되면서 唐代 중기 이후에 비로소 차문화가 형성되었던 것이다. 2010년 현재 다원면적과 차의 생산량 모두 세계 1위를 차지하는 중국은 '茶爲國飮(차는 국가의 음료이다)'을 제창하며 차의 생산과 소

---

11) 졸고(2010), 382-383쪽 참조.

비를 장려하고 있다.[12]

우리의 경우는 임진왜란과 일제강점기 등을 겪으면서 차산업은 피폐하고 차문화의 명맥마저 끊길 위기에 처하게 되었다. 차의 생산과 소비를 위한 국가 차원의 각종 정책도 사라지고, 고유의 전통문화인 차문화도 제대로 계승하지 못했다. 이런 어려운 상황에서도 반세기만의 노력에 힘입어 생산과 소비 모두 초보적인 목표는 달성했다. 이제는 국민의 건강증진과 전통 차문화의 창달은 물론 공교육의 위기를 극복하기 위해서도 차의 생산과 소비를 촉진시키기 위한 국가 차원의 획기적인 정책이 필요한 시점이다. 차산업을 진흥시키기 위한 법률을 제정하여 값싸고 질 좋은 차를 안정적으로 공급하고, 교육을 통해 차(문화)의 가치를 확산시켜 차의 소비를 촉진시키기 위한 법률을 제정하자는 것이다.

전통 차문화를 발전시키기 위한 법률은 자유선진당의 이명수 의원 등 10인이 2010년 3월 16일에 처음으로 제안했다.[13] 법안의 주요내용을 살펴보면 첫째 문화체육관광부장관은 전통 차문화의 체계적인 보존 및 진흥을 위해 전통 차문화에 관한 기본계획을 수립·시행하고, 둘째 국가와 지방자치단체는 전통 차문화를 진흥시키고 국민들이 전통 차문화에 접할 수 있는 기회를 확대하기 위해 차문화원을 설치·운영할 수 있도록 하고, 셋째 전문적인 차문화 지도를 위한 자격증제도를 마련하고, 넷째 초·중등학교 학생들에게 전통 차문화를 정기적으로 교육할 수 있도록 한다는 것이다.

늦은 감은 있지만 모처럼의 단비 같은 소식이어서 '전통 차문화의 보존 및 진흥에 관한 법률'이 상임위원회를 거쳐 본회의에서 통과되기를 갈망했다. 하지만 이 법안은 빛을 보지도 못하고 18대 국회의 회기가 모두 만료됨에 따라 자동으로 폐기되고 말았다. 이제 곧 19대 국회가 개원하게 된다. 19대 국회에서는 차의

---

12) WTU 이사장인 중국의 程啓坤 교수의 〈세계 및 중국 차산업 현황〉 참조. 《茶人》(2012, 1-2), 156호, 93쪽.
13) 명칭은 '전통 차문화의 보존 및 진흥에 관한 법률'로 소관위원회는 문화체육관광방송통신위원회이고 의안번호는 1807870이다. 자세한 내용은 국회의안정보시스템(http://likms.assembly.go.kr/bill/jsp/main.jsp) 참조.

생산과 소비를 촉진시켜 우리의 전통 차문화와 산업을 발전시키기 위한 법률이 제정될 수 있도록 차인들 모두가 힘과 지혜를 모아야 한다. 그러기 위해서는 우선 차문화와 산업계를 대표하는 인사들을 총 망라하여 추진위원회를 구성하여야 한다.

추진위원회에서는 차문화의 진흥을 위해 제안되었던 기존의 법안을 보완하여 새로운 법안을 마련하고, 또 이와는 별도로 차산업을 진흥시키기 위한 법안도 마련하여야 한다. 아울러 이들 법안들이 제안되고 통과될 수 있도록 제반 노력을 경주하여야 한다. 우선 차가 생산되는 지역의 국회의원들이 법률제정에 앞장설 수 있도록 독려하고, 소관 상임위원회 위원들의 도움도 요청해야 한다. 법률이 제정된 이후에는 법률이 시행될 수 있도록 정부 부처와 협력을 지속해야 하고, 필요하다면 조직적인 서명운동도 대대적으로 펼쳐야 한다. 이들 법안들의 통과와 시행 여부가 미래 우리 차문화와 산업의 성패를 좌우하기 때문에 전국 차인들의 힘과 지혜가 하나로 모아져야 한다.

차문화와 차산업은 수레의 두 바퀴나 새의 양 날개와 같아 상호 의존하고 보완하면서 상생과 발전을 도모해야 한다. 차산업의 튼실한 토대 위에서만 차문화가 꽃을 피울 수 있다. 또한 차가 문화로 뿌리를 내려 사회적으로 그 가치를 인정받아야만 차의 소비가 증가되어 차산업이 활기를 띠게 된다. 그간의 疏遠했던 관계를 말끔히 청산하고 차문화계와 차산업계가 머리를 맞대고 공동발전을 도모해야 하는 이유가 여기에 있다. 또한 차문화계와 차산업계 내부에서도 그간의 상호 반목과 지역 갈등 등을 슬기롭게 극복하고 화합을 통해 상생의 길을 모색해야 한다. 차계는 이제 구태를 말끔히 벗어버리고 대동단결해야한다. 그래야만 공동의 염원인 정책과 제도를 구비할 수 있고, 정책과 제도가 구비되어야만 차문화와 차산업도 재도약을 할 수 있기 때문이다.

Ⅳ. 나오는 말

제3회 한국차문화학회 학술대회를 위한 운영위원회에서 주제선정에 대한 논의가 있었다. 논의에 앞서 차문화계와 산업계가 작금에 겪고 있는 여러 가지 어려운 점들이 자연스럽게 봇물처럼 터져 나왔다. 그러면서 학술대회 주제가 자연스럽게 '한국 차문화와 산업의 활로 모색'으로 결정되었고, 활로를 네 가지 측면에서 모색하기로 했다. 이렇듯 이번 주제는 생존을 위한 위기극복의 차원에서 선정되었다고 할 수 있다.

우리의 차문화와 산업은 해방 후 어려운 여건에도 불구하고 꾸준한 발전을 거듭하여 이제 어엿한 청년으로 성장했다고 할 수 있다. 하지만 대학을 졸업하고도 취업을 못해 사회에 첫발을 내딛지 못하는 청년의 꼴이 되어버린 것이다. 도도하고 거센 커피의 파고에 주눅이 들어버렸고, 무분별한 외국차의 무차별적인 수입에 넋을 잃어버린 것이다. 겹치는 악재로 인해 생산과 소비 모두 증가속도가 더디어 차문화와 산업이 모두 총체적 부진에 직면한 것이다. 위기는 곧 기회라고 할 수 있다. 먼저 총체적 부진 원인들을 살펴본 후에 정책적 측면에서 한국 차문화와 산업의 활로를 모색해보았다.

한국 차문화와 산업의 총체적 부진 원인은 다음과 같다.

① 차나무 육종에 대한 지원과 연구부족으로 신품종 개발이 저조했다.
② 차나무 품종의 한계로 인해 제조된 차의 종류가 다양하지 못했다.
③ 다양한 차의 제조방법을 가르치는 전문교육기관이 턱없이 부족하다.
④ 차산업이 너무 영세하다.
⑤ 고유의 전통문화인 차문화를 제대로 계승하지 못했다.
⑥ 일부 차인들의 자세가 바르지 못했다.
⑦ 유아와 아동 및 청소년에 대한 차문화교육이 제대로 시행되지 못했다.
⑧ 홍보부족으로 인해 차의 소비량증가속도와 대중화가 더디다.
⑨ 차문화와 산업을 발전시키기 위한 정책의 수립과 시행이 미흡했다.

이상의 9가지 원인 가운데 ①부터 ④까지는 생산부진의 원인으로 볼 수 있고, ⑤부터 ⑧까지는 소비부진의 원인으로 볼 수 있다. 마지막 ⑨는 정책의 수립과 시행이 미흡했다는 것인데, 필자는 생산과 소비부진의 저변에 차문화와 산업을 발전시키기 위한 국가차원의 정책부재가 자리하고 있다고 보는 것이다.

때문에 이제부터라도 국가차원에서 차의 생산과 소비를 촉진시킬 수 있는 정책을 수립·시행하여 총체적 부진에 빠진 차문화와 산업의 활로를 도모하자는 것이다. 구체적 방안으로는 차의 생산과 소비를 촉진시킬 수 있는 법률을 제정하는 것이다. 차산업의 진흥을 위한 법률을 통해 값싸고 질 좋은 차를 안정적으로 공급할 수 있도록 하고, 차문화의 진흥을 위한 법률을 제정해 차문화의 가치를 확산시켜 차의 소비를 촉진시키자는 것이다. 이렇게 하면 차가 자연스럽게 서서히 국민의 음료로 정착될 수 있고, 이를 통해 국민의 건강과 전통문화의 창달 그리고 공교육의 정상화라는 一石三鳥의 목표를 달성할 수 있다고 확신한다.

그런데 2010년에 제안되었던 '전통 차문화의 보존 및 진흥에 관한 법률'에서 보았듯이 관건은 법률의 통과와 시행이라고 할 수 있다. 법률의 제안은 물론 통과와 시행을 위해서는 전국 차인들의 힘과 지혜가 하나로 모아져야 한다. 이번 학술대회를 계기로 전국 차인들의 힘과 지혜를 하나로 모을 수 있는 추진위원회가 시급히 결성되어야 한다. 그리고 추진위원회에서는 한국 차문화와 산업을 진흥시키기 위한 관련 법률이 통과되고 시행될 수 있도록 최선을 다해야 한다.

參考文獻

于觀亭 編著,《茶文化漫談》, 中國農業出版社, 2003.

조기정, 이경희 지음,《차와 인류의 동행》, 서우얼출판사, 2007.

程啓坤,〈세계 및 중국 차산업 현황〉, 격월간《茶人》, 제156호(2012. 1-2).

정인오,〈한국의 차 상품 및 차 소비 특징〉, 격월간《茶人》, 제156호(2012. 1-2).

조기정,〈한국 차문화의 발전과정과 연구현황 고찰〉,《韓國茶文化》, 창간호(2010).

월간《Tea & People》(2008. 9).

중앙일보(2012. 4. 3)

국회의안정보시스템(http://likms.assembly.go.kr/bill/jsp/main.jsp)

【Abstract】

Although going through the difficult conditions with constant development, our tea industry has been grown up. However, because of the supercilious wave he felt lost while indiscriminate incomes of oversea's tea is happening. Overlight of coffee, itap of crisis, tea industry and culture made poor progress because of tardy increment of production and consume. First, after the looking for total poor progress, I have grope the way of tea industry and culture. The reason of total poor progress in Korean tea culture and industry is weakened producing, consume, and lastly, unsatisfied establishment of groping and enforcement. The writer thinks at low interest poor consume, in order to develop tea culture and industry for dimension in national case, absence of policy is take place.

Therefore, he is saying that from now on, figure out the method of establish and enforce the policy to make tea production and consume to be active. So that find out the way of poor progress in tea will end up. In detail method, plans to make the tea consume to be active. By the legislation for tea promotion, try to supply good quality and law-priced tea, and establish the law for tea culture's promotion, try to broaden the worth of tea culture to make tea consume to be active. Going through with these, tea can be a national drink naturally and can get the purpose in development of health and traditions, and get three benefits in one time on normalize the coeducation.

As looking at the 'legislation of preservation in traditional tea culture and promotion' which was suggested in 2010, the most important point is going through the legislation and enforcing it. In order to pass the suggestion in legislation, people who are working in the tea industry field's intelligence and strength to establish promote committee, thus, in whole country who are in that field's intelligence can be gathered in one. Plus, promote committee should do their best to promote law in Korean tea culture and industry to pass and to enforce.

【Key words】

'Korean tea culture', 'Korean tea industry', 'Total crisis', 'Policy', 'Legislation/ Law'

출전
〈한국 차문화 · 산업의 활로 모색〉
(《韓國茶文化》제3집, 韓國茶文化學會, 2012. 5)

歷代 茶人들의 壽命 考察

Ⅰ. 들어가는 말

　세계 각국과의 FTA가 확대되면서 우리의 차 시장도 개방 압력을 받고 있다. 우리 차산업의 경제규모가 매우 영세하다는 이유로 정부가 차산업을 포기할 가능성도 있다는 움직임이 감지되면서 차산업계는 해방 후 최대의 위기에 빠졌다. 차산업의 위기는 곧 차문화의 위기로 직결되기 때문에 차문화계도 대책마련에 부심하게 되었다. 급기야 2012년 5월 26일 광주 김대중컨벤션센터에서 '한국 차문화·산업의 활로 모색'이란 주제로 한국차문화학회 제4회 춘계학술대회가 열리게 되었다.

　학술대회에서는 주제와 관련된 세 편의 논문이 발표되었다. 필자가 먼저 〈한국 차문화·산업의 활로 모색; 정책적 측면을 중심으로〉라는 논문을 발표해 법률제정을 통해 위기에 빠진 우리의 차산업과 문화를 살려야 한다고 역설했다. 이어 목포시험장장을 역임한 바가 있는 정병춘박사가 〈외국의 차 관련 조직과 정책을 통해서 본 한국 차 활성화 방안〉을 발표해 중국과 일본의 성공사례를 소개하고서 작금의 위기를 타개하기 위해서는 무엇보다도 정부가 주도적으로 나서야 함을 강조했다. 마지막으로 전남대학교 박근형교수가 〈한국 차문화·산업의 발전 모색; 전남 차산업을 중심으로〉라는 논문을 발표해 전남녹차사업단의 활동을 실례로 들면서 교육과 급식을 통한 근본적이고 구체적인 발전방안을 피력했다.

'위기는 곧 기회다'라는 말처럼 위기를 공감한 참석자들은 모두 법률제정을 위한 추진위원회 구성에 동참하기로 결의했다. 이러한 분위기에서 2012년 7월 10일 하동녹차연구소에서 한국차문화·산업발전협의회 발기대회가 열렸고, 이후 차문화와 산업을 진흥시키기 위한 구체적인 법률제정활동을 힘차게 전개하고 있다.[1] 그 결과 2013년 4월 18일 '차산업 발전 및 차문화 진흥에 관한 법률안'이 민주통합당 박민수 의원에 의해 정식으로 발의되기에 이르렀다.

또한 경상남도 의회에서는 초·중·고 학생들의 급식에 녹차를 제공하려고 급식조례안을 마련해 시행을 준비 중이다. 한편 코레일에서도 경전선에 문화관광전용열차를 투입할 계획인데, 열차 한 칸 전체를 차실로 꾸며 국내·외 관광객들에게 제공한다고 한다. 이렇게 민간단체와 지방자치단체 그리고 국가공기업이 위기를 극복하기 위해 함께 나선다면 위기가 기회로 전환되는 것은 시간문제라고 확신한다.

도처에서 전해오는 이러한 희망의 메시지를 접하면서 필자도 여기에 또 하나의 희망의 메시지를 더하고 싶었다. 본고는 이러한 의도에서 시도되었는데, 그것은 '차를 마시면 장수할 수 있다'는 메시지를 온 천하에 알리자는 것이었다. 인간의 五福 가운데 長壽가 으뜸이니, 좋은 차를 마시면 오래 살 수 있다는 희망의 메시지를 통해 작금의 위기를 기회로 바꿔보자는 것이다.

과거 차인들은 오랜 경험을 통해 차의 이로움을 체득하였다. 그들은 이를 茶의 德 즉, 茶德이라 칭송했다. 본고에서는 과거 차인들이 오랜 차 생활을 통해 몸소 체득해서 갈파했던 茶德의 내용을 살펴보고, 茶德 가운데 수명과 관련이 있는 내

---

1) 이에 대해서는 한국차문화·산업발전협의회에서 발행한《한국 차(茶)문화·산업 진흥 자료집》참조.

용을 통해 茶德과 수명과의 관계를 고찰하기로 한다. 이어서 고려시대 이후 현대까지 평균수명의 추이를 살펴본 후 역대 차인들의 평균수명을 조사해 고려시대 이후 차인들이 어느 정도 장수했는가를 고찰하기로 한다.[2]

해방 이후부터 2008년까지 발표된 국내의 석·박사학위논문 총 408편 가운데 차의 효능을 다룬 논문이 140편(34.3%)으로 1위를 차지했다.[3] 하지만 아쉽게도 아직까지 차인들의 수명에 대한 선행 연구논문은 찾지를 못했다. 더욱이 필자는 인구학을 전문적으로 연구하는 사람이 아니기 때문에 자연 연구방법이나 통계처리 등등이 모두 서투를 수밖에 없다. 위에서도 언급했듯이 본고는 오로지 '차를 마시면 장수할 수 있다'는 희망의 메시지를 전달하기 위한 목적과 차문화의 연구 지평을 넓히려는 목적에서 시도되었기 때문에 부족한 부분이 많을 것으로 사료된다. 이에 대해서는 널리 양해를 구한다.

II. 茶德과 수명과의 관계

1. 茶德

인류가 가장 오랫동안 최고의 음료로 차를 마셔온 것은 차가 인류에게 그만큼 이로움을 주었기 때문일 것이다. 이러한 이로움은 차나무가 하늘(造物主)로부터 부여받은 본바탕(性) 즉, 茶性에 기인하는 것으로, 지속적인 차 생활을 통해 이러한 이로움을 극대화 할 수 있다. 하늘로부터 부여받은 차(나무)의 본바탕(性) 즉,

---

2) 삼국시대의 차인들로 20명이 조사되었으나, 이 가운데 13명은 생몰연대가 불분명하고 7명의 생몰연대는 밝혀졌다. 차인들의 수가 적어 삼국시대는 본고의 연구범위에서 제외시켰다. 참고로 생몰연대가 밝혀진 7명의 평균수명은 81세로 밝혀졌다. 7명에는 원효(617-686), 무상(684-762), 혜소(774-850), 지장(705-803), 체징(804-880), 수철(817-893), 절충(826-900) 등이 포함된다.
3) 졸고, 〈한국 차문화의 발전과정과 연구현황 고찰〉,《한국차문화》 창간호(2010. 6), 24쪽.

茶性 중에는 인류에게 이로움을 줄 수 있는 덕이 있는데 이를 茶德이라 한다.[4] 茶德은 다시 물질적인 분야, 예의적인 분야, 예술적인 분야, 정신적인 분야 등으로 나눌 수 있다.[5]

차(나무)에는 이러한 茶德이 있기에 오랫동안 인류에게 茶德을 베풀어왔고, 인류는 이에 대한 보답으로 온갖 美辭麗句를 사용해 茶德을 칭송해왔다.[6] 신라의 薛聰은 최초로 차의 淸德을 언급했고,[7] 최치원도 차에는 갈증을 해소하고 근심을 잊게 해주는 공덕이 있다고 칭송했다.[8] 이후에도 수많은 차인들이 시나 문장을 통해 단편적으로 茶德을 칭송했다. 이제 보다 구체적으로 茶德을 정리해서 논술한 내용을 살펴보기로 한다.

唐末의 劉貞亮은 '차는 10가지 덕을 가지고 있다'는 이른바 "茶有十德說"을 내놓았는데, 그 내용은 다음과 같다.[9]

① 차로써 우울한 기분을 흩어지게 한다(以茶散鬱氣)
② 차로써 졸음을 몰아낸다(以茶驅睡氣)
③ 차로써 生氣를 북돋운다(以茶養生氣)
④ 차로써 病色을 없앤다(以茶除病氣)
⑤ 차로써 禮와 仁을 탐내게 한다(以茶利禮仁)

---

4) 정영선은 茶德이란 용어 대신 다(茶)의 덕(德)이라 표현했는데, 중국에서는 일반적으로 茶德이란 용어를 쓰고 있기 때문에 본고에서도 茶德이란 용어를 쓰기로 한다. 정영선(1996), 57쪽 참조.
5) 필자는 차문화의 범위는 네 단계의 문화 즉, 물질문화, 제도문화, 행위문화, 정신문화 등을 포괄한다고 했는데, 茶德도 같은 맥락에서 네 분야로 나눌 수 있다고 본다. 졸고, 〈한국 차문화의 발전과정과 연구현황 고찰〉, 《韓國茶文化》 創刊號, 10쪽 참고.
6) 정영선, 《다도철학》(1996), 57-58쪽 참조.
7) 상게서, 58쪽.
8) 류건집(2007), 118쪽.
9) 정영선(1996), 59쪽에는 茶扇十德으로 되어있다. 《中國茶文化大辭典》(2002), 457쪽의 내용은 정영선이 소개한 茶扇十德과 약간의 차이가 있다. 여기서는 前者를 따랐는데, 以茶除癘氣는 以茶除病氣의 誤記여서 바로 잡는다. 한편 일본의 묘우에(明惠, 1173-1232)가 劉貞亮의 十德을 요약해 차솥에 새겼다는 '茶の十德'은 散鬱氣, 覺睡氣, 養生氣, 除病氣, 制禮, 表敬, 賞味, 修身, 雅身, 行道 등이다. 《角川茶道大事典》(1990), 900쪽.

⑥ 차로써 공경하는 뜻을 나타낸다(以茶表敬意)

⑦ 차로써 맛이 좋은 음식을 먹게 한다(以茶嘗滋味)

⑧ 차로써 신체를 다스린다(以茶養身體)

⑨ 차로써 마음을 올바르게 할 수 있다(以茶可雅心)

⑩ 차로써 도를 행하게 할 수 있다(以茶可行道)

明代 周履靖은 〈茶德頌〉이란 문장을 지어 茶德을 칭송하기도 했다.[10] 朝鮮 初期의 차인 李穆(1471-1498)은 그의 《茶賦》에서 차의 다섯 가지 공(五功)과 여섯 가지 덕(六德)을 喝破하였는데,[11] 그가 든 다섯 가지 공은 다음과 같다.

① 책을 볼 때 갈증을 없애준다(解其渴)

② 울울함을 풀어준다(敍其鬱)

③ 손님과 주인의 정을 화합하게 한다(賓主之情協)

④ 허기(虛飢)를 물리친다(三彭之蠱征)

⑤ 첫새벽의 숙취(宿醉)를 그치게 한다(五夜之醒輟)

李穆이 말한 차의 공(功)은 공효(功效)의 의미로 차의 성분으로 인한 효능과 효과를 논한 것으로 보인다. 차의 물질적인 효능과 효과가 탁월함을 다섯 가지 공으로 요약을 했는 바, 麗末鮮初의 차인 元天錫(1330-?)과 여성 차인 영수합(令壽閣) 서씨(徐氏, 1753-1823)의 茶詩에 나오는 차의 신공(神功)과 일맥상통하는 것이라 할 수 있다.[12]

李穆이 五功에 이어 알게 되었다고 하는 여섯 가지 덕(六德)은 다음과 같다.

① 사람을 장수하게 하니 요임금과 순임금의 덕이 있다(使人壽脩, 有帝堯大舜之德焉)

② 사람의 병을 낫게 하니 유부와 편작의 덕이 있다(使人病已, 有俞附扁鵲之德焉)

---

10) 《中國茶文化大辭典》(2002), 586쪽 또는 《中國茶文化經典》(1999), 398쪽.

11) 정영선(1996), 58-59쪽과 《한국의 차문화 천년》4권(2012), 268-272쪽 참조.

12) 元天錫의 차시 〈謝弟李宣差師伯惠茶〉와 영수합 서씨의 차시 〈靜夜烹茶〉 참조.

③ 사람의 기를 맑게 하니 백이와 양진의 덕이 있다(使人氣淸, 有伯夷楊震之德焉)

④ 사람의 마음을 편안하게 하니 이로와 사호의 덕이 있다(使人心逸, 有二老四皓之德焉)

⑤ 사람을 신선이 되게 하니 황제와 노자의 덕이 있다(使人仙, 有黃帝老子之德焉)

⑥ 사람을 예의롭게 하니 희공과 중니의 덕이 있다(使人禮, 有姬公仲尼之德焉)

일본의 조오(紹鷗, 1502-1555)가 말했다고 전해지는 茶의 十德은 다음과 같다.[13]

① 여러 부처가 지켜준다(諸佛可護)

② 오장이 조화롭다(五臟調和)

③ 번뇌에서 자유롭다(煩惱自在)

④ 부모를 효도로써 봉양한다(孝養父母)

⑤ 수면을 마음대로 한다(睡眠自在)

⑥ 죽음에 임박해도 산란하지 않다(臨終不亂)

⑦ 재난을 없애고 수명을 늘인다(息災延命)

⑧ 여러 하늘이 지켜준다(諸天加護)

⑨ 하늘의 妖鬼가 신체를 호위한다(天魔隨身)

⑩ 수명을 길게 늘인다(壽命長延)

해남 대흥사에서 30여 년간 주지를 맡았던 응송 박영희(1893-1990) 스님은 차에는 아홉 가지 덕(九德)이 있다고 했는데, 그가 말한 九德은 다음과 같다.[14]

① 머리를 좋게 한다(利腦)

② 귀를 밝게 한다(明耳)

③ 눈을 밝게 한다(明眼)

④ 입맛을 돋운다(口味助長)

---

13) 紹鷗 이외에 리큐(利休, 1522-1591)와 杉木普齋 등도 茶の十德을 언급했는데, 이에 대해서는 《角川茶道大事典》(1990), 900쪽 참조.
14) 최계원(1983), 19쪽.

⑤ 피로를 풀어준다(解勞)

⑥ 술을 깨게 한다(醒酒)

⑦ 잠을 적게 한다(少眠)

⑧ 갈증을 그치게 한다(止渴)

⑨ 추위를 막아주고 더위를 물리친다(防寒斥暑)

정영선은《다도철학》에서 차가 지닌 유가사상적 덕으로 청덕(淸德), 군자되게 하는 덕, 예(禮)의 덕, 의(義)의 덕 등 네 가지를 들었다.[15] 또한 현대의 차는 다음과 같은 일곱 가지 덕을 지니고 있다고 주장했다.[16]

① 수양하게 한다

② 인정의 통로를 만든다

③ 능력을 개발한다

④ 예의에 친숙하게 한다

⑤ 신체 건강에 이롭다

⑥ 물의 진리를 배우고 자연을 사랑하게 한다

⑦ 노년기를 잘 지내게 한다

2. 수명과의 관계

위에서 茶德에 대해 살펴보았는데, 이제 이러한 茶德과 수명과의 관계를 살펴보기로 한다. 하워드 S. 프리드먼과 레슬리 R. 마틴은 1,500명의 인생을 1921년부터 80년간 추적하여 인간의 건강 장수에 대한 수명연구를 하였다. 이들의 연구결과를 정리하면 다음과 같다.[17]

① 남에게 스트레스를 주느냐 혹은 받느냐에 따라 건강 장수의 기준이 대략 나누어지는데, 내가 나에게 주는 스트레스보다 남에게 받는 스트레스가 훨씬 더 건강 장수에 심각한

---

15) 정영선(1996), 60-90쪽 참조.

16) 상게서, 272-300쪽 참조.

17) 배상열(2013), 32-34 참조.

영향을 끼친다.

② 흔히 건강에 좋다고 알려진 소식(小食), 채식, 모유, 금연, 금주, 수면, 운동, 긍정적인 마인드, 낙천적 사고 등은 우리가 생각하고 있는 것보다 건강 장수에 미치는 영향이 미미하다.

③ 덜 사교적이면서 좋은 친구와 정서적으로 사귀는 사람, 덜 명랑하고 외향적이지 않은 정적(情的)인 사람, 적당한 근심 걱정과 자아를 살필 수 있는 사람이, 긍정적이며 사교적이고 외향적이며 동적(動的)인 사람보다 건강 장수한다.

④ 인간에게 주어진 운명은 거스르지 못해 유전자의 힘이 사람의 생명과 건강 장수를 결정한다. 건강 장수를 위해 선천적인 유전자를 변화시키는 것은 거의 불가능하다.

⑤ 때문에 건강 장수를 위해서는 변화가 가능한 후천적인 요소를 극대화해야 하는데, 후천적 요소 중 건강 장수에 가장 크게 영향을 미치는 것은 주거지이다. 그것은 삶의 3대 필수 요소인 햇빛·공기·물과 삶의 6대 필수 요소인 의·식·주·의료·교육·환경에 대한 생활 요소를 모두 포용하여 결정짓는 중요한 바탕이 주거지이기 때문이다.

인구성장의 3대 구성요소 중 하나인 사망은 인간의 삶의 질을 측정하는 중요한 지표 중 하나인데,[18] 위의 연구 결과를 통해 결국 건강 장수를 위해서는 삶의 질을 향상시키는 것이 가장 바람직하다는 것을 알 수 있다. 이제 위에서 살펴본 茶德이 인간의 삶의 질을 향상시키는데 어느 정도 기여하는가를 통해 茶德과 수명과의 관계를 고찰하기로 한다.

위에서 필자는 茶德은 다시 물질적인 분야, 예의적인 분야, 예술적인 분야, 정신적인 분야로 나눌 수 있다고 했다. 물질적인 분야의 茶德이란 차에 함유된 각종 성분의 효능으로 인해 신체가 누리게 되는 각종 혜택을 말한다. 과거의 차인들은 오랜 경험을 통해서 이러한 물질적인 茶德을 깨달았지만, 최근에는 이러한 사실들이 과학적 실험을 통해 하나하나 밝혀지고 있다. 과학적 실험으로 밝혀진 차의 성분과 효능을 통해 차가 물질적 측면에서 삶의 질을 향상시키는데 크게 기여할 수 있음이 밝혀진 셈이다. 이로써 물질적 茶德이 건강을 증진하고 수명을 연장하는데 크게 기여한다고 할 수 있다.

---

18) 이상국(2010), 133쪽.

예의적인 분야의 茶德이란 물질적 茶德을 통해 체득된 茶性으로 인해 들뜬 마음이 가라앉게 되고 자신의 몸가짐을 낮게 함으로써 상대적으로 상대방을 공경하게 되는 것을 말한다. 이때의 상대방은 인간만이 아니라 신이나 자연 등으로 그 범위가 무한히 확대될 수 있다. 이는 과거 차인들이 天人合一과 物我一體의 개념을 통해 궁극적으로 忘我와 無我의 높은 경지에 진입하려고 했던 것이나, 또는 主客合一을 최고의 경계로 삼아 主客의 화합을 꾀했던 것과 일맥상통하는 것이라고 할 수 있다. 우리 조상들이 손님과 사신들게 進茶하고 조상신과 부처님 등에게 獻茶하는 등의 각종 茶禮를 중시했는데, 이것도 예의적 茶德인 茶禮를 통해 삶의 질을 향상시켜 궁극적으로는 건강과 장수를 도모하고자 했던 것이라고 할 수 있다.

예술적 분야의 茶德이란 물질적 茶德과 예의적 茶德으로 도달한 無我의 경지에서 品茶를 하나의 예술로 승화시키는 것을 말한다. 品茶에 대한 요구는 시대와 사람에 따라 다소의 차이가 있지만 대체적으로 자연적 조건, 인간관계의 조건, 차 자체의 조건 등의 세 가지 측면으로 요약할 수 있다. 여기서 차 자체의 조건이란 가장 기본적인 조건이라 할 수 있는데, 곧 색과 향과 맛이 뛰어난 좋은 차여야 한다는 것이다. 여기서 차 자체의 조건이란 곧 위에서 언급한 물질적인 茶德과 밀접한 관련이 있다. 그러나 이러한 차 자체의 조건보다는 오히려 자연환경과 인간관계에 대해 보다 높은 요구를 하였다. 그것은 자연환경과 인간관계가 品茶를 하나의 예술로 승화시키는 중요한 소재였기 때문이다. 중국이 중시하는 茶藝란 곧 예술적 茶德을 표방한다고 할 수 있다. 이러한 예술적 茶德인 茶藝를 통해 삶의 질을 향상시켜 궁극적으로는 건강과 장수를 꾀했던 것이라고 할 수 있다.

정신적 분야의 茶德이란 앞에서 언급한 물질적·예의적·예술적 茶德을 통해 도달한 無爲自然의 超脫의 경지에서 品茶를 가장 높은 정신적 수양의 단계로 승화시키는 것을 말한다. 여기에서도 역시 자연환경과 인간관계를 중시했는데, 그것은 자연환경과 인간관계가 品茶를 정신적 수양의 단계로까지 승화시키는 중요한 소재였기 때문이다. 唐代 중기에 형성되었던 茶道는 茶事活動을 통해 정신상의 향유와 인격상의 승화에 도달한다는 것으로, 茶道야말로 차를 마시는 최고의 경지라고 할 수 있다. 차인들은 이렇게 정신적 茶德을 통해 삶의 질을 향상시켜 궁극적으로는 무병장수는 물론 신선의 경지에까지 이르고자 했던 것이다.

지금까지 네 분야의 茶德을 통해 건강과 장수를 도모할 수 있음을 살펴보았는데, 앞에서 살펴본 茶德의 구체적인 내용을 통해 茶德과 수명과의 관계를 밝혀보기로 한다. 茶의 功德을 구체적으로 언급한 사람들 중에 직접 수명을 연장하거나 長壽할 수 있다고 말한 사람은 조선의 李穆과 일본의 조오(紹鷗)이다. 하지만 나머지 사람들도 長壽란 용어를 사용하지 않았을 뿐이지 언급한 茶德의 내용을 살펴보면 차를 통해 長壽할 수 있음을 밝혔다고 할 수 있다. 이로서 茶德은 수명과 매우 밀접한 관계가 있음을 알 수 있다. 환언하면 차를 마시는 사람은 차를 마시지 않는 사람보다 長壽할 수 있다는 것이다.

Ⅲ. 평균수명과 차인들의 수명 고찰

1. 평균수명[19]

평균수명이란 생명표에서 말하는 0세, 정확하게는 출생당시의 평균여명을 말한다. 일반적으로 평균여명이라 할 때는 0세의 평균여명을 의미할 때가 많으며, 이때 평균여명은 평균수명과 동일한 의미가 된다. 평균수명은 한 인구집단의 건강과 복지수준의 종합적인 지표로서 널리 사용되고 있는데, 그 수치가 높으면 높을수록 그 집단의 건강과 복지수준은 높다고 해석되는 것이 일반적인 경향이다.

인간의 최장수명에 대해서 아직까지 정확한 定說은 없으나 150세 前後로 추정하고 있다. 장수를 가능하게 하는 생활이 어떤 형태인가 하는 연구는 수없이 많았으나, 아직까지 확실한 처방이 없는 실정이다. 평균수명은 문명의 진보와 건강에 대한 올바른 인식, 그리고 적절한 영양공급에 의해서 신장되는데, 평균수명은 꾸준히 진화되어 과거와 현재 사이에 커다란 간격이 있다.

---

19) 평균수명에 대해서는 金正根(2084), 〈우리나라 平均壽命의 過去와 現在와 未來〉의 내용을 참고했다.

과거 인류의 생존에 대한 최대의 위협은 환경조건의 격변에 의한 대량의 생명 손실, 맹수와 전염병에 의한 막대한 피해, 그리고 식량자원에 의해 제어되는 人口 支持力의 한계 등이었다. 이제는 이러한 위협이 줄어들고 현대의료의 혜택으로 말미암아 훨씬 많은 사람들이 영유아기를 무사히 지나 성인이 될 수 있게 되었다. 평균수명의 신장은 현대인들이 과거의 조상들보다도 장수를 누릴 수 있다는 가능성을 입증하는 것이다.

학자들의 연구를 종합해보면 인류가 지구상에 출현해서 신석기시대에 이르기까지의 평균수명은 약 10세 前後에서 15세 前後였던 것으로 추정된다. 17세기 이전까지의 평균수명도 10세대의 벽을 넘지 못했던 것으로 보인다. 생명표가 처음 작성된 것은 17세기 후반이었는데, 당시 런던 시민의 평균수명은 18.2세였다. 근대적인 생명표의 형식을 갖춘 생명표를 최초로 작성한 사람은 독일의 천문학자 Edmund Halley(1656-1742)였는데, 당시 독일 Breslaw 市民의 평균수명을 23.7세로 산출했다.

18세기 이후에는 인구통계의 자료도 개선되고 생명표 작성의 기술도 진보하여 수많은 생명표가 발표되었다. 스웨덴의 평균수명을 보면 18세기에 30세대를 넘었고, 19세기 말에는 50세를, 1970년대에 들어와서는 70세대의 관문을 돌파하고 있다. 그러나 우리나라는 20세기 초엽에도 20세대를 맴돌고 있었다. 현재 평균수명이 가장 긴 나라는 일본으로 1982년에 남자는 74.2세 여자는 79.7세로 나타났는데, 우리나라는 일본보다 10세 정도가 적은 것으로 나타났다. 일본의 경험에 따르면 평균수명 10세를 늘이는데 소요된 기간이 25년이었다고 하니, 우리나라는 평균수명상 일본보다 25년 후진국인 셈이다.

이제 우리나라 평균수명의 추이를 살펴보기로 한다. 김용선은 고려 귀족의 평균수명을 39.7세 정도로 추정하였다.[20] 반면 이상국은 고려시대 귀족층의 평균수명을 34.8세로 추정하였다.[21] 두 사람이 추정한 수치 모두 1925-30년 조사된 한국인

---

20) 김용선, 《고려금석문연구: 돌에 새겨진 사회사》(2004), 148쪽 주) 58 참고.
21) 이상국(2010), 150쪽.

의 평균수명인 남자 36.3세 여자 38.8세와 큰 차이가 없다. 본고에서는 두 추정치의 평균인 37.25세를 고려시대 귀족들의 평균수명으로 정하기로 한다. 이렇게 고려시대 귀족층의 평균수명은 한국사의 전반적인 추세 속에서도 상대적으로 높은 것으로 나타난다. 하지만 고려시대 일반인의 평균수명이 어떠하였는지는 현재까지의 방법론으로는 알 수가 없으나, 귀족층에 비해 다소 낮았을 것으로 추정된다.

조선시대의 인구는 흉년이나 전란 또는 질병 등으로 인해 다소의 기복은 있었으나 꾸준히 증가하여, 500년 동안 거의 10배 가까이 증가하였다. 이를 통해 사망률을 추산하여 평균수명을 계산해보면 조선 중엽의 평균수명은 대략 30세 前後로 추정된다.[22] 본고에서는 조선 중엽의 평균수명이 조선시대 전체의 평균수명을 대표한다고 보고 30세 前後를 조선시대 평균수명으로 삼기로 한다.

그런데 舊韓末(1905-1910)의 평균수명은 시대적 상황 때문에 남자 22.62세 여자 24.44세로서 조선시대보다 오히려 감소했다. 이후 1925년에야 평균수명이 30세대를 회복하였고, 해방당시에는 남자 42.99세 여자 47.65세로 증가하였다. 이후 꾸준히 증가추세를 보이는데, 1905년부터 1980년까지의 평균수명의 추이를 표로 작성한 내용과 평균수명의 장래예측표[23], 그리고 2005년과 2010년의 평균수명[24]을 토대로 조사한 결과 1910년부터 현재까지의 평균수명은 54.07세로 조사되었다.[25]

2. 차인들의 수명 고찰

1) 고려시대(918-1392)
고려시대 차인들의 수명을 조사하기 위해 출생순으로 정리하면 다음과 같다.[26]

---

22) 김정근(1984), 134쪽.
23) 상게논문, 135쪽 表7과 137쪽 表8.
24) 한소현, 〈우리나라 地域別 健康壽命과 關聯要因〉, 경북대학교 대학원 박사학위논문, 2012, 6. 42-43쪽.
25) 각주 23의 表7에 없는 80년-85년과 85년-90년은 변화추이를 토대로 67세와 69세로 했다.
26) 시대별 차인들을 조사하기 위해 참고한 책들은 정영선(1998), 최계원(1983), 정헌식(2001), 김상현(1997), 류건집(2007), 정서경(2008), (사)해남다인회(2008), 박종한(2006), 진주차인회(2011), 송재소 등 옮김(2009), 이진수(2012) 등이다. 조사된 차인들 중 생몰년대가 미상인 경우는 조사대상에서 제

최지몽(907-987, 80)

최승로(927-989, 62)

의천(1055-1101, 46)

곽여(1058-1130, 72)

이자현(1061-1125, 64)

최윤의(1102-1162, 60)

최정안(1135-1211, 76)

지겸(1145-1229, 84)

김극기(1148-1209, 61)

이인로(1152-1220, 68)

지눌(1158-1210, 52)

이규보(1168-1241, 73)

혜심(1178-1234, 56)

백분화(1180-1224, 44)

최자(1188-1260, 72)

김지대(1190-1266, 76)

천인(1205-1248, 43)

충지(1226-1292, 66)

이진(1244-1351, 77)

만항(1249-1319, 70)

이제현(1287-1367, 80)

안축(1287-1348, 61)

최해(1287-1340, 53)

민사평(1295-1359, 64)

이곡(1298-1351, 53)

경한(1299-1375, 76)

보우(1301-1382, 81)

외했다. 이밖에 진주, 하동, 보성, 해남지역의 일부 차인들도 포함되었는데, 자료를 제공해준 김형점(진주), 장효은(하동), 천준길(보성), 정서경(해남) 등에게 감사드린다.

이집(1314-1387, 73)

정사도(1318-1379, 61)

혜근(1320-1376, 56)

유숙(1324-1368, 44)

이색(1328-1396, 68)

한수(1333-1384, 51)

정몽주(1337-1392, 55)

성석린(1338-1423, 85)

김구용(1338-1384, 46)

이첨(1345-1405, 60)

조준(1346-1405, 59)

이숭인(1347-1392, 45)

이행(1352-1432, 80)

권근(1352-1409, 57)

길재(1353-1419, 66)

정총(1358-1397, 39)

이종학(1361-1392, 31)

이직(1362-1431, 69)

이원(1368-1430, 62)

변계량(1369-1430, 61)

득통(1376-1433, 57)

하연(1376-1453, 77)

이상 고려시대 차인 49명의 평균수명을 조사한 결과 62.69세로 나타났다. 고려시대 귀족들의 평균수명은 위에서 살핀 바와 같이 37.25세로 추정되는데, 차인들의 평균수명은 이보다 훨씬 높은 것으로 조사되었다. 고려시대 일반인들의 평균수명은 귀족들보다 약간 낮을 것으로 추정할 수 있는데, 그렇다면 고려시대 차인들의 평균수명은 일반인들보다 거의 배 정도 높았음을 알 수 있다.

2) 조선시대(1392-1910)

유방선(1388-1443, 55)

정극인(1401-1481, 80)

김수온(1409-1481, 72)

신숙주(1417-1475, 58)

박팽년(1417-1456, 39)

성삼문(1418-1456, 38)

서거정(1420-1488, 68)

이승소(1422-1484, 62)

강희맹(1424-1483, 59)

성간(1427-1456, 29)

홍유손(1431-1529, 98)

김종직(1431-1492, 61)

김시습(1435-1493, 58)

홍귀달(1438-1504, 66)

성현(1439-1504, 65)

유호인(1445-1494, 49)

조위(1454-1503, 59)

남효온(1454-1492, 38)

김수동(1457-1512, 55)

이식(1458-1488, 30)

지엄(1464-1534, 70)

김일손(1464-1498, 34)

이목(1471-1498, 27)

김세필(1473-1533, 60)

홍언충(1473-1508, 35)

김극성(1474-1540, 66)

박상(1474-1530, 56)

홍언필(1476-1549, 73)

김안국(1478-1543, 65)

이행(1478-1534, 56)

김안로(1481-1537, 56)

신광한(1484-1555, 71)

김정국(1485-1541, 56)

소세양(1486-1562, 76)

김정(1486-1521, 35)

서경덕(1489-1546, 57)

심광언(1490-1568, 78)

조성(1492-1555, 63)

송순(1493-1583, 90)

주세붕(1495-1554, 59)

김의정(1495-1546, 51)

임억령(1496-1568, 72)

성운(1497-1579, 82)

조식(1501-1572, 71)

이황(1501-1570, 69)

최연(1503-1550, 47)

홍섬(1504-1585, 81)

임형수(1504-1547, 43)

엄흔(1508-1553, 45)

김인후(1510-1560, 50)

이정(1512-1571, 59)

유희춘(1513-1577, 64)

노수신(1515-1590, 75)

정유길(1515-1588, 73)

보우(1515-1565, 50)

송인(1516-1584, 68)

황준량(1517-1563, 46)

노진(1518-1578, 60)

휴정(1520-1604, 84)

권벽(1520-1590, 70)
구봉령(1526-1586, 60)
권호문(1532-1587, 55)
신응시(1532-1585, 53)
일선(1533-1608, 75)
고경명(1533-1592, 59)
이이(1536-1584, 48)
이산해(1538-1609, 71)
김성일(1538-1593, 55)
허준(1539-1615, 66)
최립(1539-1612, 73)
이정암(1541-1600, 59)
경헌(1542-1632, 90)
유성룡(1542-1607, 65)
한호(1543-1605, 62)
선수(1543-1615, 72)
유정(1544-1610, 66)
양대박(1544-1592, 48)
이경윤(1545-1611, 66)
인오(1548-1623, 75)
심희수(1548-1622, 74)
허성(1548-1612, 64)
임제(1549-1587, 38)
허봉(1551-1588, 37)
이호민(1553-1634, 81)
이항복(1556-1618, 62)
차천로(1556-1615, 59)
유몽인(1559-1623, 64)
이준(1560-1635, 75)
김상용(1561-1637, 76)

이덕형(1561-1613, 52)

태능(1562-1648, 86)

이수광(1563-1628, 65)

허초희(1563-1589, 26)

이정구(1564-1635, 71)

신흠(1566-1628, 62)

이경전(1569-1644, 75)

허균(1569-1618, 49)

권필(1569-1612, 43)

김상헌(1570-1652, 82)

이민성(1570-1629, 59)

이안눌(1571-1637, 66)

조찬한(1572-1631, 59)

목대흠(1575-1638, 65)

조희일(1575-1638, 65)

이식(1584-1647, 63)

조경(1586-1669, 83)

최명길(1586-1647, 61)

윤선도(1587-1671, 84)

장유(1587-1638, 51)

신익성(1588-1644, 56)

이민구(1589-1670, 81)

수초(1590-1668, 78)

허목(1592-1682, 90)

정홍명(1592-1650, 58)

심동구(1594-1660, 66)

이경석(1595-1671, 76)

이명한(1595-1645, 50)

하진(1597-1658, 61)

정태화(1602-1673, 71)

강백년(1603-1681, 78)

김득신(1604-1684, 80)

신익전(1605-1660, 55)

김익희(1610-1656, 46)

박장원(1612-1671, 59)

처능(1617-1680, 63)

홍위(1620-1660, 40)

이단하(1625-1689, 64)

김수홍(1626-1690, 64)

이현일(1627-1704, 77)

남용익(1628-1692, 64)

신신정(1628-1687, 59)

이단상(1628-1669, 41)

김수항(1629-1689, 60)

성총(1631-1700, 69)

박세채(1631-1695, 64)

김만기(1633-1687, 54)

김만중(1637-1692, 55)

도안(1638-1715, 77)

임상원(1638-1697, 59)

명찰(1640-1708, 68)

권상하(1641-1721, 80)

홍만선(1643-1715, 72)

오도일(1645-1703, 58)

김간(1646-1732, 86)

최석정(1646-1715, 69)

이현석(1647-1703, 56)

김창집(1648-1722, 74)

김창협(1651-1708, 57)

추붕(1651-1706, 55)

이형상(1653-1733, 80)

김창흡(1653-1722, 69)

이재(1657-1730, 73)

김창업(1658-1721, 63)

이관명(1661-1733, 72)

자수(1664-1737, 73)

이만부(1664-1732, 68)

지안(1664-1729, 65)

임수간(1665-1721, 56)

이의현(1669-1745, 76)

채팽윤(1669-1731, 62)

김춘택(1670-1717, 47)

이진망(1672-1737, 65)

조태억(1675-1728, 53)

이하곤(1677-1724, 47)

이재(1680-1746, 66)

조문명(1680-1732, 52)

신정하(1680-1715, 35)

윤봉구(1681-1767, 86)

이익(1681-1763, 82)

정래교(1681-1759, 78)

신유한(1681-1752, 71)

나식(1685-1766, 81)

세봉(1687-1767, 80)

조현명(1690-1752, 62)

이광덕(1690-1748, 58)

해원(1691-1770, 79)

이종성(1692-1759, 67)

극근(1694-1758, 64)

민우수(1694-1756, 62)

정민교(1697-1731, 34)

남유용(1698-1773, 75)

이천보(1698-1761, 63)

오원(1700-1740, 40)

유정원(1703-1761, 58)

이광사(1705-1777, 72)

송명흠(1705-1768, 63)

의민(1710-1792, 82)

이상정(1710-1781, 71)

시성(1710-1776, 66)

안정복(1712-1791, 79)

신경준(1712-1781, 69)

신광수(1712-1775, 63)

서명응(1716-1787, 71)

최눌(1717-1790, 73)

이헌경(1719-1791, 72)

이민보(1720-1799, 79)

유일(1720-1799, 79)

채제공(1720-1799, 79)

유도원(1721-1791, 70)

정범조(1723-1801, 78)

홍양호(1724-1802, 78)

황윤석(1729-1791, 62)

홍대용(1731-1783, 52)

박지원(1737-1805, 68)

이덕무(1741-1793, 52)

응윤(1743-1804, 61)

이인문(1745-1821, 76)

유득공(1748-1807, 59)

박제가(1750-1805, 55)

정훈(1751-1823, 72)

영수합서씨(1753-1823, 70)

김이안(1755-1845, 90)

유만주(1755-1788, 33)

완호윤우(1758-1826, 68)

장혼(1759-1828, 69)

학고(1798-1864, 66)

빙허각이씨(1759-1824, 65)

조수삼(1762-1849, 87)

정약용(1762-1836, 74)

윤형규(1763-1840, 77)

서유구(1764-1845, 81)

심상규(1766-1845, 79)

김려(1766-1821, 55)

백파(1767-1852, 85)

신위(1769-1847, 78)

이학규(1770-1835, 65)

박윤묵(1771-1849, 78)

서기수(1771-1834, 63)

혜장(1772-1811, 39)

유희(1773-1837, 64)

김경연(1778-1820, 42)

권돈인(1783-1859, 76)

정학연(1783-1859, 76)

의순(1786-1866, 80)

김정희(1786-1856, 70)

정학유(1786-1855, 69)

황상(1788-1863, 75)

김명희(1788-1857, 69)

이규경(1788-1856, 68)

김경선(1788-1853, 65)

혜즙(1791-1858, 67)

조병현(1791-1849, 58)

선영(1792-1880, 88)

이만용(1792-1863, 71)

윤정현(1793-1874, 81)

홍현주(1793-1865, 72)

숙선옹주(1793-1836, 43)

홍한주(1798-1864, 66)

신좌모(1799-1877, 78)

최한기(1803-1879, 76)

이상적(1804-1865, 61)

조재삼(1808-1866, 58)

정수동(1808-1858, 50)

허유(1809-1892, 83)

효명세자(1809-1830, 21)

신헌(1810-1888, 78)

선기(1812-1876, 64)

이유원(1814-1888, 74)

윤정기(1814-1879, 65)

각안(1820-1896, 76)

강위(1820-1884, 64)

우담(1822-1881, 59)

설두(1822-1881, 59)

신헌구(1823-1902, 79)

전기(1825-1854, 29)

심여(1828-1875, 47)

이상 조선시대 총 266명의 차인들에 대한 수명을 조사했는데, 차인들의 평균수명은 65.40세로 나타났다. 조선시대의 평균수명은 위에서 살핀 바와 같이 30세 前後로 추정되기 때문에 조선시대 차인들의 평균수명은 일반인들보다 배 이상 높았던 것을 알 수 있다. 최계원은 조선시대 몇몇 차인들이 정치적으로는 불우했으나 장수한 사실을 들고서 그 원인을 차의 효험에서 찾으려고 했다.[27]

3) 현대

혜견(1830-1908, 78)

김윤식(1835-1922, 87)

허훈(1836-1907, 71)

이종기(1837-1902, 65)

김가진(1846-1922, 76)

곽종석(1846-1919, 73)

성우(1846-1912, 66)

신기선(1851-1909, 58)

남거(1854-1927, 73)

보정(1861-1930, 69)

축원(1861-1926, 65)

변지화(1862-1938, 76)

이한영(1868-1956, 88)

이능화(1869-1943, 74)

정호(1870-1948, 78)

월면(1871-1946, 75)

중원(1876-1951, 75)

최흥종(1879-1966, 87)

용운(1879-1944, 65)

원명(1888-1966, 78)

문일평(1888-1936, 48)

미산(1890-1965, 75)

---

27) 최계원(1983), 142쪽.

최남선(1890-1957, 67)

허백련(1891-1977, 86)

문영빈(1891-1961, 70)

박흥동(1892-1956, 64)

박영희(1892-1990, 98)

정석(1892-1982, 90)

정학녀(1894-1992, 98)

박영희(1893-1990, 94)

김범부(1897-1966, 69)

윤치영(1898-1996, 98)

김법린(1899-1964, 65)

이순이(1900-1977, 77)

이방자(1901-1989, 88)

정행(1902-2002, 100)

최규용(1903-2002, 99)

이은상(1903-1982, 79)

손재형(1903-1981, 78)

여갑선(1904-2002, 98)

최범술(1904-1979, 75)

한웅빈(1906-1993, 87)

남농(1907-1981, 74)

이남호(1908-2001, 93)

오제봉(1908-1991, 83)

수련(1910-1983, 73)

자운(1911-1992, 81)

성철(1912-1993, 81)

김동리(1913-1995, 82)

김현승(1913-1975, 62)

서정주(1915-2000, 85)

송지영(1916-1989, 73)

안광석(1917-2004, 87)

문후근(1917-1992, 75)

최재호(1917-1992, 75)

강명찬(1919-2011, 92)

김미희(1920-1981, 61)

김홍우(1921-2012, 91)

김종희(1921-2000, 79)

노석경(1921-1986, 65)

김두만(1922-2010, 88)

서한기(2023-2011, 88)

김창문(1923-2003, 80)

혜안(1923-2002, 79)

정명수(1923-2001, 78)

박화봉(1924-2011, 87)

고재섭(1924-2006, 82)

양기태(1924-2007, 83)

김봉호(1924-2003, 79)

서성환(1924-2003, 79)

박종한(1925-2012, 87)

장영섭(1925-2010, 85)

김남순(1925-2010, 85)

정상구(1925-2005, 80)

최연호(1925-2005, 80)

박용호(1925-2001, 76)

장영섭(1926-2011, 85)

조주원(1926-2009, 83)

남기우(1926-2008, 82)

전춘기(1926-2002, 76)

변종하(1926-2000, 74)

조자용(1926-2000, 74)

김제현(1926-2000, 74)

유준식(1926-1997, 71)

정재홍(1929-2012, 83)

일타(1929-1999, 70)

신정희(1930-2007, 77)

서양원(1931-2012, 81)

윤경혁(1932-2012, 80)

법정(1932-2010, 78)

김재생(1932-2005, 73)

노시강(1932-2003, 71)

김운학(1934-1981, 47)

천병식(1936-2003, 67)

조기정(1939-2007, 68)

정동현(1941-2012, 71)

임홍준(1942-2012, 70)

주병채(1944-2010, 66)

위에서 현대 차인 101명을 대상으로 이들의 평균수명을 조사했는데, 조사결과 평균수명은 75.53세로 나타났다. 위에서 살펴본 바와 같이 1910년 이후부터 2010년까지의 평균수명은 54.07세로 나타났다. 이로써 현대 차인들의 평균수명이 일반인들보다 21.46세 정도 높은 것임을 알 수 있다.

Ⅳ. 나오는 말

해방 후 지속적인 발전을 거듭하던 한국의 차산업이 2007년의 농약파동으로 주춤하는 사이 커피의 습격을 받아 생사의 기로를 헤매게 되었다. 이렇게 차산업의 경제규모가 영세해지면서 정부가 차산업을 포기하고 차 시장을 통째로 외국에

내줄 수도 있다는 가능성이 감지되면서 차산업계는 물론 차문화계까지 위기가 급속도로 확산되고 있다. 이런 상황에서도 위기를 기회로 만들기 위한 희망의 메시지들이 도처에서 들려오고 있다.

이러한 희망의 메시지들 가운데 중요한 것으로는 2013년 4월 18일에 발의된 '차산업 발전 및 차문화 진흥에 관한 법률안'과 경상남도 의회에서 추진 중인 '급식조례안' 및 코레일에서 준비하고 있는 '경전선문화관광전용열차' 등을 들 수 있다. 이러한 추세에 발맞춰 '차를 마시면 장수할 수 있다'는 또 하나의 희망의 메시지를 전하고 싶은 의도에서 고려시대부터 현대까지 차인들의 수명을 고찰하였다. 지금까지 고찰한 내용을 정리하면 다음과 같다.

* 하늘로부터 부여받은 차(나무)의 본바탕 즉, 茶性 중에는 인류에게 이로움을 줄 수 있는 덕이 있는데, 이를 茶德이라고 한다. 茶德은 다시 물질적 분야, 예의적 분야, 예술적 분야, 정신적 분야 등으로 나눌 수 있는데, 이러한 네 분야의 茶德을 통해 인류는 건강과 장수를 도모할 수 있다. 한·중·일 3국 공히 구체적으로 茶德을 논술했는데, 그 내용을 살펴보면 茶德은 수명과 매우 밀접한 관계가 있음을 알 수 있다. 즉, 차를 마시는 사람은 차를 마시지 않는 사람보다 오래 살 수 있다는 것이다.

* 역대 평균수명을 고찰한 결과 고려시대 귀족층의 평균수명은 37.25세로 추정되고, 조선시대는 30세 前後로 추정되며, 1910년부터 2010년까지의 평균수명은 54.07세로 조사되었다.

* 고려시대 49명의 차인들을 대상으로 평균수명을 조사한 결과 62.69세로 나타났는데, 고려시대 귀족층의 평균수명인 37.25세보다 훨씬 높은 것을 알 수 있다.

* 조선시대 266명의 차인들을 대상으로 평균수명을 조사한 결과 65.40세로 나타났는데, 30세 前後로 추정되는 조선시대의 평균수명보다 훨씬 높다는 것을 알 수 있다.

* 1910년부터 2010년까지 101명의 차인들을 대상으로 평균수명을 조사한 결과 75,53세로 나타났는데, 이 기간의 평균수명인 54.07세보다 21.46세를 더 장수하는 것으로 밝혀졌다.

參考文獻

한국차문화 · 산업발전협의회 발행,《한국차문화 · 산업 진흥 자료집》(2013, 4)

鄭英善 著,《다도철학 (서울, 도서출판 너럭바위, 1996)

鄭英善 著,《한국茶文化》(서울, 도서출판 너럭바위, 1998)

류건집 지음,《韓國茶文化史》上 · 下(서울, 도서출판 이른아침, 2007)

《角川茶道大事典》(角川書店, 1990)

陳彬藩 主編,《中國茶文化經典》(北京, 光明日報出版社, 1999)

朱世英 等 主編,《中國茶文化大辭典》(上海, 漢語大辭典出版社, 2002)

송재소 · 조창록 · 이규필 옮김,《한국의 차문화 천년》1-4(파주, 돌베개, 2012)

崔啓遠 著,《우리茶의 再照明》(광주, 三陽出版社, 1983)

배상열 지음,《건강과 부를 부르는 풍수지리》(서울, 우리글, 2013)

김용선,《고려금석문연구; 돌에 새겨진 사회사》(2004)

정헌식 지음,《진주시민과 茶생활》(진주, 형평출판사, 2001)

晉州茶人會,《茶人들의 삶과 자취》(진주, 문화출판, 2011)

김상현,《한국의 茶詩》(서울, 도서출판 민족사, 1997)

정서경 지음,《고려 차시와 그 문화》(서울, 도서출판 이른아침, 2008)

(사)해남다인회,《海南의 茶文化》(해남, 해남신문사, 2008)

박종한,《五性茶道》(창원, 토피아출판사, 2006)

이진수,《한국 근 · 현대 차인물 연구》1(서울, 차와문화, 2012)

조기정,〈한국 차문화의 발전과정과 연구현황 고찰〉,《韓國茶文化》, 創刊號(2010, 6)

이상국,〈고려시대 귀족층의 사망률과 기대여명의 추세; 비교사적 관점을 중심으로〉,
《역사와 경제》, Vol. 74(2010)

金正根,〈우리나라 平均壽命의 過去와 現在와 未來〉,《한국인구학》, Vol. 7, No.
1(1984)

韓素鉉,〈우리나라 地域別 健康壽命과 關聯要因〉, 경북대학교 대학원 박사학위논문
(2012, 6)

【Abstract】

The tea industry which was continuously developed after the emancipation, while it boggled at agricultural pesticides incident in 2007, there was a attack from coffee, and hovered between the life and the death. Like this, as economic scale decrease, the possibility of the government might give up with tea industry and sell the whole tea market to abroad. And it is perceived from tea industrial circles to tea culture, the crisis spread quickly. Even in this situation, there are messages from surroundings to change this crisis to a chance.

The most important thing in these hopeful messages is 'The tea industry development and a legislative bill about the tea culture promotion' which was moved on April 18th, 2013 and 'The food service regulation' which Gyeongsan Namdo promotes and 'Gyengjeon line cultural train' which Korail is preparing. In this situation, this paper studied about the people who were used to drink tea's average life expectancy from Koryo dynasty to today, in order to report 'Drinking tea can make people to live a long life.' To sum up, it is like following states.

*In the characteristics of tea which is given from the heaven, the tea(tree) supports human benefits, that is called as the virtue of tea.

*The virtue of tea can be divided into material part, artistic part, and psychological part, through these four parts of the virtue of tea, human can get health and longevity.

*This paper discussed about the virtue of tea in Korea, China and Japan, these three countries. As we inspect, the virtue of tea has very close relationship with lifespan. In other words, people who drinking tea can live a longer life than non-drinking tea's.

*The result of researching average life expectancy, in Koryo dynasty aristocratic class' average age is expected to be about 37.25years old, in Chosun dynasty is about 30years old, and between 1910 to 2010, the average life expectancy is about 54.07years old of all time.

*The result of researching the average life expectancy of 49people who were used to drink tea is shown as 62.69years old, however, it is higher than Koryo dynasty aristocratic class.

*The result of researching the average life expectancy of 266people of Chosun dynasty who were used to drink tea is shown as 65.40years old, it is much higher than about 30years old of average life expectancy in Chosun dynasty.

*The result of researching average life expectancy from 1910 to 2010 of 000people who were used to drink tea is shown as 00.00years old, it is 00.00years higher than 54.07years old which is the averaged life expectancy.

【Key words】

Koryo dynasty, Chosun dynasty, Today, People who were used to drink tea, The virtue of tea, Average life expectancy, Longevity

---

출전
〈歷代 茶人들의 壽命 考察〉
(《韓國茶文化》 제4집, 韓國茶文化學會, 2013. 5)

Ⅱ. 중국 차문화

중국 소수민족의 油茶 연구
- 瑤族의 打油茶를 중심으로 -

Ⅰ. 서 론

생활수준이 향상되면서 웰빙의 붐을 타고 차를 마시는 인구가 급속도로 증가하고 있다. 이를 증명이나 하듯 차의 재배면적과 생산량도 해마다 증가하고 있다. 최근에 들어서는 차를 마시는 것만으로는 부족하다고 생각했는지, 아니면 기발한 商術의 발로인지는 몰라도, 음식에 찻잎이나 분말차를 첨가한 이른바 웰빙식품들이 인기를 누리고 있다. 차를 마시는 인구가 급속도로 늘어나고 웰빙식품을 포함해 차를 활용한 다양한 제품들이 인기를 누리는 것은 차인으로서 매우 반가운 일이다. 차산업의 발전은 필경 차문화의 발전을 부채질하기 때문이다.

1990년 우리나라 차의 재배면적은 448ha에 불과했으나 2004년에는 2,390ha로 5배 이상 증가하였으며, 생산량도 1990년에는 ha당 296kg이던 것이 2004년에는 2,400kg으로 8배 이상 증가하였다. 이제 소와 돼지는 물론이고 닭과 오리까지도 찻잎을 먹는 세상이 되었고, 화장품과 비누는 물론이고 구두의 깔창과 벽지에도 차가 파고드는 지경에 이르렀다. 각종 茶禮의 試演은 이제 축제마당의 감초가 되었고, 덩달아 茶樂과 茶舞 그리고 茶畵와 茶花 등도 전문가들에 의해 그 영역이 점차 개척되고 있다. 어둠침침한 다방이 점차 사라지고 단아한 찻집들이 생겨나 은은한 茶香을 발하고 있고, 茶道를 통한 인성교육도 도처에서 시도되고 있다. 급기야 차에 대한 학문을 종합적으로 가르치고 연구하기 위한 학과가 고등학교는 물론이고 경향 각지의 대학과 대학원에도 속속 개설되고 있다.

요즘 우리는 저급한 커피문화의 쇠퇴를 착잡한 심경으로 지켜보고 있다. 차인들은 이를 反面教師로 삼아 다시는 차문화의 쇠퇴를 초래해서는 안 된다. 돈이 된다고 해서 무슨 일이든 서슴치 않고 저질러서는 안 된다. 찻잎이나 분말차를 첨가한 이른바 웰빙식품도 예외가 아니다. 呼客을 위해 아무런 근거도 없이 무턱대고 아무 음식에나 찻잎이나 분말차를 첨가해서는 안 된다. 그러다 보면 차문화의 저급화도 시간문제다. 고상한 차문화의 정립을 위해서는 건전한 차산업의 육성이 우선되어야 하는 이유가 바로 여기에 있다.

중국에는 55개나 되는 소수민족들이 저마다의 역사와 문화를 계승하고 발전시키며 다수의 漢族 틈바구니에서도 꿋꿋하게 살아가고 있다. 차문화도 예외는 아니어서 소수민족들만의 독특한 차문화를 가지고 있는데, 대다수 소수민족들이 즐겨 마시는 차들은 한족들이 즐겨 마시는 차들과 확실히 다르다. 漢族들이 주로 찻잎을 물에 우려서 마시는데 반해 소수민족들은 대부분 찻잎에 여러 가지 재료들을 첨가하여 국이나 반찬으로 만들어 먹는다. 소수민족들이 만들어 먹는 이러한 특별한 차들은 이미 1,000년 이상의 오랜 역사와 전통을 지니고 있어 그야말로 검증된 웰빙차라 할 수 있다. 때문에 요즘에는 漢族들도 이러한 소수민족들의 웰빙차들을 즐겨 마실 뿐만 아니라 상품화를 서두르고 있다.

　필자가 조사한 바에 의하면 중국에는 현재 약 20여 종에 달하는 소수민족들의 검증된 웰빙차가 전해지고 있다. 찻잎이나 분말차를 활용한 웰빙식품의 역사가 일천한 우리들에게 중국 소수민족의 이러한 웰빙차들은 매우 중요한 의미를 갖는다. 건전한 차산업의 육성과 고상한 차문화의 정립을 위해서도 이러한 웰빙차들을 소홀히 다루어서는 안된다.

　필자는 2005년 후학기에 桂林에 있는 자매대학인 廣西師範大學 外國語學院에서 한국어를 가르칠 기회가 있었는데, 이 기회를 이용해 廣西壯族自治區와 雲南省을 여행하며 일부 소수민족들의 웰빙차들을 접할 수 있었다. 특히 桂北(桂林의 북쪽)지역에 산재한 소수민족들이 즐겨 마시는 打油茶에 대해서는 현지인들의 도움으로 자세한 조사를 할 수 있었다. 本考에서는 우선 중국 소수민족들이 즐겨 마시는 웰빙차의 종류를 살펴보고, 이어서 桂北지역에 산재하는 瑤族[1]들이 즐겨 마시는 打油茶를 중심으로 그 제조와 음용에 대해 살펴보고자 한다.

그림 1. 油茶坊

---

1) 주로 廣西壯族自治區, 湖南省, 雲南省, 廣東省, 貴州省 등에 거주하며 인구는 약 213만 명이다.

Ⅱ. 웰빙차의 종류[2]

1. 布依(Buyi)族[3]의 姑娘(guniang)茶

布依族이 만든 차 가운데 값도 비싸고 맛도 특별한 차가 있는데, 이것이 바로 姑娘茶이다. 이 차는 출가하지 않은 布依族 아가씨(姑娘)들이 정성드려 만든 것으로, 이런 차는 내다 팔지 않고 절친한 사람들에게 선물로만 쓴다. 혹은 연애를 하거나 약혼을 할 때 아가씨 집에서 연인에게 예물로 보내는데, 의미인즉 정성드려 만든 좋은 차로써 아가씨의 정조와 순결한 사랑을 상징한다는 것이다.

傣(Dai)族[4]과 拉祜(Lahu)族[5]이 즐겨 마시는 竹筒(香)茶가 있는데, 이 차도 아주 부드러운 찻잎을 사용하기 때문에 일명 姑娘茶라고 부른다. 이에 대해서는 뒤에서 따로 다룬다.

2. 基諾(Jinuo)族[6]의 凉拌(liangban)茶와 煮(zhu)茶

이 차는 현장에서 딴 신선하고 연한 햇차의 순을 주원료로 하고, 여기에 다시 황과(黃果)의 잎과 고추 그리고 마늘과 소금 등을 섞어 만든다. 개인의 취향에 따라 식초에 무친 죽순이나 개미 그리고 白生 등을 넣기도 한다.

먼저 금방 따온 신선하고 연한 햇차의 순을 손으로 가볍게 문지르고 비벼서 연한 순을 부순다. 그런 뒤에 이것을 깨끗한 그릇에 담는다. 여기에 다시 주물러 부

---

2) 중국 소수민족들이 즐겨 마시는 웰빙차의 종류를 조사하면서 필자가 참고한 책들은 《說茶》, 《茶趣》, 《茶之品》, 《茶文化學槪論》, 《雲南普洱茶》 등이다. 조사자에 따라 이보다 더 많은 종류를 조사 할 수 있음을 밝혀둔다.

3) 주로 貴州省과 雲南省에 거주하는 민족으로 인구는 약 250만 명이다. 중국 소수민족에 대한 자료들은 《오늘의 중국》, 《중국교회와 선교》 제4호와 제10호, 《中國少數民族宗敎信仰》, 《進明 中韓大辭典》 등을 참조했다.(이하 같음)

4) 주로 雲南省에 거주하는 민족으로 인구는 약 100만 명이다.

5) 주로 雲南省에 거주하며 인구는 약 40만 명이다.

6) 주로 雲南省에 거주하며 인구는 약 1만 8천 명이다.

순 신선한 황과의 잎과 가늘게 다진 고추와 마늘을 적당량의 소금과 함께 넣는다. 마지막으로 샘물을 조금 붓고 젓가락으로 골고루 뒤섞었다가 15분 쯤 뒤에 먹는다. 그래서 凉拌茶는 음료라고 부르기보다는 반찬이라고 부르는 것이 더 적절하다. 基諾族들은 주로 쌀밥을 먹을 때 이 차를 반찬으로 삼는다.

基諾族들이 즐겨 마시는 또 다른 차로 煮茶가 있다. 먼저 茶壺에 물이 끓으면 즉시 질그릇 찻통에서 적당량의 가공된 찻잎을 꺼내어 물이 끓고 있는 茶壺에 넣는다. 약 3분 쯤 후에 차가 우러나면 茶壺의 차를 竹筒에 따라 마신다.

3. 撒拉(Sala)族[7]의 三砲臺碗子(sanpaotaiwanzi)茶

달콤한 養生茶에 속하는 이 차의 이름은 찻잔받침과 찻잔 그리고 찻잔덮개의 모양이 마치 砲臺와 같아 붙여진 것이다. 이 차에는 주로 햇볕에 말린 녹차가 사용되며, 그밖에 얼음사탕, 桂圓(龍眼), 구기자, 건포도, 건사과, 대추, 白菊花, 참깨 등이 첨가된다. 그래서 이 차를 일명 八寶茶라고도 한다.

이 차에 사용되는 재료들의 침출속도가 각기 다르기 때문에 잔마다 맛이 다르다. 첫째 잔은 차맛이 주가 되고, 둘째 잔은 사탕맛이 주가 되고, 셋째 잔은 각종 乾果의 맛이 주가 된다. 이 차는 마실 때 한 손으로는 찻잔을 잡고 다른 한 손으로는 찻잔덮개를 잡고 마시는데, 찻잔덮개로 찻잔 위에 뜬 재료들을 바깥쪽으로 밀어냄과 동시에 재료들이 서로 잘 섞이도록 한다. 이렇게 밀어내는 동작으로 인해 이 차는 일명 刮(gua)碗子茶라고도 한다. 回(Hui)族[8]들이 주로 刮碗子茶를 즐겨 마시는데, 햇볕에 말린 녹차 대신 덖은 녹차를 사용하는 것을 제외하고는 三砲臺 碗子茶와 거의 같다. 때문에 刮碗子茶를 따로 다루지 않는다.

---

7) 주로 四川省에 거주하며 인구는 약 7만 명이다.
8) 주로 寧夏回族自治區, 甘肅省, 河南省, 河北省, 靑海省, 山東省, 雲南省, 安徽省 등에 거주하며 인구는 약 860만 명이다.

4. 布朗(Bulang)族[9]의 靑竹(Qingzhu)茶와 酸(suan)茶

이 차는 마을을 떠나 논밭에서 일을 하거나 사냥을 나갔을 때 현장에서 손쉽게 만들어 먹을 수 있는 매우 실용적인 차이다. 먼저 공기만큼 굵은 싱싱한 竹筒 한 토막을 잘라 한 쪽 끝을 뾰족하게 깎아 땅에 꽂고 竹筒에 샘물을 부어 차를 끓이는 기구로 사용한다. 그런 후에 마른 나뭇가지나 낙엽 등을 죽통 주변에 태워 물을 끓인다. 물이 끓으면 바로 적당량의 찻잎을 넣고 계속해서 끓인다. 3분 쯤 지나 미리 준비한 햇대로 만든 찻잔에 따라 마신다. 샘물의 감미로운 맛과 대나무의 淸香 그리고 찻잎의 짙은 향과 맛이 어우러져 마시고 난 뒤에도 그 맛과 향을 오래도록 잊을 수가 없다.

布朗族들은 靑竹茶 이외에 또 酸(suan)茶도 만들어 먹는다. 이 차는 일반적으로 고온다습한 하절기인 5-6월경에 만든다. 싱싱한 여린 찻잎을 알맞게 삶아 어둠침침한 곳에 10여 일 정도 두어 곰팡이가 피면 죽통에 담아 땅에 묻는다. 1개월 정도 지나면 꺼내어 먹을 수 있는데, 먹을 때는 입에 넣고 꼭꼭 씹어 먹는다. 소화를 돕고 해갈에 탁월한 효과가 있어 선물로도 사용된다.

5. 景頗(Jingpo)族[10]의 腌(yan)茶

景頗族은 대부분 산중에 사는 토착민족으로 지금까지도 차를 반찬으로 만드는 방법을 보존하고 있는데, 腌茶가 바로 그것이다. 이 차는 고온다습한 우기에 만드는데, 가공하지 않은 신선한 찻잎을 사용한다.

먼저 찻잎을 깨끗한 물에 씻고나서 찻잎의 물기를 제거한 후에 사용한다. 찻잎을 대나무로 만든 키에 고루 펼쳐놓고 가볍게 문지르고 비빈다. 그런 후에 적당량의 고추와 소금을 넣고 고루 섞어 항아리나 죽통에 담는다. 나무로 꼭꼭 눌러 겹겹이 담은 뒤에 항아리나 죽통의 입구를 대나무 잎 등으로 단단히 막는다. 2-3개

---

9) 주로 雲南省에 거주하며 인구는 약 8만 2천 명이다.
10) 주로 雲南省에 거주하며 인구는 약 12만 명이다.

월 정도 지나 찻잎의 색깔이 누렇게 변하면 잘 절여진 것이다.

　잘 절여진 찻잎을 꺼내어 그늘진 곳에서 말린 후에 질항아리에 담아 보관한다. 먹을 때 참기름이나 마늘 혹은 기타 재료들을 첨가해도 된다. 이 차는 실은 반찬인 셈이다.

6. 納西(Naxi)族[11]의 龍虎鬪(longhudou)茶와 鹽巴(yanba)茶

　높고 추운 산악지역에 사는 納西族은 감기와 추위를 이기는 양약이라고 여겨 차와 술을 섞어 만든 龍虎鬪茶를 즐겨 마신다. 먼저 물주전자에 물을 끓임과 동시에 질그릇에 적당량의 찻잎을 넣고 찻잎이 타지 않도록 돌려가며 고루 굽는다. 찻잎이 알맞게 눌어 향기가 나면 질그릇에 끓인 물을 붓고 3-5분 정도 끓인다. 동시에 따로 찻잔을 준비해 여기에 白酒를 반 잔 정도 채운다. 그리고 나서 질그릇에서 끓고 있는 茶湯을 白酒가 담겨진 찻잔에 따른다.

　이때 찻잔에서는 팍팍하는 소리가 나는데 納西族들은 이 소리를 吉兆라고 여겨 소리가 클수록 기뻐한다. 이 차는 뜨거울 때 마셔야 맛과 향이 좋다. 정신을 맑게 하고 해갈에 탁월한 효과가 있다. 이 차를 만들 때 禁忌가 하나 있는데, 그것은 茶湯을 白酒에 따라야지 白酒를 茶湯에 따라서는 절대로 안 된다는 것이다.

　納西族은 龍虎鬪茶 이외에도 鹽巴茶, 糖茶, 油茶 등을 즐겨 마시는데, 용호투차와 다른 점은 白酒 대신 소금과 설탕 그리고 기름을 사용한다는 것이다. 鹽巴茶는 納西族 이외에 傈僳(Lisu)族[12], 普米(Pumi)族[13], 怒(Nu)族[14], 苗(Miao)族[15] 등도 끼니마다 마시는 차이다. 이들은 鹽巴茶를 마시면서 옥수수나 보리 혹은 밀가루로 만든 煎餅을 구워서 먹는다. 이들에게는 다음과 같은 가요가 전해오고 있다. 無茶

---

11) 주로 雲南省에 거주하며 인구는 약 28만 명이다.
12) 주로 雲南省과 四川省에 거주하며 인구는 약 58만 명이다.
13) 주로 雲南省과 四川省에 거주하며 인구는 약 3만 명이다.
14) 주로 雲南省에 거주하며 인구는 약 2만 7천 명이다.
15) 주로 貴州省, 湖南省, 雲南省, 廣西壯族自治區, 四川省, 廣東省 등에 거주하며 인구는 약 740만 명이다.

一盅, 一天威風; 午茶一盅, 勞動輕鬆. 晚茶一盅, 提神去病; 一日三盅, 雷打不動.

7. 拉祜(Lahu)族의 烤(kao)茶

拉祜族은 원시산림지대에서 살기 때문에 아직도 원시적인 풍습을 보존하고 있다. 烤茶는 拉祜族들이 오랫동안 마셔온 전통차이다.

먼저 작은 질그릇을 화로 위에 올려놓고 약한 불로 굽는다. 여기에 적당량의 찻잎을 넣고 골고루 열을 받도록 하여 찻잎이 누렇게 변하며 구수한 향기가 날 때까지 굽는다.

끓인 물을 찻잎이 담긴 작은 질그릇에 가득 따르고서 바로 위에 뜬 거품을 제거한다. 여기에 다시 끓인 물을 가득 붓고서 3-5분 정도 끓인다. 이때 茶湯을 조금 떠내 농도를 살펴 물의 가감 여부를 결정한다. 적당한 농도의 다탕을 찻잔에 따라 뜨거울 때 마신다. 烤茶는 맛과 향기가 좋아 정신을 맑게 해준다.

烤茶는 拉祜族 이외에 佤(Wa)族[16], 納西(Naxi)族, 彝(Yi)族[17] 등도 즐겨 마신다.

8. 佤(Wa)族의 苦(ku)茶

산중에 거주하는 佤族은 지금까지 옛날의 생활습관을 보존하고 있는데 苦茶를 마시는 것도 그 중의 하나이다. 먼저 찻주전자에 물을 끓임과 동시에 깨끗한 얇은 철판 위에 적당량의 찻잎을 놓고 물을 끓이는 화로 옆으로 옮겨 불에 굽는다. 찻잎이 골고루 열을 받도록 철판을 가볍게 흔들어야 한다. 찻잎이 누렇게 변하며 맑은 향기가 나기 시작하면 즉시 찻잎을 물이 끓고 있는 찻주전자 안에 넣고 3-5분 쯤 더 끓이다가 찻잔에 따라 마신다.

이 차는 굽고 끓이는 과정을 거쳤기 때문에 마실 때 그을린 향과 쓰면서도 떫은 맛이 난다. 그래서 苦茶라고 부른다.

---

16) 주로 雲南省에 거주하며 인구는 약 35만 명이다
17) 주로 雲南省, 四川省, 貴州省 등에 거주하며 인구는 약 660만 명이다.

9. 傈僳(Lisu)族의 油鹽(youyan)茶

傈僳族은 대부분 漢(Han)族, 白(Bai)族[18], 彝族, 納西族 등과 어울려 사는데, 넓은 지역에 흩어져 살되 소수가 함께 모여 살아가는 특징이 있다. 먼저 작은 질그릇을 화로에 구운 뒤에 여기에 적당량의 찻잎을 넣고 골고루 구워지도록 찻잎을 부단히 뒤집는다. 찻잎이 누렇게 변하며 달콤한 향이 나기 시작하면 여기에 다시 소량의 식용유와 소금을 넣는다. 조금 뒤에 다시 적당량의 물을 넣고 3분 쯤 끓이다가 찻잔에 따라 마신다.

油鹽茶는 제조과정에서 찻잎에 식용유와 소금을 넣기 때문에 茶香이 진할 뿐만 아니라 기름의 고소한 맛과 소금의 짭짤한 맛도 난다. 이 차는 가족끼리 마시기도 하고 손님을 접대하는데 쓰기도 한다.

10. 傣(Dai)族의 竹筒(zhutong)茶

傣族은 노래와 춤을 좋아하며 손님을 잘 접대하는 민족이다. 竹筒茶는 우선 햇볕에 말린 신선한 春茶를 1년 정도 자란 부드러운 香竹의 竹筒에 넣는다. 이처럼 香竹을 이용하기 때문에 竹筒茶를 일명 竹筒香茶라고도 부르고, 아주 부드러운 찻잎을 사용하기 때문에 일명 姑娘茶라고도 부른다. 春茶를 넣은 죽통을 화로 위의 삼발이에 놓고 약 6-7분 정도 굽는다. 죽통 속의 찻잎이 부드러워지면 목봉으로 찻잎을 꼭꼭 다진다. 이런 식으로 죽통에 찻잎이 가득 찰 때까지 여러 차례 반복한 후에 죽통을 구워 죽통 속의 찻잎을 말린다.

죽통 속의 찻잎이 다 마르면 칼로 죽통을 쪼개 원주형의 죽통차를 꺼낸다. 죽통차의 일부를 쪼개어 찻잔에 넣고 끓인 물을 붓고 3-5분 정도 기다렸다가 마신다. 찻잎의 芳香과 香竹의 淸香이 어우러져 맛이 그만이다. 傣族 이외에 拉祜族도 죽통차를 즐겨 마신다.

---

18) 주로 雲南省에 거주하며 인구는 약 160만 명이다.

11. 哈薩克(Hasake)族[19]의 奶(nai)茶

고기와 우유를 주로 먹는 유목민족인 哈薩克族과 維吾爾(Weiwu'er)族[20] 그리고 蒙古(Menggu)族[21]들은 奶茶를 즐겨 마심으로써 解渴은 물론 비타민 등 부족한 영양분을 보충한다. 哈薩克族에게는 '밥은 없어도 되지만 차가 없어서는 안된다'라는 말이 있을 정도로 매일 세 번은 기본이고 중간 중간에도 짭짤한 奶茶를 즐겨 마신다. 몽고족에게도 '하루에 차는 세 번 마시고 밥은 한 끼 먹는다'라는 이른바 '三茶一飯'이란 말이 있을 정도로 짭짤한 奶茶를 즐겨 마신다.

유목민족들은 奶茶를 만들 때 먼저 가마솥에 2-3kg의 물을 붓고 끓이다가 靑磚茶나 黑磚茶의 부서진 가루 50-80g을 넣는다. 5분 정도 더 끓이다가 우유를 20% 정도 넣고 휘저어 섞는다. 여기에 다시 적당량의 소금을 넣고 열을 가하다 끓기 시작하면 그릇에 퍼서 마신다.

12. 哈尼(Hani)族[22]의 土鍋(Tuguo)茶

차의 원산지로 알려진 西雙版納 지역에 사는 哈尼族들은 전통적이면서도 간편한 방식의 土鍋茶를 즐겨 마신다. 먼저 커다란 질그릇에 山泉水를 넣고 끓인다. 여기에 南糯山에서 생산되는 南糯白毫를 넣고 5-6분 정도 더 끓이다가 대나무 찻잔에 따라 마신다.

---

19) 주로 新疆維吾爾自治區, 甘肅省, 靑海省 등에 거주하며 인구는 약 90만 명이다.
20) 주로 新疆維吾爾自治區에 거주하며 인구는 약 600만 명이다.
21) 주로 內蒙古自治區, 遼寧省, 新疆維吾爾自治區, 吉林省, 黑龍江省, 甘肅省, 靑海省 등에 거주하며 인구는 약 480만 명이다.
22) 주로 雲南省에 거주하며 인구는 약 125만 명이다.

13. 土家(Tujia)族[23]의 擂(lei)茶

湖南省 桃花源 일대에 사는 土家族과 客家族[24]들은 삼국시대 이래로 전통적으로 擂茶를 즐겨 마셔왔다. 이 차는 原名이 三生湯으로 혹은 打油茶 라고도 불리는데, 三生湯으로 불리게 된 것은 삼국시대 蜀國의 장군 張飛와 관계가 있다. 曹操의 군대와 싸우기 위해 행군하던 張飛의 군대가 역병(유행성 급성 전염병)에 걸려 고생할 때 현지의 한 노인이 擂茶를 가져와 역병을 말끔히 치료할 수 있었다. 이에 張飛는 노인을 칭찬하며 자기는 '三生에 운이 좋은 사람이다(三生有幸)'라고 했는데, 이때부터 이 차가 三生湯으로 불려지게 되었다.

먼저 주원료인 生薑과 生米 그리고 生茶葉(이를 三生이라 함)을 산사나무(山查)로 만든 유발(乳鉢, 막자사발)에 넣는다. 이어서 50cm 크기로 다듬은 油茶木(동백나무의 일종)으로 만든 木棒으로 반복해서 절구질을 해서 풀처럼 만든다. 이때 한편으론 절구질을 하면서 또 한편으론 유발 안에 참깨와 땅콩 그리고 약초(香草, 黃花, 香樹葉, 牽藤草 등)를 넣는다. 절구질이 끝나면 찻잔에 넣고 잘 섞은 뒤 끓인 물을 부어서 마시거나, 혹은 바가지로 퍼서 체에 걸러 구리로 만든 주전자에 넣은 뒤 물을 넣고 끓여서 찻잔에 따라 마신다.

擂茶로 손님을 접대할 때는 여러 가지 부가적인 먹거리가 제공되는데, 손님이 육식을 좋아하는가 아니면 채식을 좋아하는가에 따라 제공되는 먹거리가 달라진다. 최근에는 개량된 擂茶가 개발되어 볶은 깨와 땅콩 그리고 茉莉花茶와 백설탕을 넣고 골고루 섞어 미세하게 빻은 뒤에 끓인 물에 불려서 마신다. 擂茶는 갈증을 멈추게 하고 침이나 체액의 분비를 촉진시키며 비장을 튼튼하게 해준다. 또한 정신을 맑게 하고 소화를 촉진시키며 감기를 치료하는 등의 효능이 있다. 현지인들에게 擂茶는 밥만큼 중요하며 정력탕이라 불리기도 한다. 그래서 하루라도 擂茶를 안 마시면 온몸에 힘이 빠지고 정신이 혼미해진다는 말을 흔히 들을 수 있다.

---

23) 주로 湖南省과 湖北省에 거주하며 인구는 약 280만 명이다.
24) 주로 廣東省, 福建省, 廣西壯族自治區, 江西省, 湖南省, 臺灣省 등에 거주함.

14. 白(Bai)族의 三道(sandao)茶

雲南省 大理에는 歌舞에 뛰어난 白族들이 대대로 살아오고 있다. 이들은 집안에 경사가 있거나 가까운 친척이나 친구들이 방문할 경우 반드시 三道茶를 만들어 마신다. 三道茶란 세 잔의 차라는 뜻인데, 첫째 잔은 苦茶(쓸쓸한 차), 둘째 잔은 甛茶(달콤한 차), 셋째 잔은 回味茶(吟味하는 차)라고 한다. 전하는 바에 따르면 이 차는 원래 연장자가 후배에게 예술이나 학문 그리고 상술 등을 가르칠 때 행하는 일종의 의식이었다고 한다. 젊어서 고생을 견디어 내야만 중년의 달콤함을 누릴 수 있고, 세상의 온갖 풍상(酸甛苦辣)을 겪어 보아야만 인생의 참뜻을 깨달을 수 있다는 것이다.

먼저 불을 피워 약한 불에 물을 끓인다. 이어 재질이 투박한 紫砂로 만든 도자기를 연한 불에 천천히 굽는다. 도자기가 충분히 달아 오르면 한 웅큼의 찻잎을 도자기에 넣고 골고루 열을 받도록 도자기를 계속해서 흔들어 찻잎을 굴린다. 찻잎의 색깔이 녹색에서 누렇게 변하고 구수한 향내가 풍기면 바로 도자기에 끓인 물을 붓는다. 滿開한 한 송이 수국같은 거품이 도자기 밖으로 넘치면 濃茶를 찻잔에 따라 마신다.

첫째 잔은 苦茶인데 濃茶라고도 한다. 향은 코를 찌르나 맛은 쓰고 떫다. 둘째 잔은 甛茶로 찻잔을 사용하지 않고 茶碗을 사용한다. 다완에 적당량의 홍설탕과 호두 알맹이를 넣고 도자기의 茶湯을 붓는다. 이 차는 맛이 달콤하다. 셋째 잔은 回味茶로 적당량의 꿀과 자홍색의 산초 알갱이 그리고 호두 알맹이와 채로 썬 생강 등을 茶盅에 넣는다. 여기에 도자기의 茶湯을 붓고서 재료들이 잘 섞이도록 흔들어 가면서 손님에게 따른다.

15. 侗(Dong)族[25]의 打油(Dayou)茶

매년 청명절 전후에 侗族의 아가씨들은 삼삼오오 떼를 지어 民歌를 부르며 광

---

25) 貴州省, 湖南省, 廣西壯族自治區 등지에 거주하며 인구는 약 140만 명이다.

주리를 등에 메고 산 위에 있는 차밭으로 간다. 打油茶를 만드는데 필요한 찻잎을 따기 위해서이다. 현지인들은 어려서부터 打油茶를 마실 뿐만 아니라 만드는 방법 또한 보고 배우기 때문에 대다수 사람들은 어른이 되기 전에 벌써 打油茶를 만들 줄 안다.

打油茶는 원래 '油茶를 만들다'는 뜻이지 차의 명칭이 아니다. 油茶를 만드는 것을 打油茶라고 하는데, 그것은 원래 차를 만드는 과정에 鑄鐵로 만든 작은 쇠솥에 각종 재료를 넣고 목추(木錘, muchui)라는 나무망치로 부단히 두드리며 다지기 때문이다. 때문에 打油茶보다는 油茶라고 부르는 것이 더 타당하나 여타의 油茶들(烤油茶, 八寶油茶, 酥油茶 등)과 구분하기 위해 打油茶라고 부른다. 그러나 시간이 흐르면서 민족이나 지역에 따라 두드리며 다지는 과정이 생략되기도 하지만 여전히 打油茶라고 부른다.

우선 찻잎을 정하는데 흔히 불에 쬐어 말린 末茶나 작고 여린 생차 중에서 취향에 따라 정한다. 이어서 각종 양념과 첨가재료 그리고 보조요리들을 준비한다. 먼저 茶油를 달궈진 작은 쇠솥에 넣고 기름 표면에서 푸른 연기가 뿜어져 나오면 여기에 다시 찻잎을 넣고 부단히 뒤집으며 볶는다. 여기에 참깨, 땅콩, 생강, 마늘 등을 넣고 나무망치로 두드리며 다진다. 이때 나무망치로 다지는 과정이 민족이나 지역에 따라 생략되기도 한다. 다시 적당량의 물과 소금을 넣고 끓이다가 한 줌의 파를 뿌리면 초보적인 打油茶가 완성된다.

打油茶를 마실 때는 초보적인 打油茶를 공기에 따르고 여기에 기호에 따라 첨가재료를 넣은 뒤에 마신다. 이때 미리 준비한 각종 보조요리를 곁들여 먹는다. 흔히 '三咸一甛'이라 하여 세 잔은 짜게 마시고 마지막 한 잔은 달게 마신다. 주인이 차를 권하면 '쩝쩝'이라는 소리를 내며 차가 맛있다는 찬사를 아끼지 말아야 한다. 만약 차를 그만 마시려면 보조요리를 먹기 위해 차와 함께 제공되는 젓가락 한 쪽을 공기 위에 걸쳐놓으면 된다. 그렇지 않으면 계속해서 차를 권한다. 侗族에게는 아직도 집단으로 打油茶를 마시는 이른바 '油茶會'가 유행하는데, 그 규모에 따라 소형과 중형 그리고 대형 油茶會로 구분한다.

侗族과 함께 사는 苗(Miao)族, 瑤(Yao)族, 壯(Zhuang)族[26] 등은 물론이고 布依(Buyi)族도 打油茶를 즐겨 마신다. 이들 대부분이 높고 추운 산지에 살기 때문에 추위를 이기고 감기를 예방하기 위해서는 물론이고, 배를 채워 기력을 돋우고 입맛을 좋게 하기 위해서도 유차를 즐겨 마신다.

16. 彝(Yi)族의 烤油(kaoyou)茶

雲南의 永勝縣에는 彝族, 白族, 納西族, 普米(Pumi)族 등이 살고 있는데, 이들도 전통적으로 打油茶를 즐겨 마신다. 그러나 侗族의 打油茶처럼 쇠솥에 재료를 넣고 나무망치로 두드리는 것이 아니라 토관에 재료를 넣고 화로에 굽기 때문에 打油茶보다는 烤油茶라고 부르는 것이 더 타당하다.

먼저 土罐을 화로 위에 올려 豫熱을 한다. 여기에 찹쌀(쌀)과 땅콩 그리고 참깨와 山椒를 넣고 굽는다. 다시 적당량의 돼지기름을 넣고 굽는데 이때 재료들이 고루 열을 받아 눌지 않고 잘 배합이 되도록 부단히 土罐을 흔들거나 젓가락으로 휘젓는다. 찹쌀이 누렇게 익으면 취향에 따라 적당량의 찻잎을 넣고 즉시 눌지 않고 잘 배합이 되도록 토관을 몇 번 흔든다. 여기에 물을 붓고 끓인 후에 기호에 따라 적당량의 설탕과 소금을 넣어 마신다. 茶香과 米香 그리고 油香이 어우러져 향과 맛이 그만이다.

17. 苗(Miao)族의 八寶油(babaoyou)茶

侗族의 打油茶와 너무도 흡사하다. 다만 초보적인 打油茶를 공기에 따른 뒤에 여기에 첨가하는 재료가 다를 뿐이다. 이름 그대로 여덟 가지의 보배로운 재료들을 초보적인 打油茶에 넣어 먹는다. 삶은 후에 말린 옥수수, 누런 콩, 땅콩, 밀가루전, 말린 두부, 당면 등을 茶油에 튀겨서 사용한다. 茶湯이라고 부르기보다는 찻잎을 이용한 요리나 반찬이라고 부르는 것이 더 타당하다.

---

26) 주로 廣西壯族自治區, 雲南省, 廣東省 등에 거주하며 인구는 약 1,550만 명이다.

18. 維吾爾(Weiwu'er)族의 香(xiang)茶

維吾爾族들은 평소에는 물론이고 식사할 때도 항상 향차를 곁들여 먹는다. 그들은 香茶가 胃를 튼튼하게 하고 정신을 맑게하는 작용을 한다고 여긴다.

남쪽의 변방에 사는 維吾爾族들은 하루에 香茶를 세 번 마시는 습관이 있는데, 아침과 점심 그리고 저녁식사를 할 때 함께 차를 마신다. 통상 한편으론 香茶를 마시면서 한편으론 饢(nang)이라는 음식을 먹는다. 饢이란 밀가루를 구워서 만든 維吾爾族과 카자흐족의 主食이다. 때문에 香茶를 갈증을 풀어주는 음료라기 보다는 主食에 곁들여 먹는 국이라고 보는 편이 더 맞다. 실제로 그들은 차로 국을 대신하고, 차를 반찬으로 삼고 있다.

19. 藏(Zang)族[27]의 酥油(suyou)茶

藏族은 지세가 높고 건조하면서도 추운 青藏高原地帶에 살면서 육류와 참파(rtsam-pa)라고 하는 青稞麥을 볶아 만든 경단을 主食으로 하기 때문에 자연 채소와 과일의 섭취량이 적을 수밖에 없다. 따라서 이들은 매일 20잔 정도의 酥油茶를 마신다.

먼저 솥에 물을 끓인 뒤 磚茶나 沱茶 가루를 넣고 30분 정도 우리다가 찻잎을 걸러내고 茶湯을 원주형의 打茶桶에 붓는다. 이와 동시에 솥에 우유를 넣고 표면에 한 층의 酥油가 응결될 때까지 끓이다가 응결된 酥油를 역시 打油桶에 넣는다. 다시 적당량의 소금과 설탕을 넣고 기다랗게 만든 木棒을 상하로 움직여 재료들이 완전히 혼합될 때까지 절구질을 하면 酥油茶가 완성된다.

打茶桶은 보통 銅으로 만드나 銀이나 金을 사용해 만들기도 한다. 茶碗은 대부분 木碗이나 銀이나 金을 사용하기도 하고 심지어는 비취로 만든 것도 있다. 酥油茶를 마실 때는 예절을 講究하여 지켜야 하는 규칙들이 많다. 주부들이 차를 드시

---

27) 주로 西藏自治區, 青海省, 四川省, 甘肅省, 雲南省 등에 거주하며 인구는 약 460만 명이다.

라는 뜻으로 '짜퉁! 짜퉁!'을 연발하며 손님에게 차를 권한다. 손님이 되어 酥油茶를 마실 때는 게걸스럽게 단숨에 차를 다 마셔서는 안된다. 그렇게 하면 예의가 바르지 못하고 문화수준이 낮은 것으로 여기기 때문이다. 茶碗에 차를 조금 남겨 두는 것이 곧 酥油茶를 만든 주부의 솜씨가 보통이 아님을 칭찬하는 것이다. 그러면 주부는 마음 속으로 알아듣고서 또다시 차를 가득 따라준다. 차를 그만 마시고자 할 때는 조금 남긴 茶湯을 조심스럽게 땅에 부으면 주부는 차를 충분히 마신 것으로 알고 더 이상 차를 따르지 않는다.

20. 回(Hui)族의 罐罐(guanguan)茶

寧夏(Ningxia) 남부와 甘肅(Gansu) 동부에 위치한 六盤山 일대에 사는 回族들은 漢族들과 마찬가지로 蓋碗茶나 八寶茶를 마시기도 하지만, 한편으로는 함께 어울려 사는 苗族, 彝族, 羌(Qiang)族[28]들과 마찬가지로 罐罐茶를 마시는 습속이 있다. 특히 농한기인 겨울철에는 거실 바닥에 설치된 화덕에 온 가족이 둘러 앉아 罐罐茶를 마신다. 아침에 일어나 주인이 맨 먼저 하는 일이 바로 罐罐茶를 끓이는 일이다. 그러나 따뜻한 계절에는 따로 화로를 사용해 罐罐茶를 만든다.

먼저 陶土를 구워 만든 배가 볼록한 모양의 단지(높이는 10cm 정도이고 직경은 7cm 정도임)에 물을 반쯤 붓고 화덕에 올려 끓인다. 물이 끓으면 5-8g 정도의 찻잎을 넣고 끓이면서 고루 우러나도록 휘젓는다. 2-3분이 지난 후에 단지의 8할쯤 되게 물을 붓고 다시 끓인다. 차가 완성되면 조그만 찻잔에 따라 마시는데, 차의 농도가 진해 쓰고 떫기 때문에 벌컥벌컥 마시지 못하고 조금씩 마신다.

罐罐茶는 보통은 담백하게 茶湯만을 마시지만 경우에 따라서는 茶湯에 山椒나 호두 그리고 소금 등을 넣어 마시기도 한다. 손님이 오면 빠뜨릴 수 없는 메뉴가 바로 罐罐茶인데, 화덕에 둘러 앉아 차를 마시며 보리나 밀가루로 만든 煎餅과 감자를 구워 먹는다.

---

28) 주로 四川省에 거주하며 인구는 약 10만 2천 명이다.

Ⅲ. 油茶 고찰

1. 油茶의 종류

油茶란 茶湯을 제조하는 과정에 찻잎 이외에 茶油나 땅콩기름 또는 돼지기름이나 닭기름 등과 같은 기름을 첨가하여 만든 차를 총칭하는 말이다. 위에서 고찰한 중국 소수민족의 차 가운데 油茶의 범주에 속하는 것으로는 油鹽茶, 打油茶, 烤油茶, 八寶油茶, 酥油茶 등을 들 수 있다. 이처럼 기름이 들어가는 차들은 명칭에 모두 '기름'을 뜻하는 油字가 들어간다.

그런데 土家族이 즐겨 마시는 擂茶에는 제조과정에 기름이 들어가지 않는데도 일명 打油茶라고 불러 문제가 된다. 그것은 擂字가 打字처럼 '치다' 또는 '두드리다'의 의미를 가지고 있고, 油茶木(동백나무의 일종)이라는 나무로 木棒을 만들어 절구질을 하기 때문에 붙여진 명칭으로 보인다. 때문에 擂茶는 일명 打油茶라고 부르기는 하지만 제조과정에 기름이 첨가되지 않기에 유차라고 볼 수 없다.

이처럼 제조과정에 기름이 첨가되는 차의 명칭에는 모두 油字가 들어가 있어 이들을 油茶라고 통칭할 수 있다. 실제로 廣西壯族自治區의 대부분 지역에서는 打油茶를 그냥 油茶라고 부르고 있다. 이치상으로도 打油茶와 烤油茶는 제조방법에서 따온 명칭이기 때문에 그냥 油茶라고 부르는 것이 더 타당하다. 마치 녹차를 우렸다(泡)고 해서 그 차를 泡綠茶라고 하지 않고 그냥 녹차라고 부르는 것과 같다. 그러나 학계에서는 한편으로는 전통을 따르고 또 한편으로는 소수민족들이 마시는 油茶들을 구분하기 위해서 油鹽茶, 打油茶, 烤油茶, 八寶油茶, 酥油茶 등으로 세분하고 있다.

油茶는 다시 제조방법과 사용하는 기름의 종류 또는 함께 첨가하는 재료에 따라 세분된다. 打油茶와 烤油茶는 제조과정에서 찻잎과 기름을 포함한 재료들을 용기에 넣고 각기 두드리고 굽는데, 두드려서 茶湯을 만들면 打油茶라 하고 구워서 만들면 烤油茶라 한다. 酥油茶는 茶湯을 만드는데 사용하는 기름이 酥油(소나

양의 젖을 바짝 졸여서 만든 기름)이기 때문에 붙여진 이름이다. 油鹽茶와 八寶油茶
는 기름 이외에 첨가하는 재료가 각기 소금과 八寶(여덟 가지의 보배로운 재료)이기
때문에 붙여진 이름이다.

打油茶는 대체로 廣西壯族自治區의 북부와 湖南省 그리고 貴州省과 雲南省
및 廣東省 등지에 사는 侗族, 苗族, 瑤族, 壯族, 布依族 등이 즐겨 마시고, 烤油茶
는 雲南省과 四川省 그리고 貴州省에 사는 彝族, 白族, 納西族, 普米族 등이 즐
겨 마신다. 油鹽茶는 雲南省에 사는 傈僳族이 즐겨 마시고, 八寶油茶는 長江 이
남에 흩어져 사는 苗族이 즐겨 마신다. 酥油茶는 티베트의 藏族이 즐겨 마시는
차이다.

2. 打油茶의 제조

打油茶(Fried tea)는 煮油茶라고도 하는데, 打油茶도 민족이나 지역에 따라 제
조방법과 재료는 물론이고 곁들이는 음식과 음용방식 등에 있어 다소의 차이가
있다. 필자는 廣西壯族自治區[29]의 동북쪽에 위치한 桂林市에서 약 5개월 정도
머무르며 打油茶에 관심을 가지고 조사를 했는데, 다행스럽게도 桂林市 주변에
는 3개의 瑤族自治縣[30]과 1개의 各族自治縣[31]이 있어 비교적 용이하게 桂林市
주변에 사는 瑤族의 打油茶를 조사할 수 있었다.

桂林지역에서는 打油茶라 부르지 않고 그냥 油茶라고 부른다. 현지에서 打油
茶란 말은 '油茶를 만들다'는 뜻으로만 쓴다. 필자가 桂林에서 打油茶를 처음 대
한 것은 호텔에서 뷔페(buffet)를 먹을 때였다. 뷔페의 한 음식으로 打油茶가 제공

---

29) 중국 대륙의 남부에 위치하고 있으며 아열대지역에 속해 건기와 우기가 있다. 북쪽에 貴州省과 湖南
省, 서쪽에 雲南省, 동쪽에 廣東省, 남쪽에 베트남이 둘러싸고 있다. 地區級市가 14개, 縣級市가 4
개, 縣이 57개, 自治縣이 12개이며, 인구는 약 4,790만 명이다.
30) 廣西壯族自治區에는 총 12개의 自治縣 가운데 6개의 瑤族自治縣이 있는데, 桂林市 주변에는 恭城
瑤族自治縣, 富川瑤族自治縣, 金秀瑤族自治縣 등이 있다.
31) 廣西壯族自治區에는 총 12개의 自治縣 가운데 2개의 各族自治縣이 있는데, 桂林市 주변에는 龍勝
各族自治縣이 있다. 이 自治縣에는 瑤族, 苗族, 侗族, 壯族 등이 거주하고 있다.

되고 있었던 것이다. 차에 관심이 많은 필자로서 처음 들어보는 차를 보고서 흥미가 발동했다. 桂林의 특산인 桂花茶를 연구하러 갔다가 桂花茶는 제쳐두고 우선 打油茶에 몰두하기로 했다. 打油茶의 제조에 대해 桂林市의 주변에 사는 瑤族들의 打油茶를 중심으로 필자가 조사한 내용을 정리하면 다음과 같다.[32]

1) 도구

打油茶를 제조하는데 사용되는 도구에는 鐵鍋(tieguo)라고 하는 작은 솥과 木錘(muchui)라고 부르는 나무로 만든 망치, 그리고 대를 가늘게 쪼개서 조그만 바구니처럼 엮어 茶湯을 걸를 수 있게 만든 漏勺(loushao)과 불을 지필 수 있는 여러 가지 형태의 화로 등이 있다.

① 鐵鍋(tieguo)

이것은 鑄型에 쇳물을 부어 만들기 때문에 鑄鐵鍋(주철솥)라고 할 수 있다. 打油茶를 제조하는데 필수적인 도구로서, 여기에 각종 재료를 넣고 나무망치로 두드려 다진 뒤에 물을 붓고 끓이면 초보적인 茶湯이 완성된다.

솥의 바깥지름은 약 22.5cm이고 안지름은 약 21.5cm이다. 무게는 약 1,540g으로 나무손잡이의 무게 약 160g을 더하면 전체무게는 약 1,700g이 된다. 깊이는 최고 깊은 곳이 약 7cm로 半球型이다. 茶湯을 따르기 쉽게 약 3cm 정도 되는 귀가 달려있고, 나무손잡이를 박을 수 있도록 약 7cm 정도 되는 홈이 파져 있다.

---

32) 桂林市 주변에서 打油茶로 가장 유명한 곳은 恭城瑤族自治縣이고, 다음으로 유명한 곳이 龍勝各族自治縣이다. 조사를 위해 필자가 방문한 곳은 두 곳으로 한 곳은 桂林市內의 黃上進의 집이고, 다른 한 곳은 恭城縣 蓮花鎭에 거주하는 朱武倫의 집이다. 전자는 梧州市 문화국장으로 瑤族 부모님을 모시고 瑤族 아내와 결혼해 아들을 낳아 瑤族 3대가 한 아파트에 살고 있었다. 당일 打油茶를 제조한 사람은 마침 황의 집에 놀러온 처 조카 趙鳳(24세, 유치원 교사)이었는데, 그녀는 8세부터 제조법을 배웠다고 한다. 후자는 瑤族으로 漢族인 부인과 함께 정부시책에 의해 조성된 생태관광마을에서 과수원을 경영하며 武倫飯店이라는 상호를 내걸고 숙박업도 동시에 경영하고 있었다. 당일 차를 낸 사람은 朱의 부인인 黃燕萍(45세)이었다.

② 木錘(muchui)

이것은 'ㄱ'字 모양으로 구부러진 나무를 이용해 만든 망치로, 鐵鍋에 재료를 넣고 두드리거나 다질 때 사용한다. 망치의 길이는 약 12cm이고 두께는 약 5-6cm이다. 손잡이의 길이는 약 32cm이고 두께는 약 2cm이다. 전체의 무게는 약 245g이다.

③ 漏勺(loushao)

打油茶를 만드려면 먼저 鐵鍋에 재료를 넣고 木錘로 두드리고 다진 뒤에 물을 붓고 끓이는데, 漏勺은 다져진 재료와 다탕을 분리할 때 여과용으로 사용하는 조그만 대바구니이다. 바깥지름은 약 17.5cm이고 안지름은 약 16.5cm이다. 가장 깊은 곳의 깊이는 약 5cm이고, 손잡이의 길이는 약 12-13cm이다. 무게는 약 75g이다.

④ 화로

鐵鍋를 올려놓고 불을 지필 수 있으면 무슨 장치나 도구라도 가능하다. 야외라면 화톳불을 피우고 鐵鍋를 올릴 수 있게 돌이나 삼발이를 괴면 된다. 실내에서는 주로 화로를 사용하지만 최근에는 편리한 가스렌지를 사용하기도 한다. 제조과정에서 불의 강약을 편리하게 조절할 수 있어야 한다.

그림 2. 打油茶 道具 : 鐵鍋(tieguo), 木錘(muchui), 漏勺(loushao)

2) 재료

打油茶를 만드는데 필요한 재료는 초보적인 打油茶를 만들 때 필요한 주재료와 打油茶를 마실 때 초보적인 打油茶에 넣어서 먹는 부가재료로 나눌 수 있다.

① 주재료

초보적인 打油茶를 만드는데 필요한 주재료는 찻잎, 생강, 마늘, 기름, 소금, 물 등이다. 찻잎은 상황에 따라 生葉을 쓰기도 하고 스스로 제조한 녹차나 반발효차를 사용하기도 하지만 경우에 따라서는 찻잎을 시중에서 구매하여 사용하기도 한다.

생강은 싱싱한 생강을 조각내어 사용하고, 마늘도 껍질을 벗겨 사용한다. 기름은 보통의 경우에는 찻씨 기름인 茶油나 콩이나 땅콩 등으로 만든 식용유를 사용하지만, 귀한 손님이 온다거나 명절을 맞는 등의 특별한 경우에는 돼지나 닭을 잡아 그 기름을 사용한다. 그러나 오리기름은 사용하지 않는다.

② 부가재료

초보적인 打油茶가 완성되면 茶湯을 공기에 따라 마신다. 이때 茶湯이 담긴 공기에 몇가지 부가재료를 첨가한 후에 마시기도 하고 경우에 따라서는 먼저 부가재료를 공기에 넣은 뒤에 茶湯을 따라 마시기도 한다. 茶湯에 첨가하는 부가재료

그림 3. 打油茶 만들기

에는 찹쌀로 만든 米花, 기름에 볶은 땅콩, 밀가루로 만든 油果, 잘게 썬 쪽파와 香菜 등이 있다.

米花는 찹쌀을 쪄서 말렸다가 기름에 튀겨서 사용하며 결코 빠져서는 안되는 재료이다. 땅콩은 보통 기름에 볶아서 사용하지만 일반 땅콩을 사용하기도 한다. 지방에 따라서는 땅콩을 주재료로 사용하기도 하는데, 이때는 부가재료로 땅콩을 사용하지 않아도 된다.

3) 방법

打油茶를 만들기 전에 행하는 특별한 의식은 없다. 다만 사전에 머리를 단정히 하고 손을 깨끗이 씻어야 한다. 만드는 장소는 주로 주방이지만 경우에 따라서는 거실에서 만들기도 한다. 먼저 鐵鍋, 木錘, 漏勺 등을 깨끗이 씻어 준비하고 화로를 점검한다. 그리고 주재료와 부가재료들을 준비한다. 주재료인 찻잎은 生葉을 구할 수 있는 경우에는 生葉을 쓰지만 보통은 집에서 만든 녹차나 반발효차를 쓴다. 집에서 만든 차가 없을 때는 시중에서 구입한 차를 사용한다. 生葉인 경우에는 깨끗이 씻어 사용하고, 녹차나 반발효차는 사전에 물에 불렸다가 사용한다. 瑤族의 일반 가정에서는 매일 세 끼 모두 打油茶를 마시는데, 끼니 때마다 만들어 먹기도 하고 아침에 만들었다가 종일 먹기도 한다. 경우에 따라서는 아침에 만든 것을 아침과 점심 때에 먹고 저녁에 또 만들어 먹기도 한다.

먼저 화로에 불을 지피고 鐵鍋를 올린다. 여기에 찻잎과 생강을 넣고 木錘로 두드린다. 찻잎과 생강이 눋기 직전에 기름과 마늘을 넣고 다시 두드린다. 적당히 다져진 뒤에 물을 붓고 끓인다. 여기에 다시 적당량의 소금을 넣고 끓이면 초보적인 打油茶가 완성된다. 초보적인 打油茶가 완성되면 漏勺을 사용해 茶湯과 재료를 분리시킨 뒤에 공기에 따라 마신다.

打油茶를 만드는 동안에 화로의 불은 상황에 따라 세기를 조절한다. 이런 과정을 보통 5-6회 반복하는데, 찻잎을 제외한 주재료는 만들 때마다 새로 넣는다. 5-6회의 반복으로 찻잎이 문드러져서 더 이상 우러나지 않으면 새로운 찻잎을 넣

는다. 초보적인 打油茶가 완성되면 바로 마시기도 하는데, 경우에 따라서는 5-6
회 반복해서 만든 茶湯을 한꺼번에 질그릇에 담아 약한 불에 올려놓고 마시기도
한다.

3. 打油茶의 음용

瑤族 음식의 최대 특징으로 꼽히는 것이 무엇이냐고 물으면 주저하지 않고 打
油茶라고 할 정도로 瑤族들은 打油茶를 즐겨 마신다. 瑤族에게 있어 이것은 차라
기 보다 음식의 일종이다. 瑤族들은 가족끼리 식사할 때 끼니마다 打油茶를 마시
고, 또 손님을 초대할 때도 打油茶를 대접한다. 특히 아침에는 반드시 차를 마시
는데 그래야만 하루의 일이 가벼워진다고 한다. 뿐만 아니라 집단으로 打油茶를
마시는 이른바 油茶會라는 것이 있는데, 규모에 따라 소형, 중형, 대형으로 구분
한다. 소형은 10-20명 정도의 대가족이 주로 명절에 함께 모여 차를 마시는 경우
이고, 중형은 30-40명 정도가 함께 모여 차를 마시는 경우로 주로 자식들의 혼사
나 백일잔치 등과 같은 때가 여기에 해당된다. 대형은 마을의 커다란 행사 때나
이웃 마을과 공동으로 행사를 치를 때 마시는 경우로 100명을 상회하기도 한다.

보통 식사 전에 차를 마시는데 차를 마실 때는 각자 공기에 茶湯을 따르고 여기
에 미리 준비한 부가재료들을 넣어서 마신다. 茶湯은 주로 미리 만들어서 질그릇
에 담아 일정한 온도를 유지할 수 있도록 화로 위에 놓아둔다. 부가재료는 위에서
말한 米花, 땅콩, 油果, 쪽파, 香菜 등인데, 미리 준비하여 그릇에 담아 식탁에 놓
아둔다. 부가재료를 담은 그릇에는 勺子(shaozi)라고 하는 작은 수저를 두어 각자
편리하게 부가재료를 퍼가도록 한다. 茶湯에 여러 가지 부가재료들을 넣어서 먹
기 때문에 각자에게도 勺子가 제공된다.

차를 마시면서 한편으로 미리 준비하여 식탁에 놓아둔 요리를 먹는데, 주로 준
비하는 요리로는 炒粉利(chaofenli), 年糕(niangao), 芋頭丁(yutouding), 紅薯
(hongshu), 蔗糖(hetang), 排散(paisan), 柚葉粑(youyeba), 炒紅薯條
(chaohongshutiao), 麻花(mahua) 등이다. 물론 집집마다 준비하는 요리가 다르지

만 대개 토속적인 요리가 대부분이다. 차를 마시면서 요리를 먹기 때문에 각자에게 요리를 먹을 젓가락이 지급된다. 각자가 마시고 싶은 만큼 차를 마시면 되지만 습관상 기본적으로 3잔은 마셔야 한다. 이른바 '一碗疏, 二碗親, 三碗見眞心'(한 잔은 아직 멀고, 두 잔을 마시면 친해지고, 세 잔을 마셔야 진심을 알 수 있다)이란 전통 때문이다. 농촌에 사는 사람들은 하루라도 차를 안 마시면 힘이 없어 일을 할 수 없다고 한다. 瑤族들은 이렇게 차와 요리를 먹으며 가족들과 환담을 하기도 하고, 손님들을 초대해 사교를 하기도 한다. 또한 사업에 관한 상담을 하거나 중요한 회의를 할 때도 어김없이 차를 마시는 것이다.

桂北지역에 거주하는 瑤族들이 즐겨 마시는 打油茶는 이미 오랜 전통을 지닌 차이기에 검증된 웰빙차라고 할 수 있다. 때문에 계림 시내의 고급 호텔 식당에서도 자랑스럽게 打油茶를 제공하고 있을 뿐만 아니라, 시민들도 기회만 있으면 가까운 사람들끼리 크고 작은 油茶會를 열어 打油茶를 즐겨 마시고 있다. 그러나 보다 안전하면서도 뛰어난 웰빙차로 명성을 얻기 위해서는 역시 과학적인 방법을 통한 성분분석과 효능 등이 검증되어야 할 것이다.

그림 4. 打油茶

IV. 결 론

지금까지 중국의 소수민족들이 즐겨 마시는 웰빙차 20여 종을 조사한 후 찻잎에 식물성 식용유나 돼지나 닭 등의 동물성 기름 또는 酥油를 첨가해 만든 油茶의 종류를 살펴보았다. 그리고 桂北지역에 거주하는 瑤族들의 打油茶를 대상으로 제조에 필요한 도구와 재료, 제조방법과 飮用방법 등을 고찰하였다. 이상의 내용을 요약하여 결론으로 삼는다.

(1) 필자가 조사한 중국 소수민족들이 즐겨 마시는 웰빙차에는 姑娘茶, 凉拌茶, 煮茶, 三砲臺碗子茶, 靑竹茶, 酸茶, 腌茶, 龍虎鬪茶, 鹽巴茶, 糖茶, 烤茶, 苦茶, 油鹽茶, 竹筒茶, 奶茶, 土鍋茶, 擂茶, 三道茶, 打油茶, 烤油茶, 八寶油茶, 香茶, 酥油茶, 罐罐茶 등이 있다.

(2) 油茶란 茶湯을 제조하는 과정에 식물성이나 동물성 기름을 첨가하여 만든 차를 총칭하는 말이다. 첨가되는 기름에는 각종 식물성 식용유와 茶油, 돼지기름과 닭기름 등의 동물성 기름, 그리고 우유로 만든 酥油 등이 있다. 이러한 油茶의 범주에 속하는 차에는 油鹽茶, 打油茶, 烤油茶, 八寶油茶, 酥油茶 등이 있다. 이처럼 油茶에 속하는 차들의 명칭에는 모두 기름을 뜻하는 '油'字가 들어간다. 打油茶와 烤油茶는 제조방법에서 따온 명칭이기 때문에 그냥 油茶라고 불러야 맞다. 실제로 桂北지역에서는 打油茶를 그냥 油茶라고 부른다. 그러나 학계에서는 구분의 편의를 위해 통상 打油茶와 烤油茶로 부르고 있다.

(3) 타유차 제조에 쓰이는 도구에는 鐵鍋, 木錘, 漏勺, 火爐 등이 있다. 鐵鍋는 鑄鐵로 만들며 솥의 바깥지름은 약 22.5cm이고 안지름은 약 21.5cm이다. 솥만의 무게는 약 1,540g으로 나무손잡이의 무게 약 160g을 더하면 전체 무게는 약 1,700g이 된다. 가장 깊은 곳의 깊이가 약 7cm인 半球形으로, 茶湯을 따르기 쉽게 약 3cm 정도의 귀가 달려 있고, 나무손잡이를 박을 수 있도록 약 7cm 정도의 홈이 파여 있다. 木錘는 'ㄱ'字 모양으로 구부러진 나무로 만든 망치로 길이는 약 12cm이고 두께는 약 5-6cm이다. 망치의 손잡이 길이는 약 32cm이고 두께는 약

2cm이다. 전체의 무게는 약 245g이다. 漏勺은 재료와 다탕을 분리할 때 여과용으로 사용하는 조그만 대바구니이다. 鐵鍋 안에서 재료와 다탕을 분리하기 때문에 鐵鍋보다 작아야 한다.

(4) 재료는 초보적인 打油茶를 만들 때 사용하는 주재료와 초보적인 打油茶에 넣어서 먹는 부가재료로 나눈다. 주재료는 찻잎, 생강, 마늘, 기름, 소금, 물 등이고, 부가재료는 米花, 땅콩, 油果, 쪽파, 香菜 등이다.

(5) 제조방법은 먼저 도구와 재료를 준비한 뒤에 화로에 불을 지피고 여기에 鐵鍋를 올린다. 철과에 우선 물에 불린 찻잎과 생강을 넣고 木錘로 두드리며 다진다. 찻잎과 생강이 눌기 직전에 기름과 마늘을 넣고 다시 두드리며 다진다. 적당히 다져진 뒤에 물을 붓고 끓이다가 다시 적당량의 소금을 넣고 끓이면 초보적인 타유차가 완성되는데, 이때 漏勺을 사용해 재료와 다탕을 분리한 다음 각자의 공기에 따른 뒤에 부가재료를 첨가해서 마신다. 한 번 넣은 찻잎을 이용해 보통 위와 같은 방법으로 5-6회 반복해서 차를 만든다. 차를 만들어 가며 바로 먹기도 하지만 경우에 따라서는 5-6회 정도 만든 차를 함께 질그릇에 넣어 화로 위에 올려놓고 마시기도 한다.

(6) 瑤族 음식의 최대 특징으로 꼽힐 정도로 瑤族들은 끼니마다 打油茶를 즐겨 마시는데, 특히 아침에는 반드시 차를 마신다. 그래야만 하루의 일이 가벼워지기 때문이다. 특히 귀한 손님을 맞이할 때는 반드시 돼지나 닭을 잡아 그 기름으로 만든 打油茶를 대접한다. 이때는 손님에게 반드시 세 잔을 권한다. 이른바 '一碗疏, 二碗親, 三碗見眞心'이란 전통 때문이다. 瑤族들에게는 집단으로 차를 마시는 이른바 油茶會라는 것이 있는데, 규모에 따라 소형, 중형, 대형으로 나눈다. 소형은 10-20명, 중형은 30-40명, 대형은 100명을 넘기도 한다.

打油茶를 마실 때에는 식탁에 부가재료를 준비하고 이 재료들을 각자의 공기에 넣어 먹을 수 있도록 재료가 담긴 용기에 勺子라는 조그만 수저를 놓아둔다. 또한 차를 마시면서 함께 먹을 요리도 차리는데, 보통은 5-10가지 정도의 토속적인 요리가 나온다. 각자에게는 차를 마시기 위한 공기와 勺子 이외에도 요리를 먹

는데 필요한 접시와 젓가락이 제공된다. 차는 각자가 마시고 싶은만큼 마시면 되
는데 기본적으로 3잔은 마셔야 한다. 瑤族들은 이렇게 차와 요리를 먹으며 가족
과 환담을 나누기도 하고, 손님들을 초대해 사교를 하기도 한다. 또한 사업에 관한
상담을 하거나 중요한 회의를 할 때도 어김없이 차를 마신다.

參考文獻

阮逸明 編著,《世界茶文化大觀》(厦門: 國際華文出版社), 2002.

覃光廣外 編著, 許煇勳, 申鉉圭 編譯,《중국소수민족종교신앙》(서울: 태학사), 1997.

중국복음선교회 중국교회와 선교연구소,《중국교회와 선교》제4호, 1998.

중국복음선교회 중국교회와 선교연구소,《중국교회와 선교》제10호, 2001.

唐存才 主編,《茶與茶藝鑑賞》(上海: 上海科學技術出版社), 2004.

于觀亭 編著,《茶文化漫談》(北京: 中國農業出版社), 2003.

王建榮, 吳勝天 編著,《中國名茶品鑑》(濟南: 山東科學技術出版社), 2005.

呂玫詹皓 編著,《茶葉地圖》- 品茗之完全手冊(上海: 上海遠東出版社), 2002.

于　川 著,《說茶說藝》- 中國的茶與茶文化(天津: 百花文藝出版社), 2004.

縡　塵 編著,《說茶》(北京: 中國商業出版社), 2002.

王從仁 著,《茶趣》(上海: 學林出版社), 2002.

高旭暉, 劉桂華 著,《茶文化學槪論》(合肥: 安徽美術出版社), 2003.

喬　玢 主編,《茶之品》(北京: 北京出版社), 2004.

周紅杰 主編,《雲南普洱茶》(昆明: 雲南科技出版社), 2004.

李鎔泰 編,《오늘의 중국》(대구: 중문출판사), 1999.

康寔鎭 編,《中韓大辭典》(서울: 進明出版社), 1993.

【中文提要】

中國少數民族的油茶研究 -以瑤族的打油茶爲中心-(趙紀貞)

中國是一個多民族的國家, 衆多的少數民族居住在中國某一特定的自然地理環境中, 長期以來與漢民族和睦相處, 在製茶和飲茶方式上相互影響. 可是少數民族也形成了各個民族的製茶和飲茶習慣, 這些製茶和飲茶方式已具有各個民族的特點, 也表現了各個民族的性格, 還包含着各自深厚的文化底蘊.

本篇論文上介紹了中國少數民族的二十四種茶, 其中製茶時添加一些油的所謂油茶有五種, 屬于油茶的範圍的少數民族茶就是油鹽茶, 打油茶, 烤油茶, 八寶油茶, 酥油茶. 傈僳族愛飲油鹽茶, 侗族, 苗族, 瑤族, 壯族, 布依族常飲打油茶, 彝族, 白族, 納西族, 普米族常飲烤油茶, 苗族愛飲八寶油茶, 藏族愛飲酥油茶.

住在桂北的瑤族特別愛飲打油茶, 當地的瑤族把它只叫油茶而不叫打油茶, 打這個字包括'做'和'吃'兩層意思. 打油茶的主材料有茶葉, 生薑, 油, 大蒜, 鹽巴, 水等, 用于做初步打油茶. 打油茶的附加材料有米花, 花生, 油果, 蔥, 香菜等, 先把這些附加材料裝入碗中, 再注入熱的初步打油茶後才喝打油茶.

打油茶的製造方法如下; 首先準備各種道具和材料-點火火爐-鐵鍋放在火爐上-茶葉和生薑放在鐵鍋裏-用木錘打茶葉和生薑-油和大蒜再放在鐵鍋裏-用木錘打各種材料-水放在鐵鍋裏以後開水-再放適合的鹽巴而再開-用漏勺分開茶湯和材料(初步打油茶完成)

打油茶具有濃香, 甘甜味美, 營養豐富等特點, 常飲能提神醒惱, 治病補身. 一般的瑤族家庭, 每天早上準備打油茶, 吃飯前先喝茶. 依當地習俗以油茶待客時, 習慣上要敬三碗. 所謂'一碗疎, 二碗親, 三碗見眞心'. 瑤族還流行集體聚會喝油茶的所謂'油茶會', 分大型(50人以上)中型(30-40人)小型(10-20人)三種, 他們一邊喝茶, 一邊歡談, 社交, 商談, 開會等的各種活動.

【核心語】中國的少數民族, 瑤族, 油茶, 打油茶, 油茶會

출전
〈중국 소수민족의 油茶 연구〉(《中國人文科學》 제33집, 中國人文學會, 2006. 8)

中國 無我茶會 考察

Ⅰ. 들어가는 말

茶道를 배움에 있어 가장 중요한 것은 '茶道를 배워 어떻게 실생활에 응용하는가?' 하는 것이다.[1] 혼자서 차를 마시든 서너 명이 차를 마시든 혹은 대중이 단체로 차를 마시든 모두가 다 茶道를 응용하는 하나의 방식인 것이다. 인류가 차를 마시기 시작하면서부터 자연발생적으로 또는 인위적으로 생겨난 차를 마시기 위

---

[1] 茶道란 용어는 문헌상 唐代 皎然의 詩〈飮茶歌誚崔石使君〉에 최초로 쓰였다. 다도란 용어의 정의는 물론이고 사용여부나 사용시기를 두고 한중일 3국의 학자 사이에 논란이 많았다. 일반적으로는 여러 나라에서 두루 다도란 용어를 사용하고 있다. 근자에 각국의 차 문화를 특징적으로 표현할 때 한국에서는 다례(茶禮)를, 중국에서는 다예(茶藝)를, 일본에서는 다도란 용어를 사용하고 있다. 이에 대해서는 上海師範大學 王從仁 교수의〈中國茶藝源流論析-兼論中日韓茶風異同〉(전남대학교 호남문화연구소, 의재미술관 주최 국제학술대회 자료집) 참조.

한 모임 또는 모임의 방식이 곧 茶會이다. 茶會 역시 茶道를 應用하는 일종의 방식인 셈이기 때문에 동서고금을 막론하고 다양한 방식의 茶會가 존재할 수 있다.

唐代 이후 문헌에 보이는 品茶[2]에 대한 요구는 朝代와 사람에 따라 다소의 차이가 있지만 그들의 정취는 종합적으로 말해 일치한다고 할 수 있다. 옛 사람들의 品茶에 대한 요구로 일치된 세 가지 측면은 '자연적 조건, 인간관계의 조건, 차 자체의 조건'등이다.[3] 여기서 차 자체의 조건 즉, 色香味가 뛰어나 마시기에 좋은 차는 가장 기본적인 요구라고 할 수 있다. 그런데 이보다는 오히려 자연환경과 인간관계에 대해 상당히 높은 요구를 하였던 것이다. 그것은 자연환경과 인간관계가 品茶를 하나의 예술과 일종의 수양으로 승화시키는데 관건이 되는 소재였기 때문이다.

고대 중국인들은 天人合一과 物我一體의 개념을 통해 자신의 생명을 확대시켜 궁극적으로는 忘我와 無我의 높은 경지에 진입하려고 했다. 또한 主客合一을 최고의 경계로 삼고 無爲自然의 超脫의 경지에 도달해 主客의 화합을 꾀했다. 無我의 경지에서 행해지는 品茶는 곧 예술이었고, 超脫의 경지에서 행해지는 品茶는 곧 수양이었다. 그래서 茶藝一味나 茶禪一味란 말이 생겨났다고 할 수 있다. 한 잔의 차가 인간과 자연을 하나로 융합하는 매개물이었고, 安貧樂道하는 고상한 인격의 상징물이었고, 超脫의 경지에 이르는 수단이었던 것이다. 品茶야말로 主客이 융합되고 物我가 하나가 되는 가장 높은 경지에 이르는 가장 효과적인 길(道)이었던 것이다.

茶道를 應用하는 일종의 방식이 곧 茶會이기 때문에 다양한 방식의 茶會가 존재할 수 있다. 그런데 茶會가 茶道를 應用하는 하나의 방식이기 때문에 茶會가 茶會로서 생명력을 지니기 위해서는 우선 茶會의 내용이 있어야 하고, 이어서 茶會의 내용을 담을 수 있는 정형화된 형식이 있어야 한다. 이런 茶會가 생겨나기 위해서는 또한 여러 가지 여건이 성숙되어야 한다. 때문에 생명력을 지니고 오랫

---

2) 차의 色香味를 품평한다는 뜻으로 品茗이라고도 한다.
3) 王從仁 著, 김하림 이상호 옮김,《중국의 차문화》(2004), 175쪽 참조.

동안 지속되었던 茶會는 역사상 그리 많다고 할 수 없다.[4)]

本考에서는 1989년에 臺灣에서 창립된 茶會의 일종인 無我茶會를 고찰대상으로 삼았다. 무아차회 역시 茶會의 한 방식으로 창립된 이래 발전을 거듭하여 이제는 세계적인 茶會로 성장하고 있다. 그것은 무아차회의 내용과 형식이 현대사회의 요구에 부합되었을 뿐만 아니라 창립자를 포함한 뜻있는 차인들의 피나는 노력과 국가와 사회단체의 전폭적인 지원이 있었기 때문이다. 本考에서는 우선 무아차회의 창립배경과 발전과정을 조사하고, 이어서 무아차회의 내용과 형식을 고찰한 후에 마지막으로 무아차회의 진행과정과 특기사항 등을 살펴보고자 한다.

Ⅱ. 무아차회의 창립배경과 발전과정

1. 창립배경

무아차회는 臺灣의 當代茶思想硏究所가 연구하여 개발한 茶會形式의 하나로, 1989년 臺北에서 蔡榮章 선생이 창립하였다. 이후 1990년 5월 26일에 臺北 陸羽茶藝中心에서 蔡榮章 先生에 의해 정식으로 제출되어 세상에 알려지게 되었다. 1990년 6월 2일에는 臺北의 妙慧佛堂에서 陸羽茶道敎室의 師資班 학생들에 의해 처음으로 실험성 무아차회가 거행되었고, 1990년 12월 18일에는 제1회 국제무아차회가 臺北에서 열렸다.[5)] 이후 무아차회는 장족의 발전을 거듭하여 현대 중국의 茶會를 대표하는 일약 세계적인 茶會로 우뚝 서게 되었다.[6)] 이러한 무

---

4) 茶會의 정의와 범위 및 역사 등에 대한 연구는 지금까지 거의 전무한 실정이기 때문에 이에 대해서는 향후 보다 구체적이고 적극적인 연구가 요구된다.

5) 국제무아차회는 臺灣의 蔡榮章, 한국의 釋龍雲, 일본의 正木義完 등이 중심이 되어 발족되었다. 이에 대해서는 제4회 국제무아차회 자료집 3쪽 참조.

6) 臺灣에서는 무아차회가 이미 일상적인 차회로 자리를 잡았으나 대륙에서는 아직까지 臺灣만큼 활성화되지 않았다. 때문에 무아차회가 중국을 대표하는 茶會라고 단언하기는 아직 이르다. 하지만 대륙에서도 지금까지 거행된 총 11회 중 이미 네 차례의 국제무아차회를 거행한 사실, 아직까지 무아차회

아차회의 발전과정은 뒤에서 따로 다루기로 하고 여기서는 우선 무아차회의 창립 배경에 대해 나름대로의 견해를 밝혀보고자 한다.

臺灣에서 무아차회가 창립된 배경을 크게 네 가지 측면에서 살펴보고자 한다. 우선 유구한 중국 차 문화의 역사적 배경을 들 수 있다. 그러나 아쉽게도 유구한 차 문화의 역사에 비해 茶會에 대한 자료나 연구 성과는 극히 미미한 실정이다. 하지만 다행히도 화가들이 남긴 茶畵를 통해 역사상의 茶會에 대한 면면을 대강이라도 짐작할 수가 있다. 茶會를 표현한 대표적인 茶畵들로는 唐代 무명씨의 〈宮樂圖〉, 宋代 徽宗(趙佶)의 〈文會茶飮圖〉와 劉宋年의 〈曲水流觴圖〉, 元代 趙孟頫의 〈鬪茶圖〉, 明代 文徵明의 〈惠山茶會圖〉, 淸代 冷枚의 〈品茗宴飮圖〉 등을 들 수 있다.[7]

또한 중국의 일부 소수민족들은 지금까지도 고유의 전통인 茶會를 개최하고 있어 茶會의 면모를 보여주고 있다. 廣西壯族自治州의 북부와 湖南省과 貴州省 일대에 사는 소수민족인 侗族, 苗族, 瑤族, 壯族들은 지금도 油茶의 일종인 打油茶를 즐겨 마시는데, 이들은 전통적으로 대형과 중형 그리고 소형의 油茶會를 열어 함께 打油茶를 마시는 풍속이 있다.[8] 소형은 주로 설날에 열리는데 상호 친척들을 초대해 打油茶와 음식 등을 대접하며 새해의 복을 빈다. 중형은 주로 결혼식이나 돌잔치 또는 집들이 때 열리고, 대형은 마을 전체의 축제 때나 마을끼리의 친목행사 때 열린다. 이상에서 살펴본 역사상의 茶畵들에 표현된 茶會들과 일부 소수민족들에 의해 지금까지 전해지는 茶會風俗들은 무아차회를 창립하는데 역사적 모델로 작용했음에 틀림없다.

둘째로 臺灣 차 산업의 발달로 인한 경제적 배경을 들 수 있다.[9] 경제는 국가의 명맥이자 문화의 명맥인 것이다. 공산화와 문화대혁명 등으로 인해 대륙의 차 산

이외에 대륙에서 별도로 내세우는 茶會가 없다는 사실, 그리고 臺灣이 중국의 차 문화를 선도하고 있다는 사실 등을 들어 대륙도 무아차회를 중국을 대표하는 茶會로 인정한다고 볼 수 있다.

7) 이러한 茶畵에 대해서는 《中國名茶品鑑》(2005)과 《茶與茶藝鑑賞》(2004)을 참조했음.

8) 拙稿, 〈중국 소수민족의 油茶 연구 -瑤族의 打油茶를 중심으로〉(2006) 참조.

9) 〈臺灣茶藝文化的發展與展望〉, 2005. 12. 12. 中國臺灣網 참조.

업과 차 문화가 쇠퇴한 틈을 이용해 臺灣은 1970년까지 차를 수출해 많은 외화를 획득했다. 뿐만 아니라 대만 경제의 눈부신 성장으로 인해 차문화계에도 한 바탕의 예술풍조가 성행한다. 그러나 1970년대에 갑자기 불어 닥친 석유위기로 말미암아 대만의 경제와 차의 수출이 동반 하락하고 만다. 다행히 농림청 등 관련부처의 노력으로 수출 대신 내수시장 쪽으로 정책방향을 전환하여 의외의 성과를 얻는다. 1976년부터 명차 경연대회를 열어 鹿谷凍頂茶, 木柵鐵觀音茶, 坪林包種茶, 新竹東方美人茶, 阿里山茶 등의 고급차를 차례로 생산하였다. 이로써 차 인구를 엄청나게 증가시켰을 뿐만 아니라, 茶館 또한 1980년대 초까지 우후죽순처럼 생겨나게 하여 茶藝文化의 순조로운 발전을 부추겼다. 이와 동시에 홍콩을 통해 대륙으로부터 宜興의 紫沙壺를 수입해 名壺를 收藏하려는 애호가들이 급증하는 바람에 茶藝文化에 다채로움을 더했다. 수출에 이은 내수의 호황으로 인해 이룩된 경제력을 바탕으로 하여 1980년부터 중국의 茶藝文化를 세계화하려는 여러 단체들이 줄줄이 조직되었다.[10] 결국 이런 단체들의 노력에 힘입어 현대 중국의 茶會를 대표하는 무아차회의 창립이 가능했다고 볼 수 있다.

셋째로 문화적 배경을 들 수 있다. 차의 종주국이었던 중국이 일본의 극성스런 독주로 인해 근대화 과정에서 종주국으로서의 위치를 위협받게 된다. 그럼에도 불구하고 대륙에서는 공산화 이후 계급투쟁과정에서 차 문화를 舊文化라 하여 타도의 대상으로 삼는 바람에 차 문화는 더욱 설 자리를 잃게 되었다.[11]

이런 위기상황에서 1977년에 중국민속학회 이사장이었던 類子匡 교수를 중심으로 한 일군의 차 애호가들이 中華茶文化를 발전시키자는 발의를 하기에 이르렀다.[12] 그래서 이에 대한 논의가 시작되었는데, 臺灣에서는 세계 차문화계의 현실을 감안해 茶道라는 명칭보다는 茶藝란 용어를 새롭게 사용하는 것이 中國의

---

10) 대표적인 단체들로 中華民國茶藝協會, 中華茶藝事業聯誼會, 天仁茶藝基金會, 陸羽泡茶師聯誼會 등을 들 수 있다.
11) 문화대혁명(1966-1976) 당시에 이른바 '破四舊'(네 가지 낡은 것을 타파한다)가 유행했는데, 네 가지 타파대상은 舊文化, 舊思想, 舊風俗, 舊制度 등이었다. 이에 대해서는 拙著, 《중국 문화대혁명의 이해》(1993) 참조.
12) 絳塵 編著, 《說茶》(2002), 61-62쪽.

茶文化를 부흥시키는데 더 바람직하다는 결론을 내리게 되었다.[13]

그리하여 1978년에는 우선 臺北市와 高雄市에 따로따로 茶藝協會를 조직하여 모양새를 갖추었다. 이어 1982년 9월 23일에는 전국적인 조직으로 中華民國茶藝協會가 정식으로 성립되었다. 현대 중국 茶藝의 메카라 할 수 있고 또 무아차회의 산실이라 할 수 있는 臺灣의 陸羽茶藝中心도 1980년에 설립이 되었고, 1984년 4월에는 陸羽茶藝中心에서 74개 업체들을 초청하여 회의를 개최하고, 동년 9월에는 지금의 中華茶藝聯合促進會의 前身인 中華茶藝事業聯誼會를 정식으로 성립시켰다. 1988년 6월 12일에는 中華茶文化學會가 정식으로 등록을 마치고 臺北市에 있는 臺灣師範大學에서 성립대회를 거행했다.

1988년 6월 18일에는 대만 최초의 대륙방문단인 臺灣經濟文化訪問團이 桂林에 도착했고, 20일에는 上海에 도착해 壺藝大師인 許四海 선생과 茶藝에 대해 공개적인 담론을 벌였다. 여기에서 茶藝란 용어가 대륙의 茶界에 처음 소개되었고, 이러한 내용이 7월 9일 上海의《文滙報》에 '茶藝特使'란 題號로 실렸다. 7월 25일에는《人民日報》가 즉시 '臺灣茶藝特使在上海'란 題下에 취재내용을 轉載하였다. 이렇게 해서 臺灣에서 태어난 茶藝란 새로운 용어가 대륙에 전해지게 되었고, 이후 점차 중국의 차 문화를 대표하는 용어로 자리를 잡아가고 있는 추세에 있다. 위에서 살핀대로 중화문화의 위기의식에서 잉태된 茶藝란 용어가 무아차회 창립의 문화적 배경이 되었음은 분명하다고 할 수 있다. 이러한 사실은 뒤에 살펴볼 무아차회의 발전과정에서 더욱 분명해진다.

넷째로 사회적 배경을 들 수 있다. 주지하다시피 臺灣은 국제사회에서의 외교적 고립과 대륙의 위협 등으로 늘 불안에 시달렸다. 내부적으로는 本地人이라 불리는 원래부터 대만에 거주했던 사람들과 外省人이라 불리는 대륙에서 건너온 사람들 사이의 미묘한 갈등과 이로 인해 표출된 민주화 바람으로 인해 사회적 불안이 끊이질 않았다. 탄탄한 경제력을 갖추었으면서도 대기업보다는 중소기업이 주종을 이루고 있는 사실과, 지나친 對美依存度로 인해 기회만 있으면 미국으로

---

13) 上揭書.

이민을 가거나 미국에 투자하는 사람들이 많다는 사실 등은 당시의 臺灣 현실을 극명하게 반영하고 있다. 지나친 對美依存으로 인한 서구화 열풍으로 전통적인 人倫은 무너지고, 계속되는 사회불안으로 인해 구성원 사이에 결속력이 느슨해졌다.

이러한 현실에서 무엇보다 중요한 것은 전통적 가치인 人倫의 회복과 사회 구성원간의 화합이었다. 무아차회의 창립은 이런 臺灣의 특수한 사회적 상황과 결코 무관하지가 않다고 할 수 있다. 臺灣에서 최초로 1991년 5월 12일에 母親節親子無我茶會를 개최한 사실과, 2년마다 열리는 대형 무아차회를 통상 母親節이나 仲秋節에 개최하여 전통윤리정신과 인륜관계의 증진을 제창하는 점, 그리고 1994년 8월 7일에 성립된 中華國際無我茶會推廣協會의 宗旨에 "가족의 윤리관계를 증진하고, 사회의 화해와 행복을 촉진한다."[14]는 내용이 포함되어 있는 점 등으로 미루어 이를 짐작할 수 있다.

2. 발전과정

1989년에 창립되어 1990년 5월 26일에 세상에 알려진 무아차회는 한 차례의 실험성 무아차회(1990. 6. 2)를 거쳐서 1990년 12월 18일에는 드디어 제1회 국제무아차회를 개최하여 그 지평을 넓힌다. 이후 무아차회는 각계의 노력으로 눈부신 발전을 거듭하는데, 여기서는 1991년부터 그간의 주요한 沿革을 중심으로 무아차회의 발전과정을 살펴보기로 한다.

1991. 3 - 중국어, 한국어, 일본어, 영어 등 4종의 언어로《무아차회》專書 출판

1991. 5. 12 - 제1차 母親節親子無我茶會(臺灣 臺北)

1991. 10. 17 - 제2회 국제무아차회(중국 武夷山)

1992. 9. 19-20 - 中秋無我茶會, 夜晚無我茶會, 佛堂無我茶會(臺灣 高雄)

1992. 11. 9-15 - 제3회 국제무아차회(일본 京都)

---

14) "增進家庭倫理關係, 促進社會和諧美好".

1993. 10. 12-17 - 제4회 국제무아차회(한국 서울)

1994. 5. 8 - 五百人甲戌母親節親子無我茶會(臺灣 臺北)

1994. 8. 7 - 中華國際無我茶會推廣協會 성립

1995. 5. 7 - 冬山河母親節親子無我茶會(臺灣 宜蘭縣)

1995. 10. 28-11. 5 - 제5회 국제무아차회[15](중국 武夷山)

1996. 5. 5 - 丙子全國母親節親子無我茶會(臺灣 10개 도시에서 거행, 1,200명 참석)

1996. 9. 20 - 三百人丙子年中秋夜晩無我茶會(臺灣 臺北)

1997. 11. 21-27 - 제6회 국제무아차회(臺灣 臺北)

1998. 3. 7-10 - 三百人多元民族無我茶會(싱가포르)

1998. 10. 29-11. 10 - 兩岸茶文化硏討會(臺灣)

1998. 10. 7-13 - 제5회 杭州國際茶文化硏討會

1999. 10 - 제7회 국제무아차회(중국 杭州, 新昌, 天台)

2001. 10 - 제8회 국제무아차회(일본)

2003. - 제9회 국제무아차회(싱가포르)

2005. 5. 7 - 世界奉茶日 선언(중국 武漢)

2005. 11. 3 - 제10회 국제무아차회(중국 武夷山)

2007. 10. 12-15 - 제11회 국제무아차회(한국 서울, 익산)

Ⅲ. 무아차회의 내용과 형식

1. 내용

무아차회는 茶會의 한 형식이기 때문에 흔히 형식만 있고 내용은 없는 것으로 간주하기 쉽다. 그러나 무아차회는 형식 못지않게 내용도 강구하고 있다. 무아차회의 내용은 크게 이념과 사상 그리고 정신으로 나누어 설명할 수 있다.

---

15) 국제무아차회는 4회까지는 매년 개최하였으나 5회부터는 격년제로 열리고 있다.

무아차회의 이념은 "평화와 나눔을 추앙하고, 절제된 자연스러움을 숭상하는 것"[16]이다.

무아차회의 사상은 "여러 사람들을 인도하여 茶會에 참여하는 과정을 통해 무(無)의 경계를 추구하게 하고, 七大精神을 실천하게 하고, 사회교화의 기능을 구비하게 하는 것"[17]이다.

무아차회의 정신은 일곱 가지로 요약되기 때문에 흔히 "七大精神"이라고 한다. 무아차회에서는 추첨한 번호에 따라 좌석이 정해지기 때문에 누가 누구의 옆에 앉을 것인지, 누가 누구에게 차를 권하는지를 전혀 알 수가 없다. 또한 귀빈석과 객석도 따로 준비하지 않는다. 이것이 존비의 구분이 없는 무아차회의 첫 번째 정신이다(無尊卑之分).

무아차회는 모든 일이 사전에 발급된 공고사항의 내용에 따라 진행되기 때문에 진행을 위한 지휘자나 사회자가 따로 없다. 이것이 바로 모두가 공공의 약속을 준수하기를 바라는 무아차회의 두 번째 정신이다(遵守公共約定).

무아차회에서는 자기가 가져온 다기와 차를 가지고 자기 나름대로의 방식으로 차를 내서 권하기 때문에 유파나 지역의 구분이 없다.[18] 이것이 무아차회의 세 번째 정신이다(無流派與地域之分).

무아차회에서는 사전에 고지된 공고사항의 내용에 따라 차를 권하는 방향과 사람의 수 그리고 횟수가 정해진다. 만약 왼쪽으로 세 사람에게 넉 잔씩을 권하기로 했다면 자기의 왼쪽에 있는 세 사람에게 각각 넉 잔의 차를 권하고 자기도 자기가 준비한 넉 잔의 차를 마신다. 한편 자신에게 권해지는 차는 반대쪽인 오른쪽으로부터 온다. 즉, 자신은 자신의 왼쪽에 앉아있는 사람들에게 차를 권하고, 자신이 마시는 차는 자신의 오른쪽에 앉아있는 사람들이 권하는 것이다. 마치 왼손이 한

---

16) "推崇和平及共享, 崇尙節約自然".
17) "引導大家藉參與茶會過程, 追求無的境界, 實踐七大精神, 具社會敎化功能".
18) 차를 마실 수 있도록 하기 위해서는 찻잎(茶葉)이나 찻가루(茶末)를 물과 혼합해 茶湯을 만들어야 한다. 茶湯을 만드는 방법에는 煮茶(烹茶)法, 煎茶法, 點茶法, 泡茶法 등이 있다. 이들을 아우를 수 있는 적절한 우리말이 없기 때문에 흔히 '차를 낸다'는 표현을 쓴다.

일을 오른손이 모르게 하는 정신이라 할 수 있다. 이것이 보상을 바라지 않는다는 무아차회의 네 번째 정신이다(無報償之心).

무아차회가 시작되면 공고된 시간에 따라 조용히 차를 내는데, 온 정성을 다하여만 자기와 대지(大地) 그리고 자기와 차를 만든 사람과의 관계를 체험할 수 있고, 또한 비로소 바람이 숲속을 스쳐 지나가는 소리와 어린 새들이 지저귀는 소리를 감상할 수 있다. 각자가 가지고 온 차를 각자가 내기 때문에 차의 종류나 내는 사람 또는 내는 방식에 따라 다양한 차들을 마시게 된다. 때론 좋은 차를 마실 수도 있지만 때론 싫어하는 차일 수도 있다. 때문에 무아차회를 통해서 사람들로 하여금 좋아하고 싫어하는 마음을 갖지 않고서 초연한 심정으로 모든 차들을 좋아하도록 일깨우는 것이다. 이것이 무아차회의 다섯 번째 정신이다(無好惡之心).

무아차회에서 자신이 낸 차들이 모두 좋을 수만은 없다. 좋은 차는 자랑스럽게 권할 수 있지만 잘못 낸 차는 권하기가 쑥스럽다. 대접받는 차들도 마찬가지로 좋은 차도 있고 그렇지 못한 차도 있다. 좋은 차뿐만 아니라 비록 좋은 차가 아닐지라도 너그럽게 받아드린다. 이런 경험을 통해서 우리는 매사에 최선을 다하는 것이 중요하다는 체험을 하게 되는데, 이것이 무아차회의 여섯 번째 정신이다(求精進之心).

무아차회에서는 각자가 가져온 다기와 차를 가지고 공고된 내용에 따라 묵묵히 차를 내어 권하면 된다. 차가 우러나는 동안에는 주변을 두리번거리지 말고 조용히 눈을 감고 마음을 가라앉혀 잠시의 평온함을 체험하는 것이 좋다. "차를 드십시오(請喝茶)"라는 말은 물론이고 "고맙습니다(謝謝)"라는 말조차도 할 필요가 없다. 물론 가볍게 고개를 숙여 감사의 마음을 표하는 것은 무방하다. 차를 내고 권하는 속도도 공고된 내용에 따라야 한다. 너무 빠르다 싶으면 좀 느리게 하고, 너무 느리다 싶으면 좀 빠르게 하여, 전체적인 흐름에 맞추어야 한다. 이것이 단체의 묵계를 배양하고, 전체적인 리듬의 아름다움을 구현한다(培養團體默契, 體現團體律動之美)는 무아차회의 일곱 번째 정신이다.

2. 형식

무아차회의 형식은 각자 간편한 다기를 휴대해 땅바닥에 자리를 깔고 둥그렇게 앉아 차를 내어 차를 권하고 차를 마시도록 기획함으로써 여러 사람이 함께 다도의 기능을 구비하도록 하는 것이다. 우선 무아차회를 개최하는 주최 측에서 다양한 방법으로 무아차회의 명칭과 목적을 포함해 개최장소와 개최시기 그리고 기본적인 요구사항과 특기사항 등을 홍보하여 참가자를 모집한다. 참가자들은 개최장소에 미리 도착해 추첨을 통해 본인의 좌석번호를 확인하고, 또 주최 측에서 고시한 공고사항을 확인한다. 공고사항에는 기본적으로 진행순서에 따른 시간안배와 차를 내는 횟수와 잔 수 그리고 차를 권하는 방향과 기타사항 등이 포함된다.

자신의 좌석번호와 공고사항을 확인한 후에는 곧장 자신의 좌석을 찾아가서 다기를 배열한다. 무아차회의 대형은 개최장소의 상황에 따라 원형이나 타원형 또는 사각형이나 8자형 등 다양하게 할 수 있으나, 어떤 경우든 반드시 시작과 끝이 없는 이른바 無始無終의 대형을 갖추어야 한다. 다기배열시 야외일 경우에는 청결을 위해 다기를 뒤집어 놓을 수도 있다. 무아차회에서는 사전홍보를 통해 간편하면서도 기능이 완비된 다기를 휴대하도록 요구한다. 반면에 여행의 부담을 줄이고, 다기를 과시하고 비교하는 경우가 없도록, 진귀하거나 복잡한 다기의 휴대를 금지시키고 있다. 다기의 배열이 끝나면 자리에서 일어나 차회에 참가한 차벗들과 친교의 시간을 가질 수도 있고, 또 주변에 배열된 다기들을 감상할 수도 있다. 이때 인사를 한답시고 다기배열에 열중인 사람을 방해해서는 안 되고, 또 다기를 감상한답시고 다기를 함부로 만져서도 안 된다. 이때 걸어 다니면서 다기를 차는 일이 없도록 특히 조심해야 한다. 다기감상과 친교시간에는 기념촬영을 할 수 있지만 차를 내기 시작하면 기념촬영을 해서는 안 된다. 부득이한 촬영의 경우에는 타인에게 위탁하여 촬영할 수 있고, 주최 측에서 기념을 위해 차회를 마친 후에 단체촬영을 할 수 있다.

차를 내는 시간이 가까워지면 좌석에 돌아와 겸허한 마음으로 차를 내어 겸허한 마음으로 차를 권하고 겸허한 마음으로 차를 마신다. 이때 차를 내는 잔 수와 횟수 그리고 차를 권하는 방향 등은 공고사항에 따르면 된다. 만약 네 잔씩 네 번을 내어 왼쪽으로 권하기로 했다면 우선 넉 잔의 차를 내어 쟁반에 받쳐 들고 나가 왼쪽에 앉아있는 세 사람에게 차례로 권한다. 나머지 한 잔은 가지고 돌아와 자신의 네 번째 자리에 놓는다. 오른쪽에서 세 사람이 모두 차를 권하여 자신의 앞에 넉 잔의 차가 모두 놓이면 천천히 차를 마신다. 이때 왼쪽의 첫 번째 차벗에게 차를 권할 때는 찻잔을 맨 앞자리에 놓고, 두 번째 차벗에게는 두 번째 자리에, 세 번째 차벗에게는 세 번째 자리에 놓는다. 두 번째부터는 차를 내어 茶盅[19]에 담아서 가지고 나가 자신이 놓아두었던 원래의 찻잔에 따르면 된다.

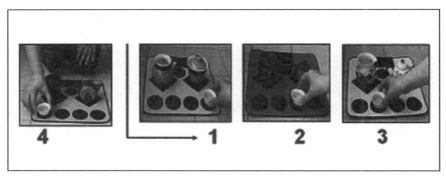

그림 1. 무아차회 찻잔 배열

음악을 감상하는 프로그램이 마련되어 있다면 다기를 정리하지 않고 자리에서 조용히 앉아 기다린다. 음악을 연주하는 사람은 모든 사람들이 좌정한 후에 연주를 시작한다. 이때의 음악은 茶會에 어울리는 것이어야 한다. 그래야 곱씹을수록 감미로워 다도에서 말하는 이른바 공백의 아름다움(空白之美)을 연출할 수 있다. 무아차회에서는 음악 감상도 품명(品茗)의 일부로 보기 때문에 연주자를 소개할 필요도 없고 고조부분에서 박수를 칠 필요도 없다. 또한 연주시간도 5분을 초과하지 않는 것이 좋다.

---

19) 茶壺에서 우려낸 茶湯을 담아 찻잔에 고루 분배하는데 사용하는 다기의 일종으로 茶海라고도 한다.

음악소리가 뇌리에서 사라진 후에 자기가 사용한 찻잔들을 茶巾으로 닦고, 아울러 茶盅 안에 차가 아직 남아있는지의 여부를 확인한다. 만약 차가 아직 남아있다면 차를 따라 마신다. 그런 후에 자리에서 일어나 왼쪽의 세 차벗들에게 권했던 자신의 찻잔들을 회수하여 다기들을 정리하고 茶會를 마친다. 이때 자신의 좌석번호표지판을 거두고 주위의 차벗들과 석별의 인사를 나눈다.

Ⅳ. 무아차회의 진행절차와 특기사항

1. 진행절차

무아차회의 진행절차는 대체로 다음과 같다.

1) 차회 이전의 준비

무아차회를 개최하는 주최 측에서는 치밀한 사전계획을 수립한 후에 다양한 언론매체나 통신수단을 통해 홍보를 하여 되도록 많은 사람들이 참여하도록 노력한다.[20] 홍보할 내용에 포함할 사항은 무아차회의 명칭과 취지, 주관단체, 개최시간, 개최장소, 활동내용, 참가대상, 준비물, 접수처, 주의사항 등이다. 주최 측에서는 참가대상을 열거할 때에 무아차회에 처음 참가하는 사람들의 경우에는 무아차회의 원만한 진행을 위해서 무아차회설명회에 1회 이상 참가해야 한다는 내용을 포함해야 한다.[21] 동시에 주의사항에도 무아차회설명회를 실시하는 장소와 시간 등을 명기해야 한다.

무아차회에 참가하려는 사람은 홍보내용을 통해 무아차회의 취지와 진행절차

---

20) 주최 측의 별도 의도에 의해 참가자를 50인, 100인, 300인, 500인, 1,000인 등으로 제한할 수도 있다.
21) 무아차회는 지역과 유파를 달리하는 다수가 참여하여 정해진 형식에 따라 마치 물이 흐르듯이 자연스럽게 진행되어야 하는데, 처음 참가하는 사람이 한 명이라도 있을 경우에는 전체의 흐름을 방해할 수가 있다. 때문에 원만한 진행을 위해 사전교육인 설명회에 참가하는 것은 필수적이라 할 수 있다.

등을 충분히 이해하고 접수처에 등록을 한다. 만약 무아차회에 처음 참가하는 사람이라면 주최 측에서 마련한 무아차회설명회에 참가하여야 한다.

2) 차회 당일의 준비

주최 측에서는 장소와 참가인원 등을 고려해 대형을 결정하고 대형에 맞춰 사전에 개인별 좌석번호표지판을 설치한다. 이때 옆 사람과의 간격은 최소한 1m 이상은 되어야 한다. 참가인원이 많아 대형이 큰 경우에는 따로 좌석안내도를 부착해 자신의 좌석을 쉽게 찾아가도록 할 수 있다. 아울러 茶會에 참가하는 사람들이 도착하는 순서대로 자신의 좌석번호를 추첨할 수 있도록 안내소에 추첨함을 준비한다. 또한 무아차회의 진행순서와 진행방법 등을 고시한 공고사항을 부착하여 참가자들이 숙지하도록 한다.

참가자들은 주최 측에서 요구하는 준비물을 챙겨 茶會가 열리는 장소에 도착해 추첨을 통해 자신의 좌석번호를 확인하고, 고시된 공고사항을 통해 진행순서와 진행방법 등을 숙지한다.

3) 다기배열

좌석번호와 공고사항을 확인한 참가자는 자신의 자리에 좌정하여 다기를 배열한다.

4) 친교와 다기감상(10분-30분)

다기배열이 끝나면 일어나 주위의 사람들과 친교의 시간을 가질 수도 있고 주위에 배열된 다기들을 감상할 수도 있다. 이때는 기념사진도 찍을 수 있다.

5) 차를 내어 권하고 마시기(20분-30분)

친교와 다기감상이 끝나면 조용히 자리로 돌아와 좌정하여 차를 낼 준비를 한다. 차를 내는 횟수와 잔 수 그리고 차를 권하는 방향은 공고사항에 따르면 된다.

차를 권하러 갔을 때 상대도 차를 권하기 위해 자리를 비웠을 경우에는 지정된 자리에 찻잔을 두고 돌아오면 된다. 자리에 앉았을 때 차를 권하러 오는 경우에는 가볍게 목례를 하고 찻잔을 받으면 된다. 이 시간에는 최대한 정숙을 유지해야 하며, 어느 단계에서 茶食을 제공할 수도 있다.

6) 음악감상(5분)

공고사항에 음악감상 프로그램이 마련되어 있으면 차를 다 마셨어도 다기를 정리하지 않고 좌정하고 연주를 기다렸다가 음악을 감상한다.

7) 다기정리(5분)

음악감상이 끝나면 일어나 자신의 찻잔을 회수한 후에 자리에 앉아 다기를 정리한다. 주위의 사람들도 다기정리가 모두 끝나면 일어나 상호 인사하며 석별의 정을 나눈다.

2. 특기사항

1) 무아차회의 개최 장소는 실내와 실외 모두 가능하며, 실외의 경우도 도심이나 교외 등의 특별한 제한은 없다. 다만 참가인원에 따라 면적은 고려되어야 한다. 대형은 상황에 따라 다양하게 변화할 수 있다. 인원은 많고 장소가 협소할 경우에는 두 개의 원을 그릴 수도 있고, 불규칙적인 다변형으로 둘러앉을 수도 있다.

2) 무아차회의 개최 시간도 주간과 야간 모두 가능하다. 달맞이무아차회(邀月無我茶會)는 당연히 야간에 개최하는데, 이때는 준비물에 조명기구를 포함해야 한다. 조명기구는 茶壺와 찻잔을 비출 수 있어야 한다. 야외에서 개최하는 무아차회의 경우 雨天 시에 어떻게 할 것인지에 대해서는 주의사항에 반드시 명기해야 한다.

3) 무아차회에서는 각자가 차와 다기를 휴대하기 때문에 다양한 차를 마실 수도 있고 다양한 다기들을 접할 수가 있어 좋다. 국제무아차회의 경우는 더욱 그렇

다. 茶碗을 사용해 末茶를 내는 사람도 있고, 紫紗茶壺를 사용해 烏龍茶를 내는 사람도 있다. 蓋碗을 사용해 普洱茶를 낼 수도 있고, 琉璃茶壺를 사용해 紅茶를 낼 수도 있다. 그렇지만 어떤 경우든지 간편하면서도 기능이 완비된 다기를 휴대해야 한다. 때문에 준비물에 기본다기를 제시하는 것이 일반적이다. 참고로 2006년 9월 23일(下午 6:40-8:00)에 中華國際無我茶會推廣協會에서 개최한 百人夜晚無我茶會에서 요구한 준비물 중 기본다기는 다음과 같다.

① 작은 茶壺(5잔 분량)
② 茶盅(茶海)
③ 네 개의 작은 찻잔(관중에게 권하는 찻잔은 현장에서 따로 제공함)
④ 쟁반(奉茶盤)
⑤ 泡茶巾, 茶巾(혹은 휴지), 計時器(혹은 손목시계)
⑥ 茶葉(茶會 이전에 각자 茶壺에 넣어야 함)
⑦ 보온병(600cc 이상, 茶會 이전에 뜨거운 물을 가득 채워야 함)

4) 만약에 어떤 무아차회의 주요한 목적이 무아차회의 교육이나 지도에 있다면 참가자 모두가 밖을 향해 앉아 군중과 하나가 되는 효과를 강화할 수도 있다. 게다가 전문가가 나서서 무아차회의 내용과 형식 등을 해설할 수도 있다.

5) 무아차회에서는 차를 내기 시작한 이후에 도착한 사람은 입장할 수 없다. 때문에 친교와 다기감상시간이 끝날 무렵이 되면 진행요원은 결석자의 좌석번호표 지판을 치우고 자신도 입장하여 차를 낼 준비를 한다. 길에서 만난 친구가 茶會에 참석을 원할 때는 다기가 없어도 참석할 수 있다. 다기가 없는 사람도 역시 추첨을 하여 자신의 좌석에 앉아 한쪽에서 권하는 차를 마시면 된다. 다만 그의 어느 한쪽에 사람들은 한 잔씩의 차를 적게 마실 뿐이다.[22] 이런 경우에는 옆에 앉은 사람이 茶壺를 싼 보자기를 빌려주어 그 위에 찻잔을 놓는다. 만약 여러 친구들이 이렇게

---

22) 다기가 없는 사람은 차를 낼 수 없기 때문에 남들이 권하는 차를 마실 수는 있지만 남들에게 차를 권할 수는 없다. 공고내용에 따라 권하기로 되어 있는 방향에 앉아있는 차벗들은 권하기로 되어있는 횟수만큼 차를 적게 마시게 된다.

다기도 없이 추첨을 하여 나란히 앉게 되었다면 바로 좌석을 조정해야 한다.[23]

6) 무아차회에서는 앉고 서기의 편리함과 인간과 대지와의 친화를 위해 신발을 벗고 앉는 것이 일반적이다. 앉을 수 없는 사람은 조그만 의자를 준비하면 된다.

7) 무아차회에서는 관중에게도 차를 권할 수 있다. 이때 찻잔 또는 종이컵은 각자가 준비할 수도 있고 주최 측에서 따로 제공할 수도 있다. 물론 공고사항에서 몇 번째와 몇 번째 차를 관중에게 권할 것인지와 찻잔이나 종이컵의 제공여부를 따로 고지해야 한다. 취재진이나 연주자들도 茶會의 일원으로 참석하는 것이 바람직하지만 그렇지 못한 경우라면 관중에게 권하듯이 차를 권하면 된다.

8) 만약에 차가 너무 짜서 마시기 거북하면 희석해서 마셔도 된다. 또한 한꺼번에 너무 많은 차를 마실 수 없다면 마시지 않고 그대로 두면 된다. 찻잔이 채워져 있으면 차를 권하는 사람이 자연스럽게 다음 차를 따르지 않는다.

그림 2. 2008 國際無我茶會

---

23) 다기가 없는 사람들을 연달아 앉게 하면 안 되기 때문에 즉시 좌석을 조정하여 군데군데 앉도록 해야 한다.

9) 茶會가 진행되는 동안에는 음악이 있어서도 안 되고, 茶會가 끝난 후에 차벗들끼리 다기를 교환해서도 안 된다.

10) 무아차회를 개최하는데 걸리는 시간은 규모에 따라 다소의 차이가 있지만 보통 1시간 전후에 마치는 것이 좋고, 아무리 길어도 2시간을 넘겨서는 안 된다.

V. 나오는 말

생활수준의 향상과 교통의 발달로 세계가 점점 한 지붕처럼 되어가고 있다. 인적교류와 물적교류의 증가에 따라 문화교류도 자연스럽게 활발해지고 있다. 차계의 상황도 마찬가지여서 다양한 형태의 국제간 교류가 하루가 다르게 빈번해지고 있다. 때문에 우리 차 문화에 대한 연구도 중요하지만 외국의 차 문화에 대한 연구 또한 중요하다고 할 수 있다. 이런 차원에서 본고에서는 1989년에 대만에서 창립된 무아차회를 대상으로 삼아 먼저 창립배경과 발전과정을 살펴보고, 이어서 무아차회의 내용과 형식을 고찰한 뒤에, 마지막으로 무아차회의 진행절차와 특기사항을 살펴보았다.

지금까지 고찰한 내용을 요약하여 정리하면 다음과 같다.
* 무아차회의 창립배경은 크게 네 가지 측면에서 살펴볼 수 있는데, 역사적 배경과 경제적 배경 그리고 문화적 배경과 사회적 배경 등이 그것이다.
* 무아차회는 창립된 역사에 비해 각계의 노력으로 말미암아 눈부신 발전을 거듭했는데, 지금까지 11회의 국제무아차회를 개최하여 무아차회를 중국을 대표하는 세계적 무아차회로 발전시킨 점은 특기할 만하다.
* 무아차회의 내용은 크게 이념과 사상 그리고 七大精神으로 요약할 수 있다. 이념은 "평화와 나눔을 추앙하고, 절제된 자연스러움을 숭상하는 것"이고, 사상은

"여러 사람들을 인도하여 차회에 참여하는 과정을 통해 무(無)의 경계를 추구하게 하고, 七大精神을 실천하게 하고, 사회교화의 기능을 구비하게 하는 것"이다. 七大精神은 無尊卑之分, 遵守公共約定, 無流派與地域之分, 無報償之心, 無好惡之心, 求精進之心, 培養團體默契 · 體現團體律動之美 등이다.

 * 무아차회의 형식은 여러 사람이 함께 다도의 기능을 구비하기 위해 각자가 간편한 다기를 휴대하여 땅바닥에 자리를 깔고 둥그렇게 앉아 차를 내어 차를 권하고 차를 마시도록 기획하는 것이다.

 * 무아차회는 일반적으로 차회 이전의 준비, 차회 당일의 준비, 다기배열, 친교와 다기감상, 차를 내어 권하고 마시기, 음악 감상, 다기정리의 순으로 진행된다.

 * 무아차회의 특기사항은 대략 10가지로 정리할 수 있다.

參考文獻

塵 編著, 《說茶》, 中國商業出版社, 2002.

王從仁 著, 《說茶》, 學林出版社, 2002.

王建榮, 吳勝天 編著, 《中國名茶品鑑》, 山東科學技術出版社, 2005.

唐存才 主編, 《茶與茶藝鑑賞》, 上海科學技術出版社, 2004.

高旭暉, 劉桂華 著, 《茶文化學概論》, 安徽美術出版社, 2003.

鄭春英 主編, 《茶藝概論》, 高等教育出版社, 2004.

康　乃 主編, 《中國茶文化趣談》, 中國旅遊出版社, 2006.

于觀亭 編著, 《茶文化漫談》, 中國農業出版社, 2003.

阮逸明 編著, 《世界茶文化大觀》, 國際華文出版社, 2002.

_____ 主編, 《茶藝文化學術研討會專刊》, 1993.

_____ 著, 《臺灣的茶業》1, 2, 2001.

蔡榮章 主編, 《茶學概論》, 2000.

_____ 著, 《無我茶會》, 1991.

_____ 著, 《無我茶會180條》, 1999.

傳神視聽有限公司, 《現代茶藝大觀》(CD).

王從仁 著, 김하림 이상호 옮김, 《중국의 차문화》, 에디터, 2004.

조기정, 〈중국 소수민족의 油茶 연구-瑤族의 打油茶를 중심으로〉 《중국인문과학》 제
　　　33집, 2006.

_____ 편저, 《중국 문화대혁명의 이해》, 전남대학교 출판부, 1993.

〈臺灣茶藝文化的發展與展望〉, 中國臺灣網(2005年 12月 12日).

제4회 國際無我茶會 기념집, 2003.

전남대학교 호남문화연구소, 의재미술관 주최, 국제학술대회(2006, 4, 29.) -동아시
　　　아 차문화와 광주의 춘설차-자료집

【中文提要】

中國的無我茶會是一種的茶會形式, 臺灣當代茶思想研究所的蔡榮章所長 1989年創立了無我茶會. 1990年6月2日由陸羽茶道教室的師資班學生們進行了 實驗性無我茶會於臺北的妙慧佛堂, 1990年12月18日由臺灣的蔡榮章韓國的釋 龍雲日本的正木義完舉辦了第一回國際無我茶會. 本論文考察了無我茶會的創立 背景和發展過程, 無我茶會的內容和形式, 無我茶會的進行過程和特記事項等等. 本論文的結論如下;

無我茶會的創立背景可以概括四個方面, 創立背景中的第一是悠久的歷史背 景, 第二是臺灣特有的經濟的背景, 第三是中國茶界的文化的背景, 第四是臺灣 特有的社會的背景. 無我茶會不到三十年的歷史當中已經舉辦十次的國際無我茶 會, 發展了代表中國的國際性茶會的地步.

無我茶會的內容有理念和思想, 以及七大精神. 它的理念是推崇和平及共享, 崇尚簡約自然. 它的思想引導大家藉參與茶會過程, 追求無的境界, 實踐七大精 神, 具社會教化功能. 它的七大精神是無的思想體現, 就是無尊卑之分, 遵守公共 約定, 無流派與地域之分, 無報價之心, 無好惡之心, 求精進之心, 培養團體默契 體現團體律動之美.

無我茶會的形式是規劃人人攜帶簡便茶器, 圍成一圈席地, 人人謙虛地泡茶奉 茶品茶, 具多人茶道功能. 舉辦無我茶會大致包括以下步驟, 會前準備, 自備茶 器, 座位按排, 擺放茶器, 茶器觀摩與聯誼, 泡茶奉茶品茶, 鑑賞音樂或美術品, 收杯道別. 無我茶會的特記事項大約有十個項目.

【中心語】無我茶會, 創立背景, 理念, 思想, 七大精神, 形式, 進行節次, 特記事項

출전

〈中國 無我茶會 考察〉(《中國人文科學》 제41집, 中國人文學會, 2009. 4)

唐代 茶政 考察

Ⅰ. 들어가는 말

　　산림청 산하의 국립산림과학원(korea forest research institute) 주관으로 지난 2009년 7월 28일에 나주에서 산림유전자원보존 현장 세미나가 열렸다. 주제는 '야생 차나무 유전자원의 체계적 보존 및 이용 방안'이었다. 주제가 다소 생소하기는 했지만 쉽게 접할 수 없었던 세미나여서 대학원생들과 함께 참석했다. 국립산림과학원 산림자원육성부 연구원들의 발표를 들으면서 '논밭에서 재배하는 차나무는 농수산부에서 관리하고, 산에서 자라거나 재배하는 차나무는 산림청에서 관리한다.'는 사실을 알게 되었다. 평소 차산업이나 차문화에 대한 국가 차원의 기본적인 정책조차 없다는 사실에 안타까워하던 터라 위의 사실을 인지한 필자의 실망감은 클 수밖에 없었다.

우리의 차문화는 삼국시대에 형성되어 통일신라시대의 발전기를 거쳐 고려시대에 꽃을 피웠던 대표적인 전통문화에 속한다. 때문에 조선시대 쇠퇴일로의 기로에서도 다산 정약용, 초의 장의순, 추사 김정희 등이 중심이 되어 중흥을 도모했다. 하지만 또 다시 일제침략으로 인해 침체의 늪에 빠졌을 때 무등산의 의제 허백련과 다솔사의 효당 최범술 등이 중심이 되어 가까스로 우리 전통 차문화의 맥을 이었다. 이렇듯 우리의 차문화는 우리 민족의 역사와 애환을 함께한 자랑스러운 전통문화이기 때문에 해방 이후 어려운 여건에서도 꾸준히 발전을 거듭하여 오늘에 이르고 있다.[1]

차문화와 차산업에 대한 정부의 시각에 실망하던 중에 모처럼 반가운 소식을 접했다. 그것은 자유선진당의 이명수 의원 등 10인이 2010년 3월 16일에 국가 차원에서 '전통 차문화의 보존 및 진흥에 관한 법률'[2]을 제안했다는 소식이었다. 법안의 주요내용을 살펴보면 첫째 문화체육관광부장관은 전통 차문화의 체계적인 보존 및 진흥을 위해 전통 차문화에 관한 기본계획을 수립 · 시행하고, 둘째 국가와 지방자치단체는 전통 차문화를 진흥시키고 국민들이 전통 차문화에 접할 수 있는 기회를 확대하기 위해 차문화원을 설치 · 운영할 수 있도록 하고, 셋째 전문적인 차문화 지도를 위한 자격증제도를 마련하고, 넷째 초 · 중등학교 학생들에게 전통 차문화를 정기적으로 교육할 수 있도록 한다는 것이다.

늦은 감은 있지만 모처럼의 단비 같은 소식이어서 반갑기 그지없다. 내용도 일부 보완할 부분은 있지만 나름대로 차문화계의 오랜 목마름을 해소할 수 있는 것이어서 모든 차인들로부터 크게 환영을 받을 수 있을 것으로 보인다. 계류 중에 있는 이 법안은 현재 상임위원회에 상정을 준비하고 있는데, 앞으로 이 법안이 무난히 통과되어 하루속히 시행될 수 있도록 전국의 차인들이 지혜를 모아야 한다.

---

1) 이에 대해서는 拙稿, 〈한국 차문화의 발전과정과 연구현황 고찰〉(2010) 참조.
2) 소관위원회는 문화체육관광방송통신위원회이고 의안번호는 1807870이다. 자세한 내용은 국회의안정보시스템(http://likms.assembly.go.kr/bill/jsp/main.jsp) 참조

이렇게 해서 차문화가 발전하면 차산업도 따라서 발전할 수 있다. 하지만 우리의 차산업을 보다 안정적으로 발전시키기 위해서는 서둘러 국가가 앞장서 종합적인 대책을 마련해야 한다. 이를 위해서는 차산업의 발전을 위한 제반 법안들이 마련되어야 하는데 여기에도 차인들의 지혜가 모아져야 한다.

우리 전통 차문화를 보존하고 진흥시키기 위한 법안이 제안된 사실을 통해 해방 후의 우리의 차문화도 이제야 비로소 형성기에 접어들었다고 할 수 있다. 그것은 차문화의 형성여부를 판단할 때 보통 다섯가지의 표준을 가지고 따지는데, 다섯가지의 표준 중 마지막에 상부구조가 되는 茶政의 시행여부가 있기 때문이다.[3] 여기서 말하는 茶政이란 '국가나 정부 차원에서 시행하는 차문화 政策이나 法規 또는 制度'를 의미하는데, 통과를 전제로 국회에 제안된 '전통 차문화의 보존 및 진흥에 관한 법률안'도 茶政의 범위에 속하는 것으로 본다. 해방 후 이제야 형성기를 맞이한 우리의 차문화는 과거 찬란한 차문화의 역사와 전통이 있기 때문에 앞으로 무한한 발전가능성을 가지고 있다. 이를 가능하게 하기 위해서는 발전을 견인할 다양하고 바람직한 茶政이 시행되어야 하는데, 이번에 제안된 법안이 대한민국 茶政의 효시가 되기를 기대한다.

우리의 차문화가 꽃을 피웠던 고려시대에도 茶政이 시행되었는데, 茶房과 茶軍士 그리고 茶所와 각종 茶禮 등을 대표로 들 수 있다.[4] 唐나라에서도 중기[5] 이후에 차산업이 흥기하고 차문화가 형성되면서 자연스럽게 茶政이 시행되기 시작하였다. 우리의 차산업과 차문화를 발전시키기 위해 다양한 法規의 제정이 필요한 시기에 과거에 시행되었던 각종 茶政을 고찰하는 것은 이를 거울로 삼을 수 있

---

3) 차문화의 형성여부를 판단하는 다섯가지 표준으로 차의 생산규모, 과학적 이론체계의 형성, 정신영역에서의 완벽한 구현, 충분한 著作성과, 茶政의 시행 등을 들 수 있다. 于觀亭 編著,《茶文化漫談》(2003), 28쪽.

4) 金明培 著,《茶道學》(1984), 249-269쪽 참조.

5) 唐朝는 문학사에서 初唐·中唐·盛唐·晚唐 등 四分法이 통용되나, 통치적인 특징에서는 몇 시기로 구분할 수 있다. 安史의 난(755-763)을 分岐로 하여 전반기와 후반기로 나누기도 하고(二分法), 초기(高祖, 太宗)·중기(武后;655-安史亂;755)·후기(安史의 난-唐末)로 나누기도 한다(三分法). 여기서는 三分法에 따른다.《講座 中國史 Ⅱ》(1969), 219쪽.

어 매우 중요한 작업이라 할 수 있다. 本考에서는 唐代 중기 이후 차산업이 흥기한 상황과 차문화가 형성된 과정을 살펴보고, 唐代에 시행되었던 茶政의 종류와 내용을 고찰하기로 한다.

Ⅱ. 唐代 차문화 槪觀

1. 차산업의 흥기

唐代(619-907) 차산업의 발전상황을 개괄적으로 서술한 저작으로는 楊華가 856년에 쓴 《膳夫經手錄》을 들 수 있는데, 開元(713-741)과 天寶(742-756) 年間에 점점 차가 있게 되다가 至德(756-758)과 大曆(766-779) 年間에 마침내 많아지고 建中(780-783) 이후에 흥성했다는 내용이 있다.[6] 또한 封演이 쓴 《封氏聞見記》에도 唐代 중기에 차를 마시는 풍속이 성행하고 차의 소비가 크게 증가한 상황이 기술되어있다.[7] 이렇게 唐代 중기 이후부터 차산업이 크게 일어나기 시작했다는 사실은 《全唐詩》와 《全唐文》 등 각종 사적의 기술과 일치하기 때문에 의심할 여지가 없다.[8]

唐代 차의 생산지는 陸羽가 그의 《茶經》〈八之出〉에서 '八道四十三州'라고 밝혀놓았는데, 대체적으로 근대의 茶産區와 거의 일치하고 있음을 알 수 있다. 《膳夫經手錄》의 기록에 따라 唐 宣宗(847-859) 때의 산지별 차의 종류와 특징 그리고 주요 판매지역 및 생산과 소비량을 조사할 수 있는데, 이를 통해 당시의 차산업현황을 대충 파악할 수 있다.[9] 특히 북방과의 교통이 편리한 江南과 淮南茶區

---

6) "至開元天寶之間, 稍稍有茶, 至德大曆遂多, 建中以後盛矣".
7) 金明培 譯著, 《中國의 茶道》(2001), 26쪽 참조.
8) 陳宗懋 主編, 《中國茶經》(2003), 14쪽 참조.
9) 上揭書, 15-16쪽의 唐宣宗年間茶葉産銷表 참조.

의 생산량은 상상을 초월했는데, 구체적으로 말하면 江南道의 鄂岳觀察使, 江西觀察使, 宣歙觀察使, 浙西觀察使 등의 일부 州·縣들이 여기에 포함된다.

白居易의 名詩 〈琵琶行〉에 茶商인 남편이 차를 사러 浮梁에 갔다는 내용이 있는데, 당시 浮梁은 東南지역의 최대 차 집산지였다. 浮梁은 현재 江西省의 景德鎭이다. 李吉甫의 元和郡縣圖志에 "天寶 원년(742)에 浮梁縣으로 개명했는데, 매년 700만 바리(馱)의 차가 나며, 15만여 貫의 차를 세금으로 바친다"는 내용이 있다.[10] 700만 바리의 차가 난다고 했지만 실은 浮梁이 차의 집산지였기 때문에 주변의 皖南, 浙西, 閩北 일대에서 모여드는 차의 物動量으로 보아야 할 것이다.[11] 이렇게 생산과 소비가 증대되는 상황을 통해서 차의 교역이 활발해졌다는 사실을 알 수 있다. 차의 생산과 소비는 교역과 상호 긴밀한 관계를 가지고 있어 생산과 소비의 증대가 교역을 촉진시키기도 하지만 교역의 발전이 차의 생산과 소비를 촉진시키기도 한다.

차의 생산과 소비가 늘고 교역이 증대되면서 차를 매매하는 茶市와 차를 싣고 내리는 茶埠 그리고 찻집인 茶肆들이 우후죽순처럼 생겨났다. 미미했던 조그만 항구들이 활기가 넘치는 커다란 무역항으로 발전하기도 하고, 연도의 조그만 마을이 거대한 도시로 탈바꿈하기도 했다. 심지어는 長江水系에서 배를 이용해 도적질을 하는 다양한 규모의 이른바 江賊이 출몰해 훔친 재물을 남쪽의 차산지로 가져가 차와 바꾸는 일이 유행하기도 했다.[12] 훔친 재물을 도시에서는 함부로 팔 수 없었기 때문에 한적한 차산지로 가져갔던 것이다. 차산업의 흥기가 이렇게 경제와 사회생활 전반에 현저한 변화를 일으켰다.

차산업이 발전하면서 차를 생산하는 지역도 점차 확대되었는데, 巴蜀에서 시작된 차의 생산지가 점차 동쪽으로 이동하기 시작했다. 이를 흔히 東移라고 하는데, 唐代 중기 이후 차의 생산과 기술의 중심은 長江의 중류와 하류까지 이동했다고

---

10) "浮梁每歲出茶七百萬馱, 稅十五餘萬貫"上揭書, 16쪽에서 재인용.

11) 上揭書, 17쪽 참조.

12) 9세기 전반에는 과도한 징세에 대한 저항으로 江賊 이외에 鹽賊과 茶賊이 徒黨을 이루어 관헌에 저항하게 되면서 兵變이 잇달았다.《講座 中國史 Ⅲ》(1969), 44쪽.

할 수 있다.[13] 이는 唐代 중기에 시작된 貢焙의 선정을 가지고 설명할 수도 있다. 궁정용 차를 만들기 위해 처음으로 貢焙를 시작한 곳은 湖州의 長城(지금의 長興)과 常州의 義興(지금의 宜興) 접경지역인 顧渚로 때는 大曆 5년(770)이었다. 貢焙와 貢茶에 대해서는 뒤에서 따로 자세히 살펴보기 때문에 여기서는 생략한다.

차산업이 발전하면서 서북지역의 광대한 소수민족에게 차를 판매하는 이른바 邊茶貿易도 매우 흥성했다. 이러한 邊茶貿易은 처음에는 사신들을 통해서 행해지다가 나중에는 직접 상인들에 의해 차와 말을 바꾸는 이른바 茶馬貿易으로 발전했다. 茶馬貿易과 茶馬互市에 대해서는 뒤에 자세히 다루기 때문에 여기서는 생략한다.

지금까지 唐代 중기 이후 차산업이 흥기한 상황을 살펴보았는데, 마지막으로 차산업이 발전할 수 있었던 원인을 개략적으로 정리하기로 한다.[14] 開元과 天寶 年間에 차산업이 서서히 흥성하기 시작한 첫째 원인으로는 우선 경제와 문화적 영향을 들 수 있다. 이 시기는 '貞觀(627-649)의 治'에 이은 '開元(713-741)의 治'로 인해 의심할 여지 없이 唐나라의 사회경제가 정점에 달했던 때이다. 차는 사회의 소비품으로 차의 소비는 경제가 결정하기 때문에 이 시기에 차산업이 흥성하기 시작한 것은 매우 자연스런 현상이다. 아울러 북방에 차를 마시는 풍조가 널리 보급된 것은 開元 年間에 泰山 靈岩寺에서 크게 일어난 禪敎의 활동과 관련이 있다. 이상의 경제와 문화적 여건이 충족되었다 할지라도 남북을 관통하는 수로인 대운하가 없어 차의 운송에 제한을 받았다면 북방의 禪敎와 차산업 또한 아주 짧은 시간에 성행할 수 없었을 것이다. 때문에 경제와 문화적 원인 이외에 국가의 통일, 교통의 발달, 남북의 긴밀한 경제와 문화교류 등도 결코 소홀히 할 수 없는 요인이라 할 수 있다.

둘째, 唐代 차산업이 흥기한 원인을 설명하면서 陸羽의 倡導를 빼놓을 수 없

---

13) 《中國茶經》(2003), 17쪽 참조.
14) 차산업의 발전 원인은 上揭書, 21-22쪽의 내용을 정리한 것이다.

다. 陸羽의 《茶經》은 분명 차산업이 흥기한 결과의 산물이라 할 수 있다. 그러나 《茶經》의 내용이 차산업의 발전을 견인하고 차문화의 형성에 공헌한 점은 누구도 부인할 수 없다. 셋째, 차산업의 발전은 또한 唐代에 흥성한 불교와 도교와도 밀접한 관련이 있다.[15] 불교와 도교는 唐代에 이르러 지극히 흥성하게 되어 수많은 사람들이 노동을 이탈하여 僧道의 대오에 뛰어들었다. 僧道를 막론하고 수행과 기도활동에서 모두 차에 의지하게 되어 사원의 생활 속에 차가 광범위하게 흡수되었다. 때문에 사원은 재배와 제다는 물론이고 음차활동의 중심지가 되었고, 僧道 무리들은 차 애호가였을 뿐만 아니라 다도나 다예의 실천가이자 창조자이기도 했던 것이다. 마지막으로 당시의 기후조건이 차산업의 발전에 유리했다는 점이다. AD 600년부터 1,000년까지(隋唐五代時期)가 제3온난기에 속해 비교적 북쪽지역에 해당되는 浙江의 宜興과 長興 접경지역인 顧渚에 貢焙를 설치할 수 있었고, 차나무 재배의 북방한계를 海州(지금의 江蘇省 連雲港)까지 확장할 수 있었던 것이다.

2. 차문화의 형성

廣義의 차문화는 물질문화, 행위문화, 제도문화, 정신문화 등을 포괄한다.[16] 바꾸어 말하면 차가 사회적인 대량상품이 되어 물질에서부터 정신에 이르기까지 일련의 독특한 체계를 형성해야 비로소 문화로 자리매김을 할 수 있다는 것이다. 이와 비슷한 맥락으로 차문화의 형성여부를 판가름하는 5가지의 주요한 표준이 있다.[17] 첫째, 차의 생산규모는 앞에서 이미 그 상황을 약술하였다. 둘째, 과학적 이론체계는 陸羽의 《茶經》을 필두로 蘇廣曾의 《十六湯品》, 張又新의 《煎茶水記》, 溫庭筠의 《采茶錄》, 王敷의 《茶酒論》, 斐汶의 〈茶述〉 등을 통해 상당부분 형성

---

15) 이에 대해서는 《槪觀 東洋史》(1992), 144-145쪽 참조.
16) 이에 대해서는 拙稿, 〈한국 차문화의 발전과정과 연구현황 고찰〉(2010), 참조.
17) 각주 3) 참조.

되었다고 할 수 있다.[18]

셋째, 정신영역에서의 성과는 茶道의 완성으로 상당부분 완벽하게 구현된 것으로 볼 수 있다.[19] 넷째, 著作成果는 앞에서 언급한 陸羽 등의 茶書와 皎然과 盧仝을 비롯한 많은 시인들의 茶詩 그리고 茶歌, 茶舞, 茶畵, 茶建築, 茶工藝品 등을 통해 충분함을 알 수 있다.[20]

마지막으로 茶政의 시행여부이다. 어떤 상품이 일정한 단계까지 발전하면 국가는 필연적으로 상품에 대한 약간의 관련정책을 제정하여 시행하게 되는데, 이것을 茶政이라 한다. 대체로 唐代 중기 이후부터 茶政이 시행되기 시작했는데, 茶政에 대해서는 이후 상세히 다루게 된다. 위에서 살펴본 5가지의 주요한 표준을 통해서 차문화는 唐代 중기 이후에 형성되기 시작했다고 단언할 수 있다.

이제 차문화가 唐代에 형성된 원인에 대해 살펴보기로 한다.[21] 첫째, 불교가 크게 발전한 것과 관련이 있다. 승려들이 차를 좋아해 사찰주변에 차를 심고 차를 만들어 마시는 풍조를 일으키자 민간의 불교신자들도 분분히 이들을 따라하게 되었다. 茶聖인 陸羽 자신도 어린 시절에 10여 년간 승려생활을 했고, 스승인 智積禪師도 茶癖(차 중독자)이었다. 陸羽의 절친한 벗이기도 했던 詩僧 皎然도 엄청나게 차를 좋아했는데, 그의 시 〈九日與陸處士羽飮茶〉를 통해 승려들과 차의 특수한 관계를 짐작할 수 있다.[22] 그래서 唐代 명차들이 대부분 사찰을 중심으로 한 지역에서 생산되었다.

둘째, 唐朝가 엄격한 과거제도를 시행한 것과 관계가 있다.[23] 과거시험기간에는

---

18) 《中國茶文化經典》(1999), 第二卷의 茶著와 茶文 참조.

19) 金明培(2001), 35-36쪽 참조.

20) 唐代는 '中國茶文化典籍文獻의 定型期'로 명명될 만큼 성과가 많았는데, 이에 대해서는 陣彬藩 主編, 《中國茶文化經典》(1999), 6-7쪽 참조.

21) 이에 대해서는 董尙勝, 王建榮 編著, 《茶史》(2003), 54-60쪽의 내용이 상세하여 이를 참조하였다.

22) "九日山僧院, 東籬菊也黃. 俗人多泛酒, 誰解助茶香." 이 시가 세상에 나온 이후로 음력 9월 9일(重陽節)에 국화주를 마시던 풍속이 바뀌어 차를 마시게 되었다고 한다. 김길자 역주, 《中國茶詩》(1999), 90-91쪽 참조.

23) 科擧라는 용어는 宋代 이후에 사용되었고 당대에는 공거(貢擧)라고 했다. 《講座 中國史 Ⅱ》(1969), 237쪽.

응시자인 擧子는 물론이고 감독관인 翰林官까지도 엄청난 피로를 감수해야만 했다. 그래서 조정에서는 특명으로 과거시험장에 茶果를 보내 이들을 위로했는데, 응시자인 擧子들은 이런 차를 美化해서 麒麟草라 불렀다. 조정의 제창과 전국에서 모여든 擧子들의 선전에 힘입어 차문화가 급속도로 전파되기에 이르렀던 것이다.

셋째, 作詩의 풍조가 크게 성했던 것과 관계가 있다. 唐朝의 과거시험에서는 문장 위주의 進士科를 우대하였고 經學 위주의 明經科를 경시하였다.[24] 이러한 풍조는 武后가 대권을 장악하면서 더욱 심해졌는데,[25] 당시 "明經을 30에 급제하면 늙은 편이고, 진사를 50에 급제하면 젊은 편"이라는 말이 있을 정도였다.[26] 때문에 詩歌의 극성시기가 출현하게 되었다. 盧仝이 그의 〈走筆謝孟諫議寄新茶〉라는 시에서 "三椀搜枯腸, 惟有文字五千卷"이란 표현을 하자, 사람들은 李白의 "斗酒詩百篇"과 비교하며 詩興을 돋우는데 차가 술보다 효과가 훨씬 크다고 했다.

넷째, 貢茶가 크게 일어난 것과 관계가 있다. 조정에서는 顧渚에 貢焙를 설치하고 황실용 고급차인 顧渚茶와 陽羨茶를 안정적으로 공급하게 하였는데, 처음에는 황제들의 특수한 생활환경에서 오는 혼미한 의식과 소화불량을 다스리기 위해서였다. 이후 황제나 황실에서 신하들께 선물하는 하사품과 외교상의 답례품 등으로 차의 용도가 확대되면서 貢茶의 수요는 점차 증대되었다.

다섯째, 中唐 이후 조정에서 실시한 禁酒조치와 관계가 있다. 술을 빚기 위해서는 양곡이 필요한데, 玄宗(712-756) 말엽에 일어난 安史의 亂(755-763) 이후 사회가 불안하고 농민들이 도망하는 바람에 中原의 양곡이 크게 부족하게 되었다. 그래서 조정에서는 肅宗 乾元 元年(758) 長安에 금주령을 내렸다. 조정의 제사에 쓰이는 경우를 제외하고는 누구도 술을 마시지 못하게 규정했다. 사사로이 술을 빚거나 마셨을 경우 모두 위법으로 다스렸다. 그래도 술의 유혹은 뿌리치기 어려운 법이어서 長安의 술값은 천정부지로 치솟아 한 말(斗)의 술값으로 차 6근(斤)

---

24) 進士科 출신의 李賀가 明經科 출신인 元稹의 禮訪을 받고서 李賀가 "元稹不過是明經及第, 不見他." 라고 한 말을 예로 들 수 있다. 《茶史》(2003), 56쪽.

25) 則天武后에 대해서는 《槪觀 東洋史》(1992), 128쪽 참조.

26) 《講座 中國史 II》(1991), 239쪽에서 재인용.

을 살 수 있었다고 한다. 술을 마실 수 없게 되자 부득불 차를 마실 수밖에 없었던 것이다. 마지막으로 陸羽의 倡導와 관계가 있는데, 이에 대해서는 앞에서 이미 언급을 했다.

이상에서 唐代 중기 이후 차문화가 형성되기 시작한 상황과 그 원인에 대해 살펴보았는데, 이제 끝으로 唐代 차문화의 특징을 정리하기로 한다.[27] 첫째, 煎茶法[28]을 핵심으로 하는 일련의 茶藝技法을 확립하여 茶藝의 美學과 境界 그리고 분위기 등을 강조하였다. 둘째, 인간의 정신을 茶事와 상호 결합시켜 인간의 품격과 사상의 지조를 강조하고 인간과 차의 합일을 중시하였다. 셋째, 茶事활동을 儒·佛·道의 사상과 상호 결합시켜 중국 다도정신의 기본 틀을 다졌다. 넷째, 다도정신을 자연산수와 상호 연계하여 차인이 대자연 속에서 자신의 의지를 느긋하게 펼치고, 너그럽고 포용하는 마음으로 만물을 받아드리는 것을 강조함으로서 天人合一을 중시하였다.[29] 다섯째, 문인들이 차를 소재로 하여 시를 짓거나 차를 소재로 하여 자신의 뜻을 펼치게 되었는데, 그 결과 많은 茶詩들이 발표되었다.

Ⅲ. 唐代 茶政 考察

1. 茶政에 대하여

茶政이 무엇인지에 대해서는 앞에서 잠깐 언급은 했지만 우리나라 차문화계에

---

27) 《茶史》(2003), 52쪽 참조.
28) 陸羽가 《茶經》에서 당시의 煮茶法을 혹평하고서 새롭게 차를 끓이는 방법인 이른바 三沸法을 개발했다. 하지만 陸羽는 《茶經》에서 이것을 여전히 煮(茶)라고 하여 혼란을 초래하기도 한다. 이런 혼란을 없애기 위해 陸羽가 개발한 三沸法을 煎茶法 또는 陸羽式煎茶法이라고 하여 이전의 煮茶法과 구분하게 되었다. 煮茶法과 煎茶法의 차이에 대해서는 《中國茶文化趣談》(2006), 12쪽 참조.
29) 天人合一의 '天'이 무엇인가에 대해 중국사상사에서 끊임없이 논란이 제기되었는데, 北京大學의 李義林교수는 '天'이란 결국 大自然을 의미한다고 했다. 계명대학교 차문화연구소, 제1회 국제 차문화 학술심포지엄(2009. 11. 24) 자료집, 23쪽에서 재인용.

서는 매우 생소한 용어이다. 때문에 茶政이란 용어를 보다 상세히 설명할 필요가
있다. 茶政이란 용어는 일반 사전에는 나오지 않고《中國茶文化大辭典》에 '中國
古代茶政'이란 항목으로 나오는데, 全文을 번역하면 다음과 같다.[30] "중국 고대
의 茶政은 곧 官府가 茶葉經濟를 관리하고, 茶葉의 생산과 판매 그리고 경영의
이윤을 장악하는 제도이다. 구체적으로는 고대에 관리했던 禁榷制度·官工業制
度·財政制度·邊境貿易制度 등과 관련된 관리기능을 말한다." 이 내용을 토대
로 茶政의 의미를 정의하면 '차의 생산과 유통 그리고 경영 등을 관리하기 위해
국가가 시행하는 제도'라고 할 수 있다.

　이밖에도 茶政의 의미를 명확하게 정의한 내용이 있어 소개하고자 한다.《中國
茶文化經典》(1999)의 副主編을 맡은 餘悅이 그의 專論에서 "中唐 이후 역대 정
부가 茶業經濟를 조정하고 통제한 제도·정책·법규 등의 總和를 茶政이라 한
다."[31]고 정의했다. 茶政은 唐代에 시작되고 宋代에 완비되고 엄밀해져 비로소
전형적인 것이 되었다. 茶政이란 용어 대신 茶法이란 용어를 사용한 경우도 있
다.[32]《中國茶文化大辭典》에 茶法이란 "중국의 봉건정권이 茶葉에 대해 징세 혹
은 전매를 실시한 정책적인 법령이다."고 설명했다.[33] 두 용어의 의미가 비슷해 상
호 통용할 수도 있으나, 엄밀하게 구분하면 茶政의 범위가 茶法보다 넓기 때문에
茶政의 범위에 茶法이 포함된다고 볼 수 있다.

　위에서 언급한 구체적인 4가지의 제도에 대해서는 이후에 상세히 다루기로 하
고 잠시 茶政을 시행한 배경을 살펴보기로 한다. 唐代 이전까지는 차가 일부 지역
에 한정된 지역적 상품으로 자유롭게 거래가 행해지고 세금도 징수하지 않았다.
그러나 唐代 중기 이후 차산업이 흥기하면서 차가 전국적인 경제상품으로 발전하
여 생활필수품의 위치에 오르게 되었다. 차라는 상품이 튼튼한 경제적 기초를 마

---

30) "中國古代茶政卽官府管理茶葉經濟, 掌握茶葉産銷和經營之利的制度. 具體地說, 涉及古代管理的禁
　　榷制度·官工業制度·財政制度·邊境貿易制度等管理職能." 朱世英, 王鎭恒, 詹羅九 主編,《中國茶
　　文化大辭典》(2002), 391쪽.
31)《中國茶文化經典》(1999), 12쪽.
32)《中國의 茶道》(2001)에서 金明培는 茶法이란 용어를 썼다. 30쪽, 39쪽, 51쪽, 56쪽에 보인다.
33) 朱世英 등, 前揭書, 391쪽에 "中國封建政權對茶葉實行徵稅或專賣的政策法令"이라고 되어 있다.

련한 것이다. 이렇게 차의 생산과 유통이 증대하고 경영과정에 막대한 이익이 발생하게 되면서 차가 통치계급들로부터 중시를 받게 되었다. 즉, 통치계급들은 차로 인해 발생하는 이윤을 수탈하기 위해 차의 경영방식에 대해 규범을 시행할 필요가 절박했던 것이다. 그래서 이미 마련된 차 상품이라는 튼튼한 경제적 기초 위에 茶政이라는 상부구조를 마련했던 것이다. 경제적 기초 위에 상부구조인 茶政이 시행되면서 비로소 차문화가 형성되었다는 것은 위에서 이미 언급한 바가 있다. 이렇게 생겨난 茶政이 茶農들을 압박하고 착취하기 위한 통치계급들의 중요한 수단이 되었는데, 이로 인해 茶農들의 강렬한 불만과 반항이 초래되었다.

위에서 古代의 茶政에 포함되는 제도로 4가지를 언급했는데, 古代란 대체적으로 淸代까지를 말한다. 그래서 禁榷制度·官工業制度·財政制度·邊境貿易制度 등 4가지의 제도는 淸代까지 시행되었던 여러 茶政들을 성격에 따라 분류해 놓은 것들이다. 본고에서 고찰하고자 하는 것은 淸代까지의 모든 茶政이 아니고 唐代에 시행되었던 茶政이다. 禁榷制度 중에서 唐代에 시행을 시도했던 것으로 榷茶가 있고, 官工業制度 중에서 唐代부터 시행되기 시작한 것으로 貢茶가 있다. 財政制度 중에서 唐代에 시행하기 시작한 것으로 茶稅가 있고, 邊境貿易制度 중에서 唐代에 시행한 것으로 茶馬互市가 있다. 이제 唐代에 시행되었던 4가지 茶政의 내용을 고찰하기로 한다.

2. 茶政의 내용

1) 禁榷制度(榷茶)

禁榷制度란 古代 官府에서 상업행위를 했던 일종의 경영방식이라 할 수 있는데, 봉건국가가 이윤이 많이 나는 모종의 상품에 대해 전매를 실행하고 개인이 자유롭게 경영하는 것을 엄금했던 제도이다. 禁榷의 대상은 주로 백성들의 생활과 밀접한 관련이 있고 사회적 수요가 많은 몇 종류의 상품으로 한정되었는데, 소금·철·술·초·차 등을 예로 들 수 있다.

權의 本義는 외나무다리(獨木橋)로 이때의 讀音은 '교'이다. 이것이 引伸되어 '정부가 전매하여 이익을 독점한다'는 뜻으로 쓰이게 되었으며 이때의 讀音은 '각'이다. 그래서 權茶(각차)란 국가나 官府가 차의 생산과 매매를 독점하는 것으로, 주요 목적은 독점을 이용한 전매가격으로 고액의 재정수입을 획득하기 위해서다. 고대에 시행된 차의 專賣에는 완전전매와 불완전전매가 있다. 완전전매는 차의 생산과 매매에 대해 전부를 독점하는 것이고, 불완전전매는 생산 혹은 매매 하나에 대해서만 독점을 하는 것이다.[34]

德宗 建中 3년(782)에 처음으로 茶稅를 징수한 이후 여러 차례의 변동이 있었다. 權茶도 茶稅의 한 형식이라 할 수 있는데, 이 제도는 文宗 太和 9년(835) 9월에 당시의 재상 겸 鹽鐵使였던 王涯의 건의로 嘉納되었다. 權茶使가 된 王涯는 江南의 모든 차나무를 官府에서 경영하는 다원인 官場으로 移植하고 官場 안에서만 製茶하도록 명령을 내렸다. 이식을 하지 않은 차나무와 민간인이 비축해놓은 차는 모조리 태워버리게 했다. 王涯의 權茶制는 상인과 茶農과의 거래를 금지시키고 官府로 하여금 생산과 매매를 독점하게 하는 완전전매제였다.

국가의 재정수입을 위해 백성들로부터 자유로운 생산과 거래의 권리를 빼앗는 가혹한 제도라고 할 수 있다. 官茶만의 거래를 인정하고 私茶의 거래는 금지시켰으니 茶農들의 원성이 극에 달할 수밖에 없었다.

환관들에 의해 옹립된 文宗은 환관들의 세력을 제거하기 위해 백방으로 노력을 했다. 그러나 11월 21일 환관들을 제거하기 위한 李訓 등의 거사가 실패하면서 이른바 甘露之變이 일어나고 만다.[35] 王涯도 이 사변에 연루되어 환관인 九士良 등에 의해 永昌里의 茶肆에서 붙잡혀 허리가 잘려 죽었는데, 權茶制로 인한 원한으로 백성들이 그에게 기와와 벽돌을 던져 순식간에 더미를 이루었다. 〈七碗茶歌〉로 더 유명한 〈走筆謝孟諫議寄新茶〉란 시를 쓴 盧소은 茶友이자 權茶使인 王

---

34) 완전전매제의 예로는 이후 다루게 되는 王涯의 權茶制를 들 수 있고, 불완전전매제의 예로는 北宋 전기에 차에 대해 실시한 民制·官收·商運·商銷 방식을 들 수 있다.《中國茶文化大辭典》(2002), 393쪽 참조.
35) 甘露之變에 대해서는 김명희 지음,《중국 수·당사 연구》(1998), 136쪽 참조.

涯의 집에 자주 들러 좋은 차를 마시며 시를 짓곤 했는데, 甘露之變이 있던 당일에도 王涯의 집에 留宿하고 있다가 체포되어 주살되고 말았다.

王涯가 죽은 후 令狐楚가 鹽鐵使 兼 権茶使를 대신했는데, 王涯의 교훈을 받아드려 太和 9년 12월에 가혹한 権茶制 폐지를 주청하여 윤허를 얻었다. 王涯의 権茶制는 이렇게 해서 시작한지 2개월도 못되어 관철되지 못한채 폐지되고 말았다. 그러나 차를 官府에서 운영하는 官營의 선례를 열어서 権茶制는 北宋 초기에 다시 실행된 이후 각 朝代의 중요한 茶政의 하나가 되었다.

2) 官工業制度(貢茶)[36]

官工業이란 봉건등급제도를 지키고 통치집단의 특수한 생활욕구를 만족시키고자 官府가 조직적인 생산을 위해 마련한 수공업공장이다. 이밖에 관부가 운영하는 이른바 官營에서는 抑商政策을 관철시키기 위해 개인의 수공업 발전을 제한하기도 했다. 唐代의 顧渚貢茶院과 宋代의 建安官焙 그리고 元代의 武夷山御茶院 등은 모두 차의 생산구역에 관부가 설치했던 제다공장이었다. 여기에 필요한 제다인력과 물자는 강제수단을 통해 민간으로부터 약탈했는데, 실제로는 官府가 백성들에게 강요한 負役稅와 實物稅였다. 이제 唐代의 관공업제도였던 貢茶의 내용을 살펴보기로 한다.

차가 貢品이 된 것은 周 武王 때로 武王이 紂王을 친 이후부터 각 부족의 수령들이 천자를 알현할 때 巴蜀의 차를 貢品으로 휴대했다는 기록이 있다. 이후 兩晉과 南北朝 그리고 隋代까지 차가 貢品으로 바쳐진 기록이 있다. 그러나 貢茶가 정식으로 일종의 제도가 된 것은 唐代에 시작되었다. 貢茶에는 두 종류가 있다. 하나는 민간에서 생산한 土産貢茶로 土貢制度에서 세금으로 부과하는 賦稅茶라고 할 수 있다. 다른 하나는 官府에서 설치한 제다공장에서 엄밀한 제작공정에 의해 만든 우수한 품질의 御用珍品茶이다. 위에서 말한 唐代에 제도로 정착된 貢茶란 후자를 가리킨다.

---

36) 이에 대한 내용은《中國茶文化大辭典》(2002),《茶文化漫談》(2003),《茶史》(2003) 등을 참고했다.

貢茶의 수요가 날로 증가하고 질량의 요구도 갈수록 높아져 唐代부터 중요한 차산지에 貢茶院을 설립하고 官府가 직접 다원을 관리하고 전문적으로 貢茶를 생산하기 시작했다. 代宗 大曆 5년(770)에 湖州 長城(지금의 浙江省 長興)과 常州 義興(지금의 江蘇省 宜興)의 접경지역인 顧渚山 金沙泉 옆에 貢茶院을 설립해 전문적으로 貢茶를 만들었다. 雅州의 蒙頂山에도 貢茶院이 있었는데, 蒙頂貢茶는 仙茶라 불리며 평판은 매우 좋았으나 생산량이 적었다. 때문에 唐代의 貢茶는 대부분이 顧渚山의 紫筍茶였다. 顧渚山 남쪽은 浙江의 長興인데 지세가 남향이어서 차나무의 발아가 빨라 여린 차 싹의 모양이 竹筍과 같고 또 紫色을 띠고 있어 여기서 생산되는 차를 紫筍이라 했다. 顧渚山 북쪽은 江蘇의 宜興인데 고대에는 陽羨이라 불렀다. 肅宗(756-762) 때 常州太守 李栖筠이 陸羽의 추천에 의해 陽羨茶 萬兩을 황제에게 바쳐서 호평을 받았는데, 이것이 陽羨茶를 공물로 바친 시초였다.

《長興縣志》의 기록에 따르면 顧渚山貢茶院은 明 洪武 8년(1375)까지 605년간 지속되었는데, 그간 唐代의 규모가 가장 컸다. 인부는 3만 명에 달했고 기술자도 1,000 명이나 되었다. 제다공장이 30 칸이나 되었고 건조장도 100여 所에 달했다. 매년 조정에서는 여기에 千金의 재화를 소비했다. 최초에는 萬斤의 貢茶를 湖州와 常州가 균등하게 萬串(一串은 半斤)씩 생산했다. 환관의 횡포로 貢茶는 부단히 증가하여 武宗 會昌(841-846) 年間에 이르러 顧渚山 紫筍茶만 이미 18,000斤으로 증가했다. 때문에 茶農들의 고통과 어려움은 극에 달했는데, 이런 상황은 당시 湖州太守를 지낸 袁高의 〈茶山詩〉와 陳章의 〈采茶詩〉에 잘 묘사되어 있다.

貢茶는 통치계급의 수요에 따라 수량도 갈수록 증가했지만 제다에 대한 요구도 갈수록 정교해졌다. 그리하여 德宗 貞元 5년(789)에는 貢茶를 5개 등급으로 구분했다. 1등급은 가장 이르고 여린 찻잎으로 만들어 淸明節 이전에 반드시 京城인 長安에 도착해 궁중의 淸明宴에 사용하도록 제공된 차였다. 江南에서 장안까지 4,000여 리를 최대한 빨리 전송하기 위해 연도의 驛站마다 인부와 빠른 말을 대기시켜 주야를 쉬지 않고 달렸다. 그래서 1등급차를 急程茶라고 했다. 貢茶제도는 이로 인해 많은 사람들이 고통을 겪었다는 부정적인 측면도 있지만 제다기술의 향상을 통해 차산업의 발전에 기여했다는 긍정적인 측면도 있다.

3) 財政制度(茶稅)

고대의 재정수입은 대체로 正稅와 附稅 그리고 雜項收入 등으로 나눌 수 있다. 附稅는 각종 전매수입과 工商雜稅 등을 포함한다. 附稅를 징수하는 범위는 생산과 유통 그리고 소비 등의 영역을 포함하는데, 附稅收入의 형태는 실물일 수도 있고 또한 화폐일 수도 있다. 唐代 이전에는 차를 마시는 풍조가 아직은 보편적이지 않아 차에 세금을 부과하지 않다가 唐代 중기 이후 차산업이 흥기하면서 차의 생산과 유통에서 발생하는 이윤에 대해 茶稅를 징수하기 시작했다. 茶稅는 附稅에 속했는데, 土貢制度로 약탈한 貢茶는 실물세로 잡항수입에 속한다.

德宗 建中 3년(782)에 戶部侍郎 趙贊의 건의에 따라 천하의 茶·漆·竹·木에 대해 10분의 1의 稅를 거두어 常平倉[37]의 밑천으로 삼았다. 이것이 처음으로 茶稅를 징수한 것으로 중국 茶稅制度의 기원이 되었다. 세율이 10%였기 때문에 十一茶稅라고 불렀다. 그러나 興元 元年(784) 朱泚의 난으로 德宗이 奉天(지금의 陝西省 乾縣)으로 피난을 가게 되었는데, 백성들의 불만과 원성이 높아지자 징세한 것을 후회하며 茶稅를 폐지하라는 조서를 내리고 말았다. 貞元 9년(793)에 德宗은 鹽鐵使 張滂의 주청으로 다시 茶稅를 회복시켰는데, 이때부터 茶稅가 제도로서 정착되어 소금과 철 이외의 또 다른 고정적인 稅收가 되었다. 이때는 세금으로 거둔 차가 한 해 40만 貫을 넘지 않았다. 穆宗이 즉위한 長慶 元年(821)에 鹽鐵使 王播의 주청으로 3개 항의 세법을 고쳤다. 세율을 15%로 올리고, 계절에 따라 분기별로 징수하고, 차 이외에 현금이나 비단 또는 곡물 등으로 납부가 가능하도록 하는 내용이었다. 이렇게 증세를 단행해 한 해 40만 貫이던 茶稅가 60만 貫으로 늘었다.

---

37) 물가를 안정시키기 위한 물자창고를 常平倉이라고 하는데, 安史의 난 이후 국고가 비자 세금을 거두어 常平倉의 밑천을 마련하려고 했다.

文宗 太和 9년(835) 9월 鹽鐵使 王涯가 차의 생산과 판매에 대해 완전전매제인 榷茶制를 시행하려 했으나 甘露之變으로 인해 실패하고 말았다. 王涯를 대신해 鹽鐵使 兼 榷茶使를 맡은 令狐楚의 주청으로 太和 9년 12월 榷茶制를 폐지하고 종전대로 10%의 茶稅를 징수했는데, 鹽鐵使를 경유하지 않고 州와 縣에 징수를 위임해서 바로 戶部에 납부토록 하였다. 이렇게 州와 縣에 茶稅의 징수를 위임하자 초과해서 징수하는 폐단이 발생했다. 太和 末年(835)에 재상이 된 李石은 開成 元年(836)에 茶稅를 德宗 貞元 年間의 제도대로 복구하여 茶稅가 원래대로 鹽鐵使의 업무로 돌아갔다.

武宗 會昌 元年(841)에 崔珙이 鹽鐵使로 부임해 江淮지역의 茶稅를 재차 늘렸다. 그러자 여러 道의 觀察節度使들이 茶商들이 지나다니는 州와 縣의 要路에 邸·店·舍를 설치하고 重稅를 부과하였다. 통과세 성격의 이 茶稅를 過境稅 또는 搨地錢이라고 불렀는데, 징세과정에서 茶商들의 반발이 심했다. 반발하는 茶商들의 수레와 배를 빼앗기도 하고 雨中에 차를 露積해두기도 했다. 그러자 자연히 세금을 피하기 위해 밀거래에 의한 私茶가 성행하였다. 私茶는 금하면 금할수록 더욱 성행해져 茶稅가 커다란 사회문제로 대두되기에 이르렀다. 이런 상황은 宣宗 大中 6년(852) 裵休가 鹽鐵使로 부임해 稅法十二條를 제정하면서 차차 해소되었다.

稅法十二條를 역사에서는 裵休茶法이라 하는데, 핵심은 당시 횡행했던 밀매와 탈세 그리고 밀매방조 등을 겨냥해 가혹한 형벌과 법률로 밀매자를 체포하고 배의 왕래를 자유롭게 하며 상인들이 안심하고 여행할 수 있도록 하는 대신 그에 상응하는 세금을 부과하는 것이었다. 이 稅法의 시행은 貞元 9년(793)의 稅茶제도를 회복하고 그간의 폐단을 없애기 위해서였다. 이 세법의 시행으로 茶商과 園戶 모두 비교적 만족스러워했는데, 세액은 늘리지 않았으나 세수는 배로 증가하여 唐代의 최고기록인 80만 貫을 처음으로 달성했다.

稅法十二條의 요점을 정리하면 다음과 같다.[38] 첫째, 각지에 설치되어 있는 객

---

38) 稅法十二條의 全文이 없어졌기 때문인지 諸家의 내용에 다소의 차이가 있다. 여기서는《中國茶經》

사로부터 주거비와 창고비만 징수하고 상인에게는 세를 부과하지 않는다. 둘째, 密賣를 세 번 범한 사람으로 密賣量이 300斤 이상인 사람과 장거리 밀매자는 양을 불문하고 모두 사형으로 논죄한다. 셋째, 密賣量이 100斤 이상인 園戶는 척추에 곤장을 치며 세 번 범한 자는 무거운 부역을 추가한다. 넷째, 茶園의 차나무를 베거나 차산업에 종사하는 사람에게 상해를 입힌 자는 지방관을 맡은 사람이 사사롭게 소금을 만든 죄에 준하여 논죄한다. 다섯째, 蘆州·壽州·淮南 일대는 세금을 반으로 감한다.

4) 邊境貿易制度(茶馬互市)

邊境貿易制度란 구체적으로 말하면 곧 茶馬互市制度이다. 西北部의 소수민족들은 가축과 축산품 등을 內地의 차나 포목 등과 같은 생활필수품과 교환했는데, 비교적 집중적인 대규모의 정기시장에서 거래가 이루어졌다. 당시 말의 중요성을 깨달은 통치계급들은 서북의 좋은 말을 江南의 차와 바꾸려는 생각을 하게 되었다. 서북지역도 비타민과 각종 미네랄이 풍부한 차가 壞血病을 예방하는 생존음료로서 절실했기 때문에 茶馬貿易은 자연스럽게 진행되었다. 좋은 말과 차를 교환하는 茶馬互市는 唐代에 시작된 일종의 무역제도로 이후 淸代까지 약 1,000여 년 이상 이어졌다.

唐 玄宗 開元 19년(731) 靑藏高原을 점거한 吐蕃政權이 唐과의 접경지역에 互市를 열자고 요구를 하고서, 赤岭(지금의 靑海湖 東岸 日月山)에 交馬를 열고 甘松岭(지금의 四川 松潘)에 互市를 열자고 제안했다. 唐은 交馬와 互市를 모두 赤岭에 열도록 윤허했다. 정식의 茶馬互市은 이로부터 시작되었는데, 서북방으로 운송하는 차는 주로 四川과 陝西로부터 왔다.

《封氏聞見記》와 《新唐書》에도 茶馬交易이 肅宗시기(756-761)에 시작되었다는 기록이 있는데, 초기의 茶馬交易은 소수민족의 朝貢에 대한 答禮 차원에서 이

(1992), 19쪽의 내용에 따랐는데, 이밖에 《中國의 茶道》(2001), 32쪽과 《茶史》(2003), 129-130쪽에 관련 내용이 있다.

루어졌음을 알 수 있는 기록이다.[39] 德宗 貞元(785-805) 年間에 이르러 상업성의 茶馬交易이 정식으로 시작되었다. 茶馬貿易은 宋代 神宗 熙寧 7년(1074)에 제도로 정착되는데, 매년 차와 교환되는 말은 1만-2만 필에 달했다. 보통은 名馬 한 필이 100-120斤의 名茶와 교환되었는데, 상황에 따라 350斤 또는 1,000斤과 교환되기도 했다. 통치계급들은 茶馬貿易을 통해 변방의 전투력을 약화시키고 소수민족의 호전성을 완화시킬 수 있어 이른바 以茶治邊이란 말이 생겨나기도 했다. 내부적으로는 전투력을 강화시키고 국방을 튼튼히 할 수 있어 茶馬貿易이 내부 통치수단으로도 활용되었다.

Ⅳ. 나오는 말

금년 3월 16일에 '전통 차문화의 보존 및 진흥에 관한 법률'이 국회에 제안되었다. 이로써 우리의 차문화도 이제 형성기에 접어들었다고 할 수 있다. 그것은 차문화의 형성여부를 판단할 때 맨 마지막에 茶政의 시행여부를 따지기 때문이다. 우리의 차산업과 차문화를 발전시키기 위해서는 향후 많은 茶政들이 수립되고 시행되어야 한다. 이에 本考에서는 唐代에 차산업이 흥기하고 차문화가 형성된 상황과 唐代 茶政의 고찰을 통해서 향후 우리가 시행할 茶政 수립에 참고하고자 한다. 本考에서 고찰한 내용을 요약하면 다음과 같다.

  * 차산업의 흥기: 唐代 중기 이후 생산과 소비의 증대로 차산업이 흥기하면서 교역이 발달하고 차의 생산지역도 長江의 중류와 하류까지 확대되었다. 차산업의 발전원인으로는 ① 경제와 문화적 영향, ② 陸羽의 倡導, ③ 불교와 도교의 발전, ④ 기후조건 등을 들 수 있다.

  * 차문화의 형성: 차문화가 형성되기 위해서는 ① 차의 생산규모, ② 과학적 이론체계의 형성, ③ 정신영역에서의 완벽한 구현, ④ 충분한 저작성과, ⑤ 茶政의

---

39) "回紇入朝, 始驅馬市茶".

시행 등이 충족되어야 하는데, 唐代 중기 이후 이런 제반 요건들이 충족되어 차문화가 형성되었다고 할 수 있다.

  * 차문화의 형성원인: 唐代에 차문화가 형성된 원인으로는 ① 불교의 발전, ② 과거제도의 시행, ③ 作詩의 성행, ④ 貢茶制 시행, ⑤ 금주조치, ⑥ 陸羽의 倡導 등을 들 수 있다.

  * 당대 차문화의 특징: ① 煎茶法을 핵심으로 하는 일련의 茶藝技法을 확립하여 茶藝의 美學과 境界 그리고 분위기 등을 강조하였다. ② 인간의 정신을 茶事와 상호 결합시켜 인간의 품격과 사상의 지조를 강조하고 인간과 차의 合一을 중시하였다. ③ 茶事활동을 儒·佛·道의 사상과 상호 결합시켜 중국 다도정신의 기본 틀을 마련하였다. ④ 다도정신을 자연산수와 상호 연계하여 차인이 대자연 속에서 자신의 의지를 느긋하게 펼치고, 너그럽고 포용하는 마음으로 만물을 받아들이는 것을 강조함으로써 天人合一을 중시하였다. ⑤ 문인들이 차를 소재로 하여 시를 짓는 풍조가 성행하여 많은 茶詩들이 발표되었다.

  * 茶政의 종류: 중국 고대의 茶政에는 ① 禁榷制度, ② 官工業制度, ③ 財政制度, ④ 邊境貿易制度 등이 있고, 唐代의 茶政에는 ① 榷茶, ② 貢茶, ③ 茶稅, ④ 茶馬互市 등이 있다.

  * 榷茶: 835년 9월에 王涯의 주청으로 시행되었으나 甘露之變으로 王涯가 죽임을 당하자 관철되지 못하고 그해 12월에 폐지되고 말았다.

  * 貢茶: 770년 최초로 顧渚貢茶院을 설립하고 官府가 직접 茶園을 관리하고 전문적으로 貢茶를 생산했다. 蒙頂山에도 貢茶院이 있어 仙茶라는 貢茶를 생산했으나 양이 적어 대부분의 貢茶는 顧渚山의 紫筍茶였고 그 다음은 陽羨茶였다. 顧渚山貢茶院은 770년부터 1375년까지 605년간이나 지속되었는데, 唐代의 규모가 가장 컸다. 동원된 인부가 30,000 명에다 기술자도 1,000 명에 달했다. 제다공장도 30 칸이나 되었고 건조장도 100여 所에 달했으며, 한 해 최고 18,000 斤을 생산했다. 나중에는 貢茶에도 등급을 매겼는데, 가장 이른 봄에 생산해 長安 궁궐의 淸明宴에 제공하기 위해 한 달에 4,000여 리를 달려야 하는 이른바 急程茶가

1등급에 속했다.

 * 茶稅: 782년 趙贊의 건의에 따라 최초로 10%의 茶稅인 이른바 十一茶稅를 징수하다 784년 잠시 폐지되었다. 793년 張滂의 주청으로 茶稅를 회복시켰는데, 이후 茶稅가 제도로 정착되어 소금과 철에 이어 고정적인 세수로 자리를 잡아 40만 貫의 茶稅를 거두었다. 821년 王播의 주청으로 세율을 15%로 올려 계절별로 분납을 가능하게 하고 차 대신 현금과 비단 또는 곡물로 대납하도록 세법을 바꾸어서 60만 貫의 茶稅를 징수했다.

 835년 王涯의 榷茶制 실패 이후 令狐楚의 주청으로 다시 세율을 10%로 낮추고 州와 縣에 징수를 위임하여 鹽鐵使를 거치지 않고 직접 戶部에 납부하도록 하였다. 그러나 李石에 의해 그해 바로 茶稅의 징수가 鹽鐵使의 업무로 환원되었다. 841년 崔珙의 주청으로 江淮지역의 茶稅를 올리자 여러 道의 觀察節度使들이 교통의 요로에서 茶商들에게 통과세 성격의 過境稅(一名 楊地錢)를 징수했다. 茶商과 茶農들이 크게 반발하며 楊地錢이 커다란 사회문제로 대두되었다. 852년 裵休가 稅法十二條를 제정하여 당시의 문제점을 해결하자 반발은 누그러지기 시작했다. 세액은 늘리지 않았어도 세수가 배로 증가해 唐代 최고기록인 80만 貫을 처음으로 달성했다.

 * 茶馬互市: 731년 靑藏高原을 점령한 吐蕃政權이 唐과의 접경지역에 互市를 열자고 제안했는데, 赤嶺에 交馬를 열고 甘松嶺에 互市를 열자는 내용이었다. 唐은 交馬와 互市 모두 赤嶺에 열도록 윤허하였다. 이때부터 정식의 茶馬交易이 시작되었다. 초기에는 茶馬交易이 소수민족의 朝貢에 대한 答禮 차원에서 이루어지다가 점차 상업성을 띤 茶馬貿易으로 발전했는데, 德宗 貞元(785-805) 年間에 이르러 상업성의 茶馬貿易이 정식으로 시작되었다.

參考文獻

陳彬藩 主編,《中國茶文化經典》, 光明日報出版社, 1999.

朱世英 등 主編,《中國茶文化大辭典》, 漢語大辭典出版社, 2002.

陳宗懋 主編,《中國茶經》, 上海文化出版社, 1992.

中國農業百科全書編輯部編,《中國農業百科全書, 茶業卷》, 農業出版社, 1996.

金明培 譯著,《中國의 茶道》, 明文堂, 2001.

金明培 著,《茶道學》, 學文社, 1984.

康 乃 主編,《中國茶文化趣談》, 中國旅遊出版社, 2006.

于觀亭 編著,《中國茶文化漫談》, 中國農業出版社, 2003.

董尙勝 등 編著,《茶史》, 浙江大學出版社, 2003.

김길자 역주와 감상,《中國茶詩》, 현암사, 1999.

서울大學校東洋史學硏究室 編,《講座 中國史 Ⅱ》, 지식산업사, 1969.

서울大學校東洋史學硏究室 編,《講座 中國史 Ⅲ》, 지식산업사, 1969.

김명희 지음,《중국 수 · 당사 연구》, 국학자료원, 1998.

莊 昭 選注,《茶詩三百首》, 南方日報出版社, 2003.

林 木 編著,《聽雨軒說茶》, 中國物價出版社, 2002.

조기정, 〈한국 차 문화의 발전과정과 연구현황 고찰〉,《韓國茶文化》창간호, 2010.

【中文提要】

　　唐代茶業的興起, 如楊華《膳夫經手錄》所載:"至開元·天寶之間, 稍稍有茶, 至德·大曆遂多, 建中以後盛矣."《膳夫經手錄》成書于公元856年, 所記唐代茶業的發展, 有的是親目所睹, 有的是距之不遠的事情, 因此內容是較爲可靠的. 根據《封氏聞見記》的記載, 所謂"茶興于唐", 具體來說是興盛于唐代中期. 這一點, 也和《全唐詩》《全唐文》等唐代各種史籍的記述相一致.

　　唐代開元以後, 隨着北方城鄉茶葉賣買和消費的風行, 南方茶區的茶市, 江河要道上由茶葉運輸而形成的茶埠等水陸碼頭, 也如雨後春筍般發展了起來. 至唐代中後期, 茶葉生産和技術的中心, 便正式轉移到了長江的中游和下游. 唐代茶業發展的主要原因有四. 其一, 是盛唐經濟文化的影響. 其二, 陸羽的倡導. 三是僧道生活和茶爲教事吸收的影響. 其四, 這時的氣候條件, 也有利于茶業的發展.

　　中國茶文化到了唐代基本形成. 判斷茶文化是否形成要看幾個主要標準. 一是有較豊富的茶葉物質. 二是茶葉科學形成了體系. 三是飲茶在精神領域有了較完善的體現. 四是有較多的茶葉著作和茶詩茶畫等. 五是作爲上層建築的茶政開始出現.

　　茶文化所以在唐代形成, 主要有以下幾個原因: ①與佛教的大發展有關. ②與唐代科擧制度有關. ③與唐代詩風大盛有關. ④與唐代貢茶的興起有關. ⑤與中唐以後唐王朝禁酒措施有關. ⑥與陸羽倡導有關.

　　唐代茶文化的最大特點表現在五個方面: ①確定了以煎茶法爲核心的一整套茶藝技術, 强調了茶藝的美學·意境和氛圍. ②將人的精神與茶事相結合, 强調人的品格和思想情操, 注重人茶合一. ③尊定了將茶事活動與儒·佛·道思想文化相結合的中國茶道精神基本框架. ④將茶道精神與自然山水相聯系, 强調茶人在大自然中舒發心志, 以寬廣·包容之心去接納萬物, 注重天人合一. ⑤文人以茶作詩, 記茶喻志, 大量茶詩問世.

　　中國古代茶政卽官府管理茶葉經濟, 掌握茶葉産銷和經營之利的制度. 具體地說, 涉及古代管理的禁権制度·官工業制度·財政制度·邊境貿易制度等管理職能. 唐代措施的茶政有四個, 卽権茶· 貢茶·茶稅·茶馬互市等.

唐文宗太和九年(835)九月, 王涯爲相, 極言権茶之利, 文宗卽以王涯爲権茶使, 下令江南百姓茶樹移官場栽植, 在官場製茶. 茶葉産銷, 全由官府經營. 権茶自此爲始, 推行不久, 因王涯被誅. 王涯死後由令狐楚代鹽鐵使兼権茶使, 吸取了王涯的教訓, 于太和九年十二月, 奏請罷権茶法, 得允. 至此,権茶苛政不到兩個月被撤消. 但開始了茶葉官營先例, 成爲後來各朝各代所實行的一種茶業政策.

代宗大曆5年(770)在湖州長城和常州義興交界的顧渚山, 設立了貢茶院, 由官府直接管理茶園, 專門加工各種貢茶, 這就不是土貢了. 雅州的蒙頂山, 也有貢茶院, 蒙頂貢茶雖稱仙茶, 名氣很大, 但産量很少. 因此, 唐代的貢茶大部分是顧渚山的紫筍茶和陽羨茶. 顧渚山貢茶院自代宗大曆5年(770)至明洪武8年(1375), 長達605年, 其間唐代規模最大, 有役工三萬 工匠千人, 製茶工場三十間, 焙場百餘所, 每年朝廷要花費千金之資. 生産萬串貢茶. 貢茶每年增加, 到武宗會昌年間(841-846) 單是顧渚山紫筍就已增加到18,000斤.

唐德宗建中3年(782), 依戶部侍郎趙贊議, 稅天下茶漆竹木, 十取一, 以爲常平倉本錢, 這是第一次抽收茶稅. 但未幾, 興元元年(784), 德宗詔罷茶稅. 貞元9年(793), 鹽鐵使張滂向德宗奏請回復茶稅, 德宗從之, 并自此成爲定制. 貞元時稅茶, 歲得不過40萬貫. 但至長慶元年(821), 鹽鐵使王播又奏請大增茶稅, 使茶稅歲取至少增加到了60萬貫. 武宗會昌元年(841), 崔珙任鹽鐵使, 又再次增加茶稅, 上行下效, 茶商所過州縣, 也均設重稅, 謂之榻地錢. 茶葉的商稅, 成爲一個突出的社會矛盾. 這種情況, 一直到宣宗大中6年(852), 裵休任鹽鐵使立稅法十二條, 才緩和下來. 實施裵休這一茶法, 茶商園戶都較滿意, 稅額未增, 稅收倍增, 達成了唐代最高的80萬貫的茶稅.

唐開元19年(731), 占據靑藏高原的吐蕃政權, 要求與唐劃界互市, 提出交馬于赤嶺, 互市于甘松嶺. 唐允許交馬·互市均在赤嶺. 正式的茶馬互市貿易由此開始. 初期的茶馬交易, 始作爲對少數民族進貢的回贈, 至唐德宗貞元年間

(785-805), 正式開始了商業性的茶馬交易.

【中心語】唐代, 茶 産業, 茶 文化, 茶政, 榷茶, 貢茶, 稅茶, 茶馬互市

출전
〈唐代 茶政 考察〉《中國人文科學》 제46집, 中國人文學會, 2010. 12)

중국 茶道의 형성과 변천 고찰

Ⅰ. 들어가는 말

晉代(265-419) 이후 飮茶風俗이 점차 성행했는데, 唐代(618-907) 중기 이후 생산과 소비의 증가로 차 산업이 흥기하면서 차 문화도 형성되기 시작했다.[1] 차 문화가 형성되면서 茶道라는 용어가 출현하기 시작했는데, 皎然의 詩〈飮茶歌誚崔石使君〉에 茶道라는 용어가 맨 처음으로 사용되었다. 이후 封演, 劉貞亮, 盧仝 등에 의해 茶道란 용어가 반복적으로 언급되고 또 陸羽가《茶經》을 저술함으로써 중국 최초의 茶道인 煎茶道가 정식으로 성립되었다. 煎茶道는 五代(907-960)와 北宋(960-1127)을 거쳐 南宋(1127-1279)에 이르러 쇠퇴하기까지 대략 500년간 지속되었다.[2]

---

1) 拙稿,〈唐代 茶政 考察〉(2010), 377-382쪽.
2) 丁以壽,〈中國茶道發展史綱要〉(1999), 22쪽.

點茶法은 唐末에 시작되어 五代와 北宋時期에 성행하였는데, 蔡襄이《茶錄》을 저술하여 點茶道에 대한 기초를 닦고, 茶道에 정통했던 徽宗 趙佶이《大觀茶論》을 지으면서 點茶道가 확립되었다. 點茶道는 北宋 후기부터 明代 전기까지 크게 발전하다 明代 후기에 쇠퇴하여 약 600년간 지속되었다.[3]

泡茶法은 대략 唐代 중기에 시작되었는데, 明代(1368-1644) 초기까지는 주로 末茶를 사용하다 明代 초기 이후부터 지금까지 葉茶(散茶)를 사용하고 있다. 明代 후기에 張源이《茶錄》을 저술하고 許次紓가《茶疏》를 지어 泡茶道가 확립되었는데, 이후에도 程用賓의《茶錄》, 羅廩의《茶解》, 馮可賓의《岕茶箋》, 冒襄의《岕茶滙鈔》 등이 편찬되어 泡茶道를 보완·발전시켜 나갔다. 泡茶道가 近代에 들어 쇠퇴하기 시작하면서 중국의 茶道는 1980년대 이전까지 암흑기를 거쳤는데, 1970년대 중기에 전 세계적으로 일기 시작한 '中國熱'의 영향으로 중국의 茶道도 1980년대 중기부터 다시금 부흥의 길을 걷기 시작했다.

'中國熱'의 영향으로 중국인들은 자신들의 민족문화에 대해 강렬한 호기심을 가지게 되었고, 동시에 과거에 대한 반성을 통해 전통문화의 우월성을 인식하게 되었다. 이로 인해 각종 민속활동들이 일시에 유행하기 시작했는데, '茶藝'라는 용어도 이러한 시대적 요구에 의해 생겨났다. 중국 茶道의 부흥을 선도했다고 할 수 있는 茶藝라는 용어는 1977년 臺灣에서 처음으로 생겨난 이후 뜻있는 인사들에 의해 조직적인 연구와 다양한 보급운동이 전개되어 많은 성과를 거두었다. 1988년에는 上海를 방문한 臺灣經濟文化訪問團에 의해 茶藝란 용어가 대륙에도 전해지게 되었다.[4] 이를 계기로 兩岸 사이에 茶藝交流가 시작되었는데, 이후 중국에서는 茶道와 茶藝라는 용어가 혼용되고 있는 실정이다.

茶道와 茶藝란 용어와는 별도로 세계적 조류를 타고 새롭게 '茶文化'라는 용어가 생겨났는데, 대륙에서는 庄晚芳이 1984년에 〈中國茶文化的傳播〉라는 그의 논문에서 茶文化란 용어를 처음 사용하였고, 대만에서는 張宏庸이《茶藝》라는 그의 책에서 처음 사용하였다.[5] 1988년에는 臺灣에서 范增平 등이 中華民國茶

---

3) 上揭論文, 23쪽.
4) 茶藝란 용어의 由來에 대해서는 絳塵 編著,《說茶》(2002), 60-62쪽 참조.
5) 丁以壽, 〈當代中國茶文化研究現況概述〉(2010) 참조.

文化學會를 창립하였고, 1991년에는 대륙에 中國國際茶文化硏究會가 정식으로 성립되었다. 이후부터는 茶文化란 용어의 사용이 보편화되어 茶道나 茶藝보다도 널리 쓰이고 있는 실정이다.

　지금까지 살펴본대로 중국에서는 오랜 기간 동안 茶道라는 용어가 사용되다가 최근에 이르러 茶藝란 용어와 茶文化란 용어가 잇달아 생겨났다. 茶道란 용어는 오랫동안 사용되었지만 老子의 사상으로 인해 역대 차인들 모두 茶道에 대해 정확한 정의를 내리지 않았다. 때문에 중국의 대표적인 사전이라 할 수 있는《新華辭典》,《辭海》,《辭源》등에 茶道라는 항목 자체가 없다.[6] 또한 茶藝와 茶文化란 용어도 새롭게 생겨난 용어여서 아직까지 그 개념조차도 명확하지 못한 실정이다. 이러한 상황에서 현재 위에서 살펴본 茶道, 茶藝, 茶文化 등의 세 가지 용어가 혼용되고 있는데, 결과적으로 학문적 연구가 일천한 茶界에 상당한 혼란을 초래하는 원인이 되고 있다.

　本考에서는 우선 茶道의 성립과 변천과정을 고찰하고, 나아가 茶道와 茶藝 그리고 茶文化에 대한 정의와 범주 등도 고찰하고자 한다. 이러한 고찰을 통해 중국 茶文化의 커다란 흐름을 파악할 수 있어 향후 연구방향을 설정하는데 일정 부분 기여할 수 있을 것으로 본다. 아울러 용어의 혼용으로 인해 茶界에서 겪고 있는 여러 혼란들을 사전에 방지할 수 있을 것으로 본다.

II. 茶道의 형성과 정의

1. 茶道의 형성

　晉代부터 차를 마시는 풍속이 성행했기 때문에 중국의 茶道는 이때 이미 싹이 텄다고 말한다.[7] 이것은 당시 손님을 초대해 차를 대접하는 행위를 통해 차를 마

---

6) 縡塵, (2002), 26쪽.
7) 丁以壽, 〈中華茶道槪念詮釋〉(2004), 97쪽.

시는 것이 이미 물질상의 요구 뿐만 아니라 정신분야까지 제고되었다고 보기 때문이다. 이후 차가 제사에 사용되기도 하고 또 문학의 영역에까지 진입함으로써 茶道의 성립을 촉진시켰다.[8] 唐代에는 茶會가 성행했는데 茶會의 상황은 錢起의 詩인 〈過長孫宅與朗上人茶會〉에 잘 나타나 있다. 당시 성행했던 이런 茶會를 早期 형태의 茶道라고 볼 수 있다.[9]

茶道라는 명칭은 皎然이 그의 詩 〈飮茶歌誚崔石使君〉에서 최초로 사용하였다. 그는 이 詩에서 "다도를 숙지해야 너의 참됨을 온전히 할 수 있는데, 오직 단구자만이 이와 같음을 얻었다."[10]라고 하며, "석 잔을 마시면 곧 득도 한다"(三飮便得道)는 이른바 '三飮之說'을 내놓았다. 이 시에서 그는 茶道란 명칭의 含意에 대해 구체적인 해석을 하지는 않았지만, 이 한 편의 詩에 茶道의 내용을 대부분 표현했다고 할 수 있다.[11]

皎然에 이어 封演도 그의 《封氏聞見記》에서 陸羽의 《茶經》을 소개하고, "常伯熊이란 사람이 있어 거듭 육우의 이론을 널리 潤色함으로써 茶道가 크게 유행하게 되었다."[12]며 재차 茶道란 용어를 사용하였다.[13] 茶道란 용어가 이처럼 皎然과 封演에 의해 제창되는 것과 때를 같이하여 陸羽는 《茶經》을 지어 茶道의 표현형식과 哲理가 풍부한 다도정신을 구현하였다. 이렇게 해서 완벽하다고 할 수는 없지만 어느 정도 내용과 형식을 갖춘 唐代 특유의 茶道인 煎茶道가 성립되었다.[14]

이와 비슷한 시기에 劉貞亮이 "차로서 道를 행할 수 있다."(以茶可行道)는 내

---

8) 于觀亭 編著, 《茶文化漫談》(2003), 26-27쪽.

9) 上揭書, 44쪽.

10) 시의 맨 끝에 나오는 구절이다. "熟知茶道全爾眞, 唯有丹丘得如此."

11) 于觀亭, 前揭書, 44쪽.

12) 封演의 《封氏聞見記》 卷六 〈飮茶〉篇에 나온다. "有常伯熊者, 又因鴻漸之論廣潤色之, 于是茶道大行."

13) 茶道란 용어를 처음 사용한 사람에 대해 皎然이 먼저란 의견과 封演이 먼저란 의견이 병존하고 있다. 이는 두 사람의 生卒이 모두 불확실하기 때문인 것으로 보이는데, 이에 대해서는 보다 구체적인 조사가 필요하다. 본고에서는 《中國茶文化大辭典》(2002)에 따랐다(864쪽).

14) 康乃 主編, 《中國茶文化趣談》(2006), 12쪽. 金明培는 "중국의 다도는 당나라의 육우가 다경 (760)을 짓고, 호주자사(湖州刺史)인 안진경(顔眞卿, 709-784)이 삼계정(三癸亭)을 지어 육우에게 기부한 773년에 호주에서 완성되었다."고 했다. 金明培 譯著, 《中國의 茶道》(2007), 39쪽.

용을 포함한 이른바 '飮茶十德'之說을 내놓아 煎茶道의 내용을 더욱 풍부하게 하였다. 역시 비슷한 시기에 盧仝(?795-835)은 '茶歌' 또는 '七碗茶歌'로 더 잘 알려진 그의 시 〈走筆謝孟諫議寄新茶〉에서 이른바 '七碗說'을 내놓아 煎茶道의 경지를 神仙의 경지까지 끌어올려 다도의 성립에 일조하였다. 이후 斐汶의 《茶述》, 張又新의 《煎茶水記》, 溫庭筠의 《采茶錄》 등이 저술되어 煎茶道를 더욱 발전시켰다.[15]

煎茶道의 성립으로 비로소 현대적 개념의 차 문화가 형성되었다고 할 수 있다.[16] 이제 唐代 중기 이후에 煎茶道가 형성된 원인과 煎茶道의 특징을 살펴볼 차례인데, 이에 대해서는 필자가 이미 고찰한 바가 있다.[17] 때문에 여기서는 고찰한 내용을 간단히 요약하기로 한다. 煎茶道의 형성원인으로는 첫째, 불교가 크게 발전한 점, 둘째, 엄격한 과거제도의 시행, 셋째, 作詩의 풍조가 성행한 점, 넷째, 貢茶制가 크게 시행된 점, 다섯째, 조정에서 실시한 禁酒措置, 여섯째, 陸羽의 倡導 등을 들 수 있다.

煎茶道의 특징으로는 첫째, 煎茶法을 핵심으로 하는 일련의 茶藝技法을 확립하여 茶藝의 美學과 境界 그리고 분위기 등을 강조하였다. 둘째, 인간의 정신을 茶事와 상호 결합시켜 인간의 품격과 사상의 지조를 강조하고 인간과 차의 합일을 중시하였다. 셋째, 茶事활동을 儒·佛·道의 사상과 상호 결합시켜 중국 다도정신의 기본 틀을 다졌다. 넷째, 다도정신을 자연산수와 상호 연계하여 차인이 대자연 속에서 자신의 의지를 느긋하게 펼치고, 너그럽고 포용하는 마음으로 만물을 받아드리는 것을 강조함으로써 天人合一을 중시하였다. 다섯째, 문인들이 차를 소재로 하여 시를 짓거나 차를 소재로 하여 자신의 뜻을 펼치게 되었는데, 그 결과 많은 茶詩들이 발표되었다.

---

15) 丁以壽(1999), 20쪽.
16) 茶道란 용어를 현대적 개념으로 바꾸면 차 문화라고 할 수 있는데, 이에 대해서는 이후에 다시 다루게 된다. 때문에 최근에 저술된 책에서 唐代의 차 문화라 함은 곧 唐代의 茶道 즉, 煎茶道를 지칭하는 것으로 보아야 한다.
17) 拙稿, 〈唐代 茶政 考察〉(2010), 380-382쪽.

2. 茶道의 정의

茶道의 범주를 고찰하기에 앞서 잠시 茶道에 대한 정의를 살펴보기로 한다. 중국인들은 오랜 세월 老子의 사상인 "道可道, 非常道. 名可名, 非常名."의 영향을 받아서 茶道란 용어를 사용한 이래 누구도 이에 대해 정확한 정의를 내리지 않았다. 다시 말해 道는 체계가 완벽한 사상과 학설이며 우주와 인생의 법칙과 규율이라고 보기 때문에 함부로 가볍게 언급을 하지 않았던 것이다. 또한 茶道는 儒, 佛, 道 三家의 사상을 함께 융합해 廣義性과 廣範性을 갖추고 있어서 茶道에 대한 개괄은 쉬운 문제가 아니었다. 더구나 과거에는 茶道란 스스로 體得해가는 대상이었고 각자의 境地를 가늠하는 문제였기 때문에 굳이 정의를 내려 구체화시킬 필요가 없었다고 할 수 있다. 그래서 그런지 중국을 대표하는 사전이라 할 수 있는《新華辭典》,《辭海》,《辭源》등에 茶道란 항목 자체가 없다.[18]《中文大辭典》에도 茶道에 대해 "茶技也."라고 극히 짤막하게 풀이하고서《封氏聞見記》에 나오는 "因鴻漸之論廣潤色之, 于是茶道大行, 王公朝士, 無不飲者."라는 대목을 짤막하게 소개했다.[19]《茶文化大辭典》에도 茶道에 대해 "指茶的采制烹飲手段和飲茶的淸心 · 全性 · 守眞功能."이라고 설명하고서 皎然의 시에 茶道란 용어가 최초로 출현했다며〈飮茶歌誚崔石使君〉이란 시의 일부를 짤막하게 소개했다.[20]

그러나 대학과 대학원 등에 차 문화 관련 학과가 생겨나 茶道가 교육과 학습의 대상이 되면서 이를 구체화하지 않으면 안 되게 되었다. 그래야 사회적으로 공인을 받아 교육과 학습에 활용할 수 있기 때문이다. 그래서 80년대 茶文化의 부흥에 따라 일부 학자들이 茶道에 대해 정의를 내리기 시작했다. 대표적인 학자로는 吳覺農, 庄晩芳, 陳香白, 梁子, 周文棠, 蔡榮章, 劉漢介, 羅慶江 등을 들 수 있다.[21] 茶道에 대한 이들의 정의는 각양각색이어서 공통점을 찾기도 어렵고 구체화하기

---

18) 繹塵(2002), 26쪽.
19)《中文大辭典》(0000), 1531쪽.
20)《茶文化大辭典》(2002), 864쪽.
21) 丁以壽(2004), 98쪽.

도 쉽지 않다. 때문에 사회적 공인도 받을 수 없고 교육과 학습에도 활용하기가 어려워서 그저 소개하는 정도에 그치고 있는 실정이다.

사실 茶道에 대한 정의가 각양각색인 것은 당연한 결과이다. 마치 "月印千江水, 千江月不同."이라 표현할 수 있다. 마음으로 체득한 茶道의 현묘한 경지는 고정적이고 경직된 개념이 아니다. 茶道는 하늘에 뜬 달과 같고 사람의 마음은 강과 같아, 무수히 많은 강물에 비친 달의 모습이 다르듯 茶人마다 茶道에 대한 생각도 자연히 다를 수밖에 없는 것이다.[22]

茶道에 대해 정의를 내리는 것은 이처럼 애쓴 만큼의 보람이 없는 작업이다. 그것은 茶道에 대한 범주를 분명히 하지 않고서 茶道에 대한 정의를 내린 결과로 볼 수 있다. 때문에 本考에서는 茶道의 범주를 명확히 고찰한 후에 茶道에 대한 정의를 내리고자 한다. 이렇게 한다면 茶道에 대한 정의를 보다 구체화할 수 있어 사회적 공인도 받기 쉽고 교육과 학습에 활용하기도 쉬울 것으로 생각된다.

차를 마시는 행위는 4개의 단계로 나눌 수 있다.[23] 제1단계는 차를 해갈에 필요한 음료로 보고 마치 물을 마시듯이 차를 마시는 것으로 이를 '喝茶'라고 하는데, 飮茶라고도 할 수 있다. 제2단계는 차의 色·香·味를 중시하여 水質과 火候는 물론이고 다구와 品味에 이르기까지 세세하게 격식과 예절을 갖추어 차를 마시는 것으로 이를 '品茶'라고 하는데, 品茗이라고도 할 수 있다.[24] 제3단계는 차를 마시는 환경과 분위기를 강조하여 茶樂과 茶花는 물론이고 차를 우리고 권하는 기교에 이르기까지 예술적 환경과 예술적 분위기에서 차를 마시는 것으로 이를 '茶藝'라고 한다. 제4단계는 茶事活動을 통해 정신상의 향유와 인격상의 승화에 도달한다는 것으로, 차를 마시는 최고의 경지라고 할 수 있는데 이를 '茶道'라고 한다.

---

22) 千江에 비친 달에 대한 묘사를 소개하면 다음과 같다. "浮光躍金", "靜影沈璧", "江淸月近人", "水淺魚讀月", "月穿江底水無痕", "江雲有影月含羞", "冷月無聲蛙自語", "淸江明水露禪心", "疏枝橫斜水淸淺, 暗香浮動月黃昏", "雨暗蒼江晩來淸, 白雲明月露全眞" 緯塵(2002), 28-29쪽.

23) 上揭書, 42쪽, 秦浩 編著《茶藝》(2001), 12쪽. 丁以壽(2004)는 中華茶道의 구성요소로 環境·禮法·茶藝·修行 등의 四大要素를 들었는데, 그 내용을 살펴보면 그것들이 구성요소이기도 하지만 한편으론 차를 마시는 단계로 볼 수도 있다.

24) 茗은 흔히 茶의 雅稱으로 쓰이는데, 茗은 茶의 高雅淸香을 대표한다.《茶文化漫談》, 44쪽.

이제 위에서 살펴본 4개의 단계를 토대로 茶道의 범주를 정해보고자 한다. 茶道의 범주를 명확하게 하기 위해서는 우선 茶道를 廣義와 狹義로 구분하는 것이 보다 바람직하다고 본다. 문화라는 용어는 그 含意가 너무 광범위하여 정의하기가 쉽지 않기 때문에 흔히 광의와 협의로 구분하여 설명하는 것이 일반적인 것처럼 차 문화도 최근 광의와 협의로 구분하여 설명하고 있다. 茶道도 차 문화처럼 광의와 협의로 범주를 구분하면 정의하기도 쉬워질 것이다.

茶道는 큰 산과 같다고 할 수 있다. 우선 茶道라는 큰 산을 위의 4단계로 구분하기로 한다. 茶道라는 큰 산의 맨 아래 2-3부 능선까지는 喝茶의 단계이고, 4-5부 능선까지는 品茶의 단계이며, 6-7부 능선까지는 茶藝의 단계이고, 마지막 정상까지가 茶道의 단계이다. 넓은 범주의 茶道는 이러한 4개의 단계를 모두 포함하고, 좁은 범주의 茶道는 4개의 단계 중 맨 위의 제4단계만을 지칭한다. 환언하면 광의의 茶道는 喝茶 · 品茶 · 茶藝 · 茶道를 모두 포괄하고, 협의의 茶道는 산의 맨 꼭대기에 있는 茶道만을 지칭한다는 것이다. 산에 오르는 과정이나 무술이나 기예 등을 연마하는 과정을 생각하면 이해가 쉬울 것으로 생각된다.

Ⅲ. 茶道의 변천

1. 宋代의 點茶道

唐代 중기 이후에 형성되어 北宋(960-1126)까지 유행되었던 煎茶道는 南宋(1127-1279)에 이르러 쇠퇴했다. 煎茶道의 뒤를 點茶道가 이었는데, 點茶道는 唐末에서 五代에 배태되고 北宋 중엽에 성숙되었다. 北宋 후기부터 明代(1368-1644) 前期까지 한창 성행하다 明代 후기에 쇠퇴했다. 煎茶道가 형성되어 유행하다 쇠퇴하는 과정과 點茶道가 형성되고 성행하다 쇠퇴하는 과정을 통해 煎茶道와 點茶道가 일정 기간 공존했다는 사실을 알 수 있다. 이러한 사실은 宋代 3대

차인의 한 사람인 蘇東坡(1036-1101)의 茶詩를 통해서도 확인할 수 있다.[25] 이러한 사실은 이후에 다룰 泡茶道의 경우도 마찬가지인데, 點茶道와 일정 기간 공존하다가 點茶道는 점차 쇠퇴하고 泡茶道가 그 뒤를 계승하였다.

11세기 중엽에 蔡襄이《茶錄》二篇을 지었는데, 上篇인〈論茶〉에서는 色, 香, 味, 藏茶, 炙茶, 碾茶, 羅茶, 候湯, 熁盞, 點茶 등에 대해 논하고, 下篇인〈論茶器〉에서는 茶焙, 茶籠, 砧推, 茶鈐, 茶碾, 茶羅, 茶盞, 茶匙, 湯瓶 등을 논하여 點茶道의 기초를 다졌다. 12세기 초에는 徽宗皇帝 趙佶이 친히《大觀茶論》二十篇을 저술하여 點茶道를 더욱 발전시켰는데, 二十篇의 내용은 地産, 天時, 采擇, 蒸壓, 製造, 鑒辨, 白茶, 羅碾, 盞, 筅, 餅, 杓, 水, 點, 味, 香, 色 등이다.[26]

이밖에도 黃儒의《品茶要錄》, 趙汝麗의《北苑別錄》, 宋子安의《試茶錄》 등이 연달아 저술되어 點茶道를 발전시켜나갔다.[27] 15세기 중엽에는 朱權이《茶譜》를 지었고, 16세기 중엽에는 錢椿年도 역시《茶譜》를 지었으며, 16세기 말에는 屠隆과 張謙德이 각각《茶說》과《茶經》을 지었는데, 모두 點茶道를 천명했다.[28]

"茶興于唐而盛于宋"이란 말이 생겨날 정도로 宋代는 차 산업이 발전했던 시기였다.[29] 재배면적이 唐代에 비해 2-3배 정도 증가하고 專業茶農과 官營茶園이 생겨나 생산규모 적게는 2만 근에서 많게는 35만 근에 이르렀다. 제다기술도 정교해져 貢茶 전용의 龍團鳳餅은 물론 일반인들이 음용하기에 적합한 蒸靑散茶와 花茶 등이 출현했다. 貢焙基地가 기후변화로 인해 唐代의 顧渚에서 福建省의 建安과 建甌 일대의 北苑으로 옮겨졌다. 君子와 小人들 모두 차를 좋아하게 되고 부귀한 사람들부터 貧賤한 사람들까지 모두 차를 마시게 되면서 차의 소비가 늘

---

25) 3대 차인으로는 東坡와 蔡襄 그리고 陸遊를 든다. 于觀亭(2003), 79-85쪽. 東坡의 시〈汲江煎茶〉는 煎茶의 상황을 묘사했고,〈詠茶詞〉는 點茶의 상황을 표현한 것이다. 김길자 역주와 감상,《中國茶詩》(1999), 190-191쪽과 256-258쪽.

26) 두 저서는 金明培에 의해 번역되어 1985년에 출판되었다. 金明培 譯著,《中國의 茶道》, 개정판(2007).

27) 康乃(2006), 13쪽.

28) 丁以壽(1999), 22쪽. 屠隆의《茶說》은《考槃餘事》茶錄의 誤記로 보인다.《中國茶文化經典》(1999), 第五卷, 319쪽 참조.

29) 宋代 차 산업에 대해서는 童尙勝, 王建榮 編著,《茶史》(2003), 60-62쪽 참조.

어나자 차를 파는 전문시장이 생겨나게 되었다. 鬪茶가 유행하면서 차를 마시며 소일하는 茶店 · 茶坊 · 茶館 등이 흥기하였다. 遼나라와의 변경무역으로 차마교역도 성행했다.

이제 宋代 차 문화의 특징을 살펴보기로 한다.[30] 첫째, 宮廷茶文化가 형성되었다는 점을 들 수 있다. 궁정전용의 최고급차인 龍團茶와 鳳餅茶가 생산되었으며, 조정의 의식에 茶禮가 추가되어 조정의 연회와 사신접대를 위해 황제의 면전에 茶床이 설치되었다. 또한 國子監의 學官과 學生들은 물론 사신들에게도 황제가 직접 차를 하사하였다. 귀족의 혼례에도 茶儀를 끌어들여 納采를 행할 때 '茗百斤'을 禮品으로 삼았다.

둘째, 鬪茶가 성행했다는 점이다. 茗戰이라고도 불리는 鬪茶는 단체로 차의 품질을 品評하여 그 우열을 가리는 일종의 시합과 같은 형식이었다. 그래서 蔡襄은 이를 試茶라고 불렀다. 鬪茶는 貢茶를 만들던 建安에서 흥기했는데, 다투어 좋은 차를 만든 결과 제다기술이 향상되어 각종 명차의 생산을 촉진시키기도 했다. 徽宗까지도 群臣들과 鬪茶를 즐기면서 귀족들은 물론 민간에까지 鬪茶가 보급되었는데, 鬪茶가 茶學과 茶藝의 발전에 공헌한 측면도 있지만 사치와 형식에 치우치는 폐해도 낳았다.

셋째, 宋代에는 點茶法이 주류를 이루었는데, 주로 차와 물이 한데 어우러지는 시간의 장단을 가지고 차의 우열을 평정하였다. 이를 위해서는 상당히 정교한 技藝가 요구되었기 때문에 茶藝보다는 茶技란 표현이 더 적합할 정도였다. 그래서 예술적 정취가 상대적으로 적었는데, 貢茶로 인한 물질추구가 지나치다보니 도리어 그 정신을 잃어버린 결과라고 볼 수 있다.

넷째, 茶와 상호 관련된 예술이 하나로 어우러진 점을 들 수 있다. 이는 宋代의 저명한 차인들이 대부분 저명한 문인이어서 그 융합과정을 가속화시킬 수 있었다. 시인들은 茶詩를 짓고, 書法家들은 茶帖을 쓰고, 화가들은 茶畵를 그렸던 것이다. 이러한 융합을 통해 차 문화의 內涵이 다채로워졌는데, 이것이 宋代 차 문

---

30) 上揭書, 63-71쪽 참조.

화의 精髓이기도 하다.

다섯째, 市民茶文化가 생겨나 차와 연관된 풍속이 널리 유행하게 되었다는 점이다. 도시의 발달로 인해 시민이 중요한 계층이 되자 시민을 위한 휴식과 연회 그리고 오락 등을 위한 장소가 요구되었다. 酒樓와 食店에 이어 茶坊과 茶館 등이 생겨나게 되어 차로써 상호 교류하는 풍조가 성행했다. 이러한 예로써 새로 이사 온 이웃에게 차를 권하는 '獻茶'와 이웃 사이에 서로 차를 권하는 '支茶' 그리고 약혼할 때 행하는 '下茶禮' 등을 들 수 있는데, 차가 이미 민간의 예절 속으로 파고들었음을 알 수 있다.

2. 明·淸代의 泡茶道

泡茶法은 대략 唐代 中期에 민간으로부터 시작되었다. 川東(四川의 동부지역)과 鄂西(湖北의 서부지역)의 경계지역에서는 쇤 찻잎을 갈아서 만든 분말을 米湯에 섞어 茶餠을 만들고, 이 茶餠을 불에 구워 분말로 만든 뒤 파·생강·귤 등과 함께 瓷器에 넣고 끓인 물을 부어 우려 마셨다.[31] 현지에서는 술을 깰 때 이런 차를 마셨는데, 이를 撮泡法이라 했다. 明初까지는 이렇게 末茶를 사용하다가 明初 이후부터 지금까지 散茶를 사용하고 있다.[32] 이러한 민간의 撮泡法은 이후 사찰의 撮泡法으로 발전하고 이어서 紫沙壺의 출현으로 드디어 壺泡法이 출현하게 되었다. 淸代에 이르러 福建 武夷山의 烏龍茶가 유행함에 따라 小壺에 沖泡하여 小杯에 부어서 品飮하는 이른바 功夫茶法이 출현했다. 茶壺에 이어 茶碗도 출현했는데, 뚜껑과 받침이 있는 蓋碗杯가 유행했다.

16세기 말엽인 明代 후기에 張源이 《茶錄》을 저술하여 藏茶, 火候, 湯辨, 泡法, 投茶, 飮茶, 品泉, 貯水, 茶具, 茶道 등을 논하였다. 이후 許次紓가 《茶疏》를 저술하여 産茶, 古今製法, 採摘, 炒茶, 岕中製法, 收藏, 置頓, 取用, 包裹, 日用頓

---

31) 康乃(2006), 14쪽.
32) 丁以壽(1999), 23쪽.

置, 擇水, 貯水, 舀水, 煮水器, 火候, 烹點, 秤量, 湯候, 甌注, 滌滌, 飮啜, 論客, 茶
所, 洗茶, 童子, 飮時, 宜輟, 不宜用, 不宜近, 良友, 出遊, 權宜, 虎林水, 宜節, 辯
訛, 考本 등을 논하였다.[33] 위의 두 저서들은 泡茶道의 기초를 닦았다.

이후 17세기 초에 程用賓이 《茶錄》을 편찬하고, 羅廩이 《茶解》를 편찬했다. 17
세기 중엽에는 馮可賓이 《岕茶箋》을 편찬하고, 張岱가 차에 관한 雜著를 여러 권
저술했다. 17세기 후기에는 淸人 冒襄이 《岕茶滙鈔》를 저술하고, 袁枚는 〈茶〉라
는 문장을 지었다. 泡茶道는 이러한 저작에 의해 보완되고 발전하여 점차 완벽하
게 되었다. 이렇듯 明·淸代에 저술된 茶書가 79종으로 중국 고대 전체 茶書 124
종의 64% 정도를 차지하고 있다.[34]

宋代 鬪茶의 習俗을 계승한 발판 위에서 제다기술도 발전하여 초청녹차를 비
롯해 花茶·黑茶·紅茶·靑茶 등이 대량으로 생산되었다. 뿐만 아니라 佳茗을
선발하는데 치중하여 虎丘茶·天池茶·六安茶·龍井茶·天目茶 등과 같은 명
차를 선발하기도 하였다.

이제 明·淸代 차 문화의 특징을 살펴보기로 한다.[35] 첫째, 文人들이 차로써 포
부를 빗대어 나타내다가 나중에는 차에 기대어 포부를 소모하게 되었다는 점이
다. 明代에는 程朱理學을 통치사상으로 삼아 문인들에 대해 고압적인 정책을 실
행했기 때문에 자연히 많은 文字獄이 발생했다. 자신의 뜻을 펼치기가 어렵게 된
문인들은 자연히 거문고와 바둑 그리고 글씨와 그림으로 포부를 표출했는데, 차
또한 이러한 것들과 잘 어울렸다. 明代 차인들은 대부분 박식한 선비들이었는데,
그들의 뜻은 결코 차에 있지는 않았으나 늘 차로써 자신들의 뜻을 빗대어 나타냈
다. 즉, 차를 마시는 것을 자신이 뜻하는 바를 표현하는 일종의 방식으로 여겼던
것이다. 《茶譜》를 지은 朱權과 '吳中四杰' 중의 唐寅과 文徵明 등이 이런 부류에
속하는 차인들이다.

淸代의 문인들은 만주족의 횡포로 더욱 실의에 빠져 대부분이 풍류로 세월을

---

33) 이 책은 金明培에 의해 번역되어 1985년에 출판되었다. 金明培(2007).
34) 董尙勝, 王建榮(2003), 73쪽.
35) 이에 대해서는 上揭書, 75-89쪽을 참조함.

허송했는데, 일부 차인들은 심지어 백발이 성성하도록 차를 窮究하느라 일생동안 茶壺에 빠져 지내기도 했다. 대부분의 차인들은 室外에서 마시던 차를 아예 室內로 옮겨버렸는데, 대자연에서 道를 찾으려하지 않고 대신 차 자체가 바로 道를 포함하고 있다고 여겼다. 이른바 '茶卽道'라고 여긴 것이다. 茶藝에 대해서도 극도의 정교함을 요구하여 기발한 발상을 하기도 하고 교묘한 솜씨를 부리기도 했다. 하지만 반드시 조용하고 한적해야 했으며, 고상한 놀이(유희)여야 했다. 차인의 심오한 포부는 거의 소멸되었던 것이다.

둘째, 淸代의 차 문화가 대중화를 향해 나아갔다는 점이다. 淸代의 차 산업은 阿片戰爭 이전까지는 수출의 호조로 전국적으로 유명한 茶廠도 출현하고 외국과의 무역을 전문으로 하는 유명한 '外貿十三行'도 생겨났다. 하지만 阿片戰爭 이후에는 외국 상인들의 횡포로 인해 차 산업은 쇠퇴의 국면으로 치닫게 되었다. 이런 국면은 1949년 新中國이 성립될 때까지 지속되었다. 이런 국면으로 인해 唐‧宋 이래 문인들이 주도했던 차 문화의 潮流는 종말을 고하게 되었다. 대신 차 문화가 일반 서민들의 일상생활과 긴밀하게 결합되어 도시를 중심으로 다양한 형태의 茶館들이 속속 생겨났다. 이러한 茶館들과 민간의 문화활동이 결합하여 특수한 '茶館文化'가 형성된 것이다. 元代에 출현한 이른바 '俗飮'이 유행하면서 일반인들도 취미와 기예를 강구하기 시작했다.

3. 현대의 茶藝와 茶文化

(1) 茶藝

茶藝란 용어는 1977년에 臺灣에서 처음으로 사용하기 시작했다. 1978년에는 臺北市와 高雄市에 茶藝協會를 조직하고, 1982년에는 臺灣 전체를 대표하는 茶藝단체인 中華茶藝協會를 조직하였다. 1988년 처음으로 대륙을 방문한 대만경제문화방문단이 上海에서 壺藝大師인 許四海와 만나 茶藝라는 용어에 대해 공개적으로 담론을 벌였는데, 이런 사실이 《文滙報》와 《人民日報》에 의해 차례로 보도되면서 茶藝란 용어가 대륙에 전해지게 되었다.

茶藝란 용어가 생겨난 배경을 살펴보면 첫째, 70년대 중반부터 전 세계적으로 일기 시작한 '中國熱'에 고무되어 민족 고유의 전통문화에 대한 호기심과 자긍심이 고취되었다는 점을 들 수 있다. 둘째, 唐代 중기 이후 煎茶道가 성립되고 點茶道와 泡茶道 등이 그 뒤를 이어왔으나 茶道 성립 당시의 정신 위주에서 점차 물질과 형식 위주로 치우쳐 道와의 거리가 멀어진 점을 들 수 있다. 셋째, 老子의 영향으로 중국인들의 茶道에 대한 태도가 너무 엄숙하여 대중이 이를 쉽게 수용하기 어려울 것이라 여겼다. 넷째, 茶道가 일본에 건너가 세계적인 茶道로 발전한 상황에서 새삼스럽게 茶道라는 용어를 쓰기가 어려웠을 것이다. 다섯째, 쇠퇴한 중국 차 문화를 부흥시키기 위해서는 무엇보다도 대중들에게 보여주기 위한 이른바 表演이 필요했는데, 表演하기에 적합한 것은 茶道가 아니라 茶藝였다. 결론적으로 말하면 전통문화의 계승을 위해 茶道라는 용어를 사용하고는 싶지만 일본의 다도가 세계적으로 너무 유명해져서 부득불 茶藝라는 용어를 사용할 수밖에 없었다고 할 수 있다.

廣義의 茶道에서 한 범주를 차지하는 茶藝라는 용어를 처음으로 사용한 점은 탁견이라 할 수 있다. 하지만 茶藝를 茶道와 유사한 것으로 보거나 아예 동일시하는 경향이 있어 많은 혼란을 초래하고 있는 점은 문제가 아닐 수 없다. 일부이긴 하지만 茶藝의 내용에 道를 포함하는 경우도 있고,[36] 茶道와 茶藝를 倂記하거나 茶道 뒤의 괄호 속에 茶藝를 써넣거나 茶藝 뒤의 괄호 속에 茶道를 써넣기도 한다. 또한 茶藝를 茶道처럼 보아 광의와 협의로 나누어 정의하기도 한다.[37] 이런 원인은 첫째, 茶道에 대한 범주가 명확하지 않은 상황에서 茶道란 용어 대신 茶藝란 용어가 새롭게 생겨났기 때문이고, 둘째, 茶藝란 용어사용에 대한 茶界의 사전 논의가 부족했다는 점을 들 수 있다.

이상의 사실을 통해 아무리 고유의 전통문화라 할지라도 스스로 갈고 닦지 않

---

36) 鄭春英 主編,《茶藝槪論》, 1쪽.

37) 上揭書, 絳塵(2002), 62쪽.

으면 진정한 전통문화가 될 수 없다는 교훈을 얻을 수 있다. 중국은 지금이라도 고유의 茶道란 용어를 사용하여 茶道의 계승과 발전을 위해 노력하면 된다. 또한 광의의 중국 茶道의 한 범주로서의 茶藝, 그리고 협의의 茶道보다 한 단계 하위 개념으로서의 茶藝를 제대로 자리매김하고서 앞으로 중국 茶藝의 계승과 발전을 위해 노력하면 된다.

(2) 茶文化

茶文化라는 용어는 庄晚芳이 1984년에 그의 논문 〈中國茶文化的傳播〉에서 처음 사용하였다. 1987년에는 臺灣의 張宏庸도 그의 책 《茶藝》에서 茶文化란 용어를 사용하였다. 1988년에는 范增平 등이 中華民國茶文化學會를 창립하고, 1990년에는 杭州에서 '茶文化的歷史與傳播'를 주제로 國際茶文化研討會가 거행되었다. 이후에도 茶文化라는 용어를 사용한 수많은 잡지와 저서들이 출판되고, 급기야는 學文과 學科의 명칭으로도 사용하기에 이르렀다.[38] 이렇게 해서 이제는 茶文化라는 용어가 아주 자연스럽게 지난날의 茶道라는 용어를 대신하고 있다.

茶道라는 용어 대신 茶文化라는 용어를 사용하는 것이 과연 바람직한가를 살펴보기 위해 두 용어의 범주와 상관관계를 살펴보기로 한다. 茶道에 대한 범주는 앞에서 고찰한대로 광의의 다도는 喝茶·品茗·茶藝·茶道라는 네 단계를 모두 포괄하고, 협의의 茶道는 맨 마지막 단계인 茶道만을 지칭한다. 차문화에 대한 범주에 대해서는 筆者가 이미 고찰한 바가 있다.[39] 문화를 설명할 때 廣義와 狹義로 나누어 설명하듯 茶文化도 광의와 협의의 구분이 있다. 광의의 茶文化는 인류 사회가 창조한 차와 관계되는 물질적인 자원과 정신적인 자산의 總和이기 때문에 응당 차의 자연과학적인 분야와 인문과학적인 분야를 모두 포괄한다.

광의의 茶文化는 구체적으로 네 단계의 문화를 포괄한다. 물질문화·제도문

---

38) 丁以壽(2010) 참조.
39) 拙稿, 〈한국 차 문화의 발전과정과 연구현황 고찰〉(2010), 10-11쪽.

화·행위문화·정신문화 등이 그것이다. 협의의 茶文化는 인류사회가 창조한 차와 관계되는 물질적인 자원과 정신적인 자산 중에서 오직 정신적인 재산만을 가리킨다. 때문에 협의의 茶文化는 차에 관한 인문과학적인 분야인 제도문화·행위문화·정신문화 등을 포괄한다. 일반적으로 茶文化라 하면 곧 협의의 茶文化를 가리킨다.

이상에서 살펴본 茶道와 茶文化의 범주를 통해 광의적 의미에서 茶道와 茶文化는 그 범주가 일치하고 있다는 사실을 확인했다. 때문에 광의적 의미에서 茶道라는 용어를 茶文化가 대신해도 아무런 문제가 없다. 그런데 협의적 의미에서 茶道와 茶文化는 그 범주가 일치하지 않는다. 때문에 협의적 의미에서 茶道란 용어를 茶文化가 대신할 경우에는 주의가 필요하다고 본다. 협의적 의미에서의 茶道는 광의적 의미의 茶文化 가운데 정신문화에 해당된다. 협의적 의미에서의 茶文化는 광의적 의미의 茶道 가운데 品茶·茶藝·茶道 등을 포괄한다.

Ⅳ. 나오는 말

지금까지 고찰한 내용을 요약하여 정리하면 다음과 같다.

＊唐代 중기에 皎然이 다도라는 용어를 맨 처음 사용한 이후 다도란 용어가 반복적으로 언급되고, 또 陸羽가《茶經》을 저술함으로써 중국 최초의 茶道인 煎茶道가 성립되었다. 煎茶道는 五代와 北宋을 거쳐 南宋에 이르러 쇠퇴하기 까지 약 500년간 지속되었다.

＊點茶道가 煎茶道의 뒤를 이었는데, 蔡襄이《茶錄》을 저술해 그 기초를 닦고, 趙佶이《大觀茶論》을 지으면서 點茶道가 확립되었다. 點茶道는 唐末에 시작되어 宋代와 明代 전기까지 크게 발전하다 明代 후기에 쇠퇴하기 까지 약 600년간 지속되었다.

＊泡茶道가 點茶道의 뒤를 이었는데, 張源이《茶錄》을 저술하고 許次紓가《茶

疏)를 지어 泡茶道가 확립되었다. 泡茶道는 唐代 중기에 시작되었는데, 明代 초기까지는 주로 末茶를 사용하다가 明代 초기 이후부터 지금까지 散茶를 사용하고 있다. 近代에 들어 쇠퇴하기 시작한 泡茶道는 1980년대 중반까지의 암흑기를 거쳐 서서히 부흥을 길을 걷고 있다.

 * 차를 마시는 행위는 喝茶 · 品茶 · 茶藝 · 茶道 등의 4개의 단계로 나눌 수 있다. 넓은 의미에서의 茶道란 이 4가지 단계를 모두 포괄하고, 좁은 의미에서의 茶道란 마지막 단계만을 지칭한다.

 * 茶藝라는 용어는 1977년에 臺灣에서 처음으로 사용하기 시작하다가 1988년에 대륙에 전해졌다. 茶道라는 용어를 사용하고 싶었지만 일본의 茶道가 세계적으로 너무 유명해져 부득불 茶藝라는 용어를 선택했던 것이다. 때문에 茶道와 茶藝를 동일시하는 경향이 있어 많은 혼란을 초래하고 있다.

 * 茶文化라는 용어는 1984년에 대륙에서 처음으로 사용하기 시작했는데, 1987년에는 臺灣에서도 사용하기 시작했다. 넓은 의미에서의 茶文化는 물질문화 · 제도문화 · 행위문화 · 정신문화 등을 모두 포괄하고, 좁은 의미에서의 茶文化는 물질문화를 제외한 제도문화 · 행위문화 · 정신문화를 포괄한다.

 * 넓은 의미에서의 茶道와 茶文化는 그 범주가 일치하기 때문에 茶道라는 용어를 茶文化가 대신해도 아무런 문제가 없다. 좁은 의미에서의 茶道와 茶文化는 그 범주가 일치하지 않기 때문에 茶道란 용어를 茶文化가 대신할 경우 주의가 필요하다.

參考文獻

陳彬藩 主編,《中國茶文化經典》, 光明日報出版社, 1999.

朱世英 等 主編,《中國茶文化大辭典》, 漢語大辭典出版社, 2002.

陳宗懋 主編,《中國茶經》, 上海文化出版社, 1992.

中國農業百科全書編輯部編,《中國農業百科全書, 茶業卷》, 農業出版社, 1996.

康乃 主編,《中國茶文化趣談》, 中國旅遊出版社, 2006.

于觀亭 編著,《中國茶文化漫談》, 中國農業出版社, 2003.

董尚勝 等 編著,《茶史》, 浙江大學出版社, 2003.

高旭暉 等 著,《茶文化學概論》, 安徽美術出版社, 2003.

縡塵 編著,《說茶》, 中國商業出版社, 2002.

秦浩 編著,《茶藝》, 兵器工業出版社, 2001.

鄭春英 主編,《茶藝概論》, 高等教育出版社, 2004.

莊昭 選注,《茶詩三百首》, 南方日報出版社, 2003.

金明培 譯著,《中國의 茶道》(改訂版), 明文堂, 2007.

김길자 역주와 감상,《中國茶詩》, 현암사, 1999.

丁以壽,〈中國茶道發展史綱要〉,《農業考古》, 第4期, 1999.

丁以壽,〈中國茶道概念詮釋〉,《農業考古》, 第4期, 2004.

丁以壽,〈當代中國茶文化研究現狀概述〉, 2010中國雞公山"茶與世界"高峰論壇演講文稿
    (2010.4.28.)

拙稿,〈한국 차 문화의 발전과정과 연구현황 고찰〉,《韓國茶文化》, 창간호, 2010.

拙稿,〈中國茶政考察〉,《中國人文科學》, 第46輯, 2010.

拙稿,〈中國 無我茶會 考察〉,《中國人文科學》, 第41輯, 2009.

【Abstract】

*In the mid term of Tang dynasty, since Gyoyeon(皎然) use the term of tea ceremony(茶道) at first, the term of tea ceremony in China. Until Jeondado(煎茶道) decline, it took about 500 years through out five dynasty and North Song dynasty.

*Jeomdado(點茶道) took back of Jeondado(煎茶道), in Darok[茶錄] that Chaeyang(蔡襄) wrote, laid basics, Daegwandaron[大觀茶論] by Jogil(趙佶), Jeomdado(點茶道) was established. Jeomdado(點茶道) was tremendously developed started at the end of Tang dynasty to beginning of Song dynasty and Myung dynasty, but from at the end of Myung dynasty to decay continued about 600years.

*Podado(泡茶道) follows up by Jeomdado(點茶道), because Jangwon(張源) wrote Darok[茶錄] and Heochaseo(許次舒) wrote Daso[茶疏], Podado(泡茶道) was established. Podado(泡茶道) was started at the mid term of Tang dynasty, up to the beginning of Myung dynasty mainly used ground tea, and after the beginning of Myung dynasty to now used loose tea. Podado(泡茶道) that was started to decay in modern times, is through mid term of 1980s' the dark ages gradually revives.

*The act of drinking tea can be classified by four steps, 喝茶, 品茶, 茶藝, 茶道. In a large sense of tea ceremony all contains four of those, However, in narrow sense of tea ceremony designate only the last step.

*The term of 茶藝 was started to use in Taiwan in 1977 and was spread to China in 1988. They wanted to use the term 茶道 but since Japanese 茶道 became well-known so reluctantly choose the term of 茶藝. In that reason there is a identify tendency between 茶道 and 茶藝, so lots of confusions are resulting.

*The term of tea culture was started to be used in China in 1984, in Taiwan also started to be used in 1987. In a large sense of tea culture include, material culture, system culture, acting culture, spiritual culture all of them, in a narrow sense of tea culture include system culture, acting culture, spiritual culture, but except for the material culture.

*In a large sense of 茶道 and tea culture's category is identical so, the term 茶道 can be used instead of tea culture. In a narrow sense of 茶道 and tea culture, since their category are not identical, so when the term 茶道 used instead of tea culture, attention is needed.

【中心語】茶道, 煎茶道, 點茶道, 泡茶道, 茶藝, 茶文化 範疇, 廣義, 狹義

출전
〈중국 茶道의 형성과 변천 고찰〉《中國人文科學》 제48집, 中國人文學會, 2011. 8)

중국차의 分類 고찰

Ⅰ. 들어가는 말

중국은 차의 종주국답게 다원의 면적과 차의 생산량 모두 세계 1위를 차지하고 있고, 차의 수출량도 케냐에 이어 2위를 차지하고 있다. 2000년을 기준으로 2009년까지 다원 면적은 69.79%가 증가하였고, 차의 생산량은 98.83%나 증가하였으며, 수출량도 33.07% 증가하였다. 그리고 이러한 증가 추세는 향후에도 지속될 것으로 전망된다.[1]

한국은 중국 다음으로 차문화가 이른 시기에 형성되었기 때문에 차문화는 매우 특별한 의미와 가치를 지니고 있다. 이에 반해 산업의 측면에서 볼 때 한국의 차 산업은 아직까지 중요한 위치를 차지하지는 못하고 있다. 하지만 한국의 다원 면

---

1) WTU 이사장인 중국의 程啓坤교수가 〈세계 및 중국 차산업 현황〉이란 글에서 세계와 중국의 차산업의 개황을 소개하고 중국 차산업의 미래를 전망하였는데, 필자도 程교수의 글을 참고하였다.《茶人》(2012, 1-2), 제156호, 88-93쪽.

적과 차의 생산량도 해방 후 꾸준히 증가하고 있고, 차를 마시는 인구도 급속도로 증가하고 있어 한국 차산업의 미래는 밝다고 할 수 있다.

한국에서 생산되는 차의 대부분이 녹차이고 거의 모두 국내에서 소비된다. 이러한 생산과 소비의 패턴은 자연 차의 수입을 초래할 수밖에 없다. 더구나 1995년 국내의 차 시장이 개방된 이후 수입차의 양은 급속도로 증가되었다. 하지만 2007년 농약파동으로 대폭 감소되기는 했으나, 이후 다시 증가 추세를 보이고 있고, 이러한 추세는 향후에도 지속될 것으로 전망된다.

한국은 주로 중국 · 스리랑카 등에서 차를 수입하고 있는데, 2010년을 기준으로 전체 수입량의 55% 이상을 중국에서 수입하고 있다. 세관을 통해 중국에서 수입한 차의 약 96%는 발효차인데, 비공식적으로 유입되는 차까지 포함하면 전체 수입차에서 중국차의 점유율은 70%를 상회할 것으로 추측된다.[2]

하지만 국내에서 불고 있는 이러한 중국차의 열풍에 비해 중국차에 대한 우리의 연구성과는 미미하기 짝이 없다. 해방 후부터 2008년까지 국내에서 발표된 차문화와 관련된 석 · 박사 학위논문은 총 408편으로 조사되었는데, 이 가운데 중국 차문화를 다룬 논문은 고작 11편(2.7%)에 불과하다.[3] 이렇게 중국차에 대한 우리의 이해가 턱없이 부족한 상황에서 중국차가 무차별적으로 수입되고 있기 때문에 자연히 중국차에 대해 수많은 오해와 편견들이 범람하게 되는 것이다. 이런 오해와 편견들을 해소하기 위해서는 중국차를 올바로 이해하기 위한 철저한 연구가 선행되어야 한다.

중국에서 공식적으로 수입되는 차의 96%가 발효차인데, 비공식적으로 유입되는 차까지 포함한다면 발효차의 비중은 더욱 높아질 것이다. 여기서 말하는 발효차는 기본차류에 속하는 이른바 6대 茶類에서 녹차를 제외한 백차 · 황차 · 청차 · 홍차 · 흑차를 말한다. 때문에 오랫동안 발효차를 마셔온 일부 애호가들을 제외하고는 대부분의 소비자들은 발효차에 대해 생소할 수밖에 없다. 해외에서 구

---

2) 한국국제차엽연구소 정인오 소장의 〈한국의 차 상품 및 차 소비 특징〉이란 글의 내용을 참고하였다. 상게서, 94-96쪽.
3) 이에 대해서는 拙稿(2010), 24-25쪽 참조.

입했거나 선물로 받은 중국차를 필자에게 가져와 감정을 의뢰하는 사례가 많은 것도 이를 입증한다고 할 수 있다.

본고에서는 중국차를 올바로 이해하기 위한 연구의 일환으로 우선 수없이 많은 중국차의 이름은 어떻게 명명되는지를 살펴보고, 이러한 중국차들이 어떤 기준에 의해 어떻게 체계적으로 분류되는가를 고찰하고자 한다. 이러한 고찰이 향후 중국차를 보다 상세히 이해하고 보다 체계적으로 연구하는 데 기여할 수 있기를 바란다.

II. 중국차의 命名類型과 分類基準

1. 命名類型

중국은 차나무의 원산지일 뿐만 아니라 차문화의 발상지이기 때문에 차산업과 차문화의 종주국이라 할 수 있다. 자연히 차나무의 품종도 세계에서 가장 많고 차의 종류 또한 세계에서 가장 많다.[4] 차의 종류가 이처럼 많아진 까닭은 오랫동안 계속된 貢茶制度의 시행과 각종 명차경연대회의 시행에 따라 육종기술과 제다기술 또한 부단히 발전한 결과라고 할 수 있다.

각기 다른 종류의 차를 명명하는 방법은 각양각색인데, 이는 차의 명명에 대한 일정한 기준이나 원칙이 없다는 반증이다. 현재 중국에서 생산되는 차에 대한 명명의 유형을 정리하면 다음과 같다.[5]

---

4) 700여 개의 전 세계 차나무 품종 중 중국이 가장 많은 차나무 품종을 보유하고 있고, 차의 종류도 기본차류만 180종에 이른다. 이에 대해서는 쨩유화(2010), 253쪽과 陳宗懋(1992), 133-248쪽 참조.

5) 차의 명명유형에 대해서는 程啓坤의 견해에 따랐는데, 이에 대해서는 진종무(1992), 113-114쪽 참조. 이밖에 朱世英 등 主編의 《中國茶文化大辭典》(2002), 1쪽에도 차의 명명유형에 대해 정리를 해놓아 좋은 참고가 된다.

1) 모양

차의 모양에 근거해 명명하는 것으로, 모양이 瓜子[6]의 조각 같으면 '瓜片'(안휘성의 六安瓜片)이라 한다. 모양이 곤줄박이의 혀를 닮았으면 '雀舌'(杭州의 雀舌)이라 하고, 진주의 모양과 같으면 '珠茶'(절강성의 嵊縣珠茶)라고 한다. 꼬리털 모양이면 '尾茶', '秀尾', '珍尾' 등으로 명명하고, 한 그루의 조그만 죽순의 모양이면 '紫笋'(절강성의 長興)이라 한다. 모양이 침처럼 둥글고 곧으면 '君山銀針'(호남성 岳陽)이나 '松針'(호남성 安化)이라 하고, 소라처럼 나선형이면 '碧螺春'(강소성 蘇州)이라 한다. 몸을 서리고 있는 용(蟠龍)의 모양이면 '蟠毫'(절강성 臨海)라고 하고, 새우처럼 구부러졌으면 '龍蝦'(호남성의 大庸)라고 한다. 모양이 예리한 칼과 같으면 '劍毫'(호북성의 宜昌)라고 하고, 대나무의 잎사귀 같으면 '竹葉靑'(사천성의 蛾眉山)이라 하고, 한 송이 난초의 꽃과 같으면 '翠蘭'(안휘성의 岳西)이라 한다. 찻잎 하나하나를 견사로 묶어서 각종 꽃송이 모양으로 만든 것은 '墨菊'(강서성의 婺源)이나 '綠牧丹'(안휘성의 黃山)이라고 한다.

2) 産地의 山川과 名所

産地의 山川이나 名所와 결합해 명명하는 것으로, 절강성 항주의 '西湖龍井'과 普陀山의 '普陀佛茶', 안휘성 歙縣의 '黃山毛峰', 강소성 金檀의 '茅山靑峰', 호북성의 '神農奇峰', 강서성의 '廬山雲霧'와 '井崗翠綠' 그리고 '靈岩劍峰'과 '天舍奇峰', 운남성의 '蒼山雪綠', 사천성의 '鶴林仙茗' 등을 예로 들 수 있다.

3) 色澤이나 湯色

겉으로 드러나는 차의 색택(색깔과 광택)이나 탕색에 근거해 명명하는 것으로, 綠茶와 白茶 및 黑茶와 紅茶 그리고 黃茶 등을 예로 들 수 있다. 또 어떤 것들은 겉으로 드러나는 색택과 모양을 결합해서 명명하기도 하는데, '銀毫'·'銀峰'·

---

6) 수박씨·해바라기씨·호박씨 등을 통틀어 일컫는 말.

'銀芽'·'銀針'·'銀笋'·'玉針'·'雪芽'·'雪蓮' 등이 있다.

4) 향기나 맛

향기나 맛의 특징에 의거해 명명하는 것으로, 난초꽃의 향기를 지닌 안휘성 舒城의 '蘭花茶'와 맛이 약간 씁쓸한 호남성 江華의 '苦茶' 등이 있다.

5) 채엽 시기와 계절

生葉을 따는 시기와 계절에 근거해 명명하는 것으로, 청명절 이전에 채엽해 만든 '明前茶', 雨水 이전에 따서 만든 '雨前茶', 4-5월에 따서 만든 '春茶', 6-7월에 따서 만든 '夏茶', 8-10월에 따서 만든 '秋茶' 등을 예로 들 수 있다.[7] 그해에 따서 만든 '新茶'와 그해에 따서 만든 차가 아닌 오래된 '陳茶'도 여기에 포함된다.

6) 加工工程

가공공정에 근거해 명명하는 것으로, 가마솥에 덖어서 만든 '炒靑', 烘乾機具를 사용해 불에 쬐어 만든 '烘靑', 햇볕에 쬐어 말린 '曬靑', 증기처리를 한 후에 만든 '蒸靑', 향기로운 꽃을 이용해 훈제해서 만든 '花茶', 蒸壓工程을 거쳐 성형한 '緊壓茶'(벽돌모양의 '磚茶'와 떡모양의 '餠茶') 등을 예로 들 수 있다. 또한 가공시의 발효정도에 근거해 구분을 하기도 하는데, '발효차(홍차)'와 '반발효차(烏龍茶)' 그리고 '불발효차(녹차)' 등을 들 수 있다.

7) 포장형식

포장형식에 근거해 명명하는 것으로, '袋泡(티백)茶'·'소포장차'·'罐裝(깡통포장)茶' 등을 예로 들 수 있다.

---

7) 程교수는 계절차로 春茶·夏茶·秋茶만을 예로 들었는데, 여기에 冬茶를 포함하기도 한다. 繹塵 (2002), 234쪽 참조.

8) 판로

판로가 다름에 따라 구분을 하는데, 국내에 판매하는 '內銷茶', 변방으로 판매하는 '邊銷茶', 수출을 위주로 하는 '外銷茶'와 '出口茶' 등을 예로 들 수 있다.

9) 차나무 품종

차나무 품종의 명칭에 따라 이름을 짓는데, 烏龍茶 중의 '水仙'·'烏龍'·'肉桂'·'黃棪'·'大紅袍'·'奇蘭'·'鐵觀音' 등이다. 이것들은 차엽의 이름이면서 또한 차나무 품종의 명칭이기도 하다.

그림 1. 鐵觀音茶樹 : 台北市鐵觀音 · 包種茶硏發推廣中心

10) 産地

산지가 다름에 따라 명명하는 것으로, 광동성의 '英德紅茶', 운남성의 '滇紅', 안휘성의 '祁門紅茶', 절강성 淳安의 '鳩坑茶'와 余杭의 '徑山茶', 광서장족자치구 桂平의 '西山茶', 강서성 婺源의 '婺綠', 호남성 沅陵의 '碣灘茶' 등을 예로 들 수 있다.

11) 첨가물과 효과

果味茶와 保健茶는 차엽에 첨가하는 과즙과 한약 그리고 효과에 따라 명명을 하는데, '荔枝紅茶'·'檸檬紅茶'·'獼猴桃茶'·'菊花茶'·'杜冲茶'·'人蔘茶'·'柿葉茶'·'甛菊茶'·'減肥茶'·'戒煙茶'·'明目茶'·'益壽茶'·'美的靑春茶' 등을 예로 들 수 있다.

2. 分類基準[8]

위에서 살펴 본대로 중국차는 그간 명명에 대한 일정한 기준이나 원칙이 없었기 때문에 다양한 유형으로 명명하게 되었다. 때문에 같은 종류의 차라고 할지라도 수많은 다른 이름들을 가지게 되었다.[9] 그러면 중국에는 어떤 종류의 차들이 있으며, 이런 종류를 구분하는 기준은 무엇일까? 지금까지 중국에는 차의 종류를 구분하는 통일된 기준이 없었다. 그래서 여러 가지 기준에 근거해 차의 종류를 구분해왔다.

어떤 경우에는 제조방법의 차이와 품질상의 차이에 근거해 차를 6가지(녹차·홍차·청차·백차·황차·흑차)로 구분하기도 하고, 또 어떤 경우에는 중국에서 수출하는 차의 종류에 근거해 7가지(녹차·홍차·청차·백차·화차·긴압차·速溶茶)로 구분하기도 한다. 또 어떤 경우에는 중국차의 가공을 初製와 精製 두 단계로 나누는 실제상황에 근거해 차를 우선 크게 毛茶(반제품차)와 成品茶(완제품차) 두 부류로 나누는데, 毛茶는 다시 5가지(녹차·홍차·청차·백차·흑차)로 나뉘고,[10] 成品茶는 정제 가공한 녹차·홍차·청차·백차와 재가공해서 만든 화차·긴압차·속용차 등을 포괄해서 7가지로 나눈다.

이러한 분류 상황을 종합해 보면 중국차는 우선 基本茶類와 再加工茶類로 분류할 수 있고, 이들은 다시 여러 종류의 차로 세분 될 수 있다.[11]

---

8) 분류기준에 대해서는 程啓坤교수의 견해에 따랐다. 진종무(1992), 116쪽 참조.
9) 녹차를 예로 들면 현재 중국에는 총 138개의 이름을 가진 녹차종류가 있다. 上揭書, 132-212쪽.
10) 이 경우 황차는 녹차에 포함된다.
11) 기본차류에 대해서는 이견이 없으나 재가공차류에 대해서는 다소의 이견이 있다. 여기서는 기본차류

표 1. 중국차의 종류

基本茶類	非醱酵茶	不醱酵	綠茶	초청녹차(炒靑綠茶)
				홍청녹차(烘靑綠茶)
				쇄청녹차(晒靑綠茶)
				증청녹차(蒸靑綠茶)
	醱酵茶	輕醱酵	白茶	백아차(白芽茶)
				백엽차(白葉茶)
		輕後醱酵	黃茶	황아차(黃芽茶)
				황소차(黃小茶)
				황대차(黃大茶)
		半醱酵	靑茶	민북청차(閩北靑茶)
				민남청차(閩南靑茶)
				광동청차(廣東靑茶)
				대만청차(臺灣靑茶)
		後醱酵	黑茶	호남흑차(湖南黑茶)
				호북노청차(湖北老靑茶)
				사천변차(四川邊茶)
				광서흑차(廣西黑茶)
				운남흑차(雲南黑茶)
		强醱酵	紅茶	소종홍차(小種紅茶)
				공부홍차(工夫紅茶)
				홍쇄차(紅碎茶)
再加工茶類	花茶			
	緊壓茶			
	萃取茶			
	果味茶			
	藥用保健茶			
	含茶飮料			

와 재가공차류 모두 程啓坤교수의 견해를 취하되 이견이 있는 경우에는 이를 소개하고 각주를 달았다. 진종무(1992), 116-124쪽 참조. 중국에서도 현재 대부분 程교수의 견해가 통용되고 있다. 王建榮·吳勝天(2001), 18쪽과 각 대학교재 참조.

Ⅲ. 중국차의 分類

1. 기본차류

기본차류에는 녹차 · 홍차 · 청차 · 백차 · 황차 · 흑차 등 6대 차류가 포함된다.[12] 이 6가지의 기본차류는 다시 여러 계통에 따라 세분되는데, 이제 각 차류가 계통별로 세분되는 상황과 세분에 따른 대표적 차들을 살펴보기로 한다.

1) 녹차

녹차는 다시 炒靑녹차 · 烘靑녹차 · 曬靑녹차 · 蒸靑녹차로 세분된다. 녹차의 가공 과정은 殺靑 · 揉捻 · 乾燥의 3개 공정으로 나누는데, 살청 방식에는 가열살청과 증기살청의 두 종류가 있다. 증기살청방식에 의해 만들어지는 녹차를 증청녹차라고 부른다. 건조공정은 최종적인 건조방식의 차이에 따라 가마솥에 덖어서 말리는 炒乾, 불에 쬐어 말리는 烘乾, 햇볕에 말리는 曬乾 등으로 구분되는데, 이러한 최종적인 건조방식에 따라 초청녹차 · 홍청녹차 · 쇄청녹차 등으로 부른다. 요약하면 증기로 살청된 녹차는 건조방식의 차이에 관계없이 증청녹차이고, 가열방식으로 살청되었다 할지라도 건조방식의 차이에 따라 炒乾된 초청녹차와 烘乾된 홍청녹차 그리고 曬乾된 쇄청녹차로 구분된다는 것이다.

(1) 초청녹차

초청녹차는 다시 長炒靑 · 圓炒靑 · 細嫩炒靑 등으로 세분된다. 長炒靑은 기다란 條形의 초청녹차로 강서성 婺源縣의 婺綠炒靑, 안휘성 屯溪와 休寧의 屯綠炒靑, 절강성 杭州의 杭綠炒靑 · 淳安의 遂綠炒靑 · 溫州의 溫綠炒靑, 강소성 上饒의 饒綠炒靑, 호남성의 湘綠炒靑, 하남성의 豫綠炒靑, 귀주성의 黔綠炒靑 등이 있다.

---

12) 기본차류를 六大기본차류라고 하는 경우도 있다. 阮逸明(2002), 50쪽 참조.

장초청녹차는 정제가공공정을 거친 이후에는 眉茶라고 통칭되는데, 特珍·珍眉·鳳眉·秀眉·貢熙·片茶·末茶 등의 종류로 구분된다.

원초청녹차는 녹색의 珍珠라는 영예로운 의미의 珠茶가 주종을 이루는데, 珠茶는 절강성의 특산품이다. 주산지는 嵊縣·紹興·上虞·新昌·諸暨·余姚·鄞縣·奉化·東陽 일대인데, 역사상으로는 일찍이 소흥현 平水鎭이 珠茶의 주요 집산지였다. 그래서 늘 珠茶를 '平水珠茶'나 '平綠'이라고 불렀는데, 지금도 여전히 주차를 '平綠炒靑'에 넣는다.

세눈초청은 가늘고 여린 싹이나 잎으로 만든 초청녹차가 모두 여기에 속한다. 생산량도 많지 않아 희귀하고 품질도 독특해 특종초청이라 칭하기도 하고, 종류도 많고 품질도 뛰어나 명성이 자자하기 때문에 '炒靑名茶'라고 통칭되기도 한다. 세눈초청 중에서 생산량이 비교적 많은 것으로는 杭州의 '西湖龍井'과 蘇州의 '碧螺春'을 들 수 있다.

이밖에도 南京의 '雨花茶', 안휘성 六安의 '六安瓜片'·休寧의 '松蘿茶'·歙縣의 '老竹大方', 호남성 安化의 '安化松針'·古丈의 '古丈毛尖'·江華의 '江華毛尖', 호남성 信陽의 '信陽毛尖', 섬서성 鎭巴의 '秦巴霧毫', 광서장족자치주 桂平의 '西山茶'·凌云의 '凌云白毫', 귀주성 都匀의 '都匀毛尖', 복건성 南安의 '南安石亭綠', 강서성 盧山의 '盧山雲霧茶'·井岡山의 '遂川狗牯腦'·婺源의 '婺源茗眉', 사천성 蛾眉山의 '蛾眉蛾蕊', 호북성 宜昌의 '峽洲碧峰', 절강성 云和의 '惠明茶'·長興의 '顧渚紫笋'·普陀山의 '普陀佛茶'·淳安의 '千島玉葉', 강소성 金壇의 '芽山靑峰' 등이 있다.

(2) 홍청녹차

살청과 유념을 거친 후에 烘乾을 한 녹차를 홍청이라 부른다. 홍청녹차는 원료와 가공법의 차이에 따라 普通홍청과 細嫩홍청 두 종류로 나눈다. 보통홍청에는 복건성의 '閩홍청'·절강성의 '浙홍청'·안휘성의 '徽홍청'·강소성의 '蘇홍청'·호남성의 '湘홍청'·사천성의 '川홍청' 등이 있다.

홍청녹차를 바로 마시는 경우는 많지 않고 통상 꽃을 차에 넣어 꽃의 향기가 차에 베어들게 하는 이른바 薰(窨)花의 반제품으로 쓰인다. 薰花를 하지 않은 홍청녹차는 '素茶' 혹은 '素坯'라고 칭하고, 훈화한 이후에는 홍청화차라고 부른다.

가늘고 여린 싹이나 잎으로 만든 홍청녹차를 細嫩홍청이라 하는데, 대부분 명차의 반열에 올랐다. 안휘성 黃山의 '黃山毛峰'·太平縣의 '太平猴魁'·舒城의 '舒城蘭花'·宣城의 '敬亭綠雪', 복건성 寧德 등지의 '天山烘綠', 절강성 天台의 '華頂雲霧'·臨安의 '天目靑頂'·樂淸의 '雁蕩雲霧'·東陽의 '婺州東白茶'·德淸의 '莫乾黃芽', 호남성 高橋의 '高橋銀峰', 사천성 永川의 '永川秀芽', 귀주성 貴港의 '覃塘毛尖', 운남성 勐海의 '南糯白毫', 호북성 羊樓洞의 '松峰茶', 복건성 福鼎의 '蓮心茶', 하남성 固始의 '仰天雪綠', 강소성 江寧의 '翠螺茶' 등이 細嫩홍청에 속한다.

위에서 살펴본 보통홍청과 세눈홍청 이외에 또 한 종류가 있는데, 그것은 炒靑과 烘靑의 가공법을 결합해 초청과 홍청의 특징을 모두 살린 홍청녹차이다. 이는 최근 명차를 생산하는 과정에서 자주 사용하는 가공법이다. 살청 후에 먼저 솥에서 덖으면서 일정한 모양을 만들고, 다시 烘乾을 거쳐 형태를 고정시킨다. 강서성 婺源의 '靈巖劍峰', 절강성 寧海의 '望府銀毫'·浦江의 '浦江春毫'·臨海의 '臨海蟠毫'·安吉의 '安吉白片', 섬서성 南鄭의 '漢水銀梭'·西鄕의 '午子仙毫', 호북성 隨州의 '棋盤山毛尖', 안휘성 金寨의 '齊山翠眉', 사천성 重慶의 '縉雲毛峰', 호남성 大庸의 '龍蝦茶' 등이 여기에 속한다.

(3) 쇄청녹차

살청과 유념을 거친 이후에 햇볕에 말려 만든 녹차를 '쇄청'이라 통칭한다. 주요한 종류로는 운남성의 '滇靑', 섬서성의 '陝靑', 사천성의 '川靑', 귀주성의 '黔靑', 광서장족자치주의 '桂靑' 등이 있다.

쇄청녹차는 일부가 散茶의 형태로 바로 음용용으로 팔리기도 하지만 또 일부분은 재가공과정을 거쳐 緊壓茶로 만들어져 변방에 팔기도 한다. 호북성의 老靑茶를 재가공한 '靑磚', 운남성과 사천성의 쇄청을 재가공한 '沱茶'와 '康磚' 등을 예로 들 수 있다.

(4) 증청녹차

증청녹차는 중국에서 맨 먼저 만들기 시작했는데, 신선한 찻잎을 부드러워지도록 증기로 찐 후에 유념해서 건조시킨 것이다. 茶葉과 茶湯과 葉底의 색이 모두 녹색이어서 美觀이 매혹적이다. 증청녹차는 당대와 송대에 성행했는데, 이러한 제다법이 일본에 전해져서 오늘날까지 전승되고 있다. 일본다도에 사용되는 차가 바로 증청녹차 중의 일종인 '抹茶'이다.

현재 중국의 증청녹차로는 주로 煎茶와 玉露가 있다. 煎茶는 주로 절강성·복건성·안휘성 등 3개 성에서 주로 생산되어 대부분 일본으로 수출된다. 玉露 중에서는 현재 호북성 恩施의 '恩施玉露' 만이 여전히 증청녹차의 전통적인 풍격을 지니고 있다. '恩施玉露' 이외에도 강소성 宜興의 '陽羨茶'와 호북성 當陽의 '仙人掌茶' 모두 증청녹차 중의 명차에 속한다.

2) 홍차

홍차의 기본적인 가공과정은 萎凋·揉捻·醱酵·乾燥 등인데, 홍차의 다탕과 엽저의 색이 모두 홍색인 품질의 특징은 주로 발효를 거친 이후에 형성된다. 중국에서 가장 먼저 출현한 홍차는 복건성 崇安 일대의 小種紅茶였는데, 이후 工夫紅茶로 발전되었다.

19세기에 중국의 홍차제조법이 인도와 스리랑카 등으로 전해져 紅碎茶로 발전되었는데, 홍쇄차는 현재 세계에서 소비량이 가장 많은 차가 되었다. 중국에서도 국제시장의 수요에 부응하기 위하여 1957년 이후부터 홍쇄차를 생산하기 시작하였다.[13]

(1) 소종홍차

복건성 특유의 홍차를 소종홍차라고 하는데, 탕색과 엽저는 홍색이고, 松煙香이 나며, 桂圓湯 맛이다. 복건성 숭안현 星村鄉의 桐木關에서 생산되는 소종홍차

---

13) 이러한 세 종류의 홍차에 전통홍차를 추가하는 경우도 있다. 阮逸明(2002), 53쪽 참조.

를 '正山小種'이라 부르고, 그 인접지역에서 생산되는 것을 '外山小種'이라고 부른다. 政和縣과 建陽縣 등에서 공부홍차에서 사용하는 방식으로 잘게 썰어 연기에 그을려 만든 것은 '煙小種'이라고 부른다. 이들 가운데 품질은 '정산소종'이 가장 좋다.

(2) 공부홍차

공부홍차는 전통적으로 외국에 수출하는 차로서 주로 동유럽과 서유럽 등 60여 개 국가로 팔려나간다. 공부홍차 가운데 안휘성 祁門 일대에서 생산되는 '祁紅'과 운남성의 '滇紅'이 일찍부터 해외에 명성을 드날렸다. 이밖에 복건성의 '閩紅'·호북성의 '宜紅'·강서성의 '寧紅'·호남성의 '湖紅'·사천성의 '川紅'·광동성의 '粤紅'·절강성의 '越紅'·강소성의 '蘇紅' 등도 모두 주요한 공부홍차에 속한다. 때로는 일부 특정한 시장의 수요를 만족시키기 위해 몇 가지 종류의 공부홍차를 '중국공부홍차'로 함께 배합하여 각각의 장점을 모으기도 한다.

(3) 홍쇄차

홍쇄차는 위조와 유념을 거친 찻잎을 기계로 잘게 자른 뒤에 발효와 烘乾을 해서 만드는데, 외형이 잘게 부스러졌기 때문에 홍쇄차 또는 '紅細茶'라고 한다. 흔히 한 잔 분량의 홍쇄차를 '袋泡茶(티백)'로 가공한다. 운남성·광동성·해남성·광서장족자치구 등에서 대엽종 원료로 만든 홍쇄차의 품질이 가장 좋다.

紅碎毛茶는 정제가공을 거쳐 葉茶·碎茶·片茶·末茶 등으로 만들어진다. 엽차는 짧은 條形의 홍쇄차로 일찍이 OP(橙黃白毫)와 FOP(花橙黃白毫) 등의 종류가 있다. 쇄차는 과립형 홍쇄차로 일찍이 FBOP(花碎橙黃白毫)·BOP(碎橙黃白毫)·BP(碎白毫) 등의 종류가 있다. 편차는 작은 조각모양의 홍쇄차로 일찍이 BOPF(碎橙黃白毫花香)·F(花香)·OF(橙黃花香) 등의 종류가 있다. 말차는 가는 가루모양의 홍쇄차로 일찍이 D(末茶)와 PD(白毫末茶) 등의 종류가 있다.

3) 청차

청차는 半발효차로 不발효차(녹차)와 全발효차(홍차)의 중간에 속하는 차류이다. 외형의 빛깔과 광택이 靑褐色이어서 청차라고 불러야하지만 오랜 전통에 따라 烏龍茶라고 부른다.[14]

청차를 우리고 난 뒤 葉面이 붉기도 하고 녹색도 띄는 것이 전형적인 청차인데, 엽면의 중앙은 녹색을 띄고 가장자리는 붉은색을 띈다. 그래서 이전부터 녹색의 잎에 붉은 테를 둘렀다고 해서 '三分紅茶七分綠茶'와 '綠葉紅鑲邊'이란 미칭을 가지고 있다.

청차는 생산지에 따라 품질상의 특징이 확연하게 다르기 때문에 대부분 차나무의 품종명을 차엽의 이름으로 명명하는 것이 일반적이다.[15] 청차의 주산지는 복건성·광동성·대만 등인데, 품종과 품질상의 차이로 인해 청차는 閩北청차·閩南청차·廣東청차·대만청차 등으로 나눈다.

(1) 민북청차

복건성 북부의 武夷山 일대에서 생산되는 청차는 모두 민북청차에 속한다. 민북청차에는 주로 무이암차·민북水仙·민북오룡 등이 있는데,[16] 무이암차가 가장 유명하다. 암차의 종류와 품종은 매우 많은데, 대부분 차나무의 품종으로 명명을 하는데, 주요한 품종으로는 수선·烏龍·奇種·名欉 등이 있다. 무이암차는

---

14) 청차는 대개 차나무의 품종을 따라 명명을 하는데, 烏龍茶도 원래 차나무의 품종이기 때문에 오룡차로 불렀다. 하지만 이후 陳椽교수가 製茶色變理論에 따라 우룡차를 청차라고 불러야 한다고 주장했으나, 소비자들은 아직도 여전히 오룡차라고 부르고 있다. 본고에서는 陳교수의 주장에 따라 청차라고 부른다. 이에 대해서는 于觀亭(2003), 92쪽 참조. 陳椽에 대해서는 《中國農業百科全書》〈茶業卷〉, 171쪽 참조.

15) 예외적으로 품종과 상품의 명칭이 다른 경우도 있다. 예를 들면 민남청차 중의 香櫞이란 제품은 佛手라는 품종으로 만들고, 黃金桂(귀하다고 하여 黃金貴라고도 부름)는 黃棪이나 黃旦이란 품종으로 만든다. 황금계의 경우는 오늘날 상품명과 품종명 모두 황금계라고 부르기도 한다. 쨩유화(2010), 275쪽 참조.

16) 쨩유화(2010)는 민북청차를 무이암차와 민북수선으로만 나누었는데(278쪽), 여기서는 程啓坤의 견해를 취했다. 진종무(1992), 120쪽 참조.

생산지역에 따라 正巖茶 · 半巖茶 · 洲茶 등으로 나누기도 한다.[17] 무이암차는 암수선과 암기종의 커다란 두 부류로 나눌 수 있고, 기종은 또한 명총기종과 單欉기종으로 나눈다. 이 가운데 天心巖 九龍窠의 大紅袍, 慧苑坑(巖)의 鐵羅漢 · 白鷄冠, 嵐谷巖의 水金龜 등을 四大名欉이라 합칭한다.[18]

이 밖에도 十里香 · 金鎖匙 · 不知春 · 弔金鐘 · 瓜子金 · 金柳條 등의 보통명총이 있다. 이른바 단총은 우량 품종의 명칭(명예, 영예)으로 단독으로 명명한 암차인데,[19] 奇蘭 · 烏龍 · 철관음 · 梅占 · 肉桂 · 雪梨 · 桃仁 · 毛猴 등과 같은 것들이다. 민북청차는 또한 산지와 품종이 다름으로 인하여 建甌烏龍 · 崇安龍須茶 · 政和白毛猴 · 福鼎白毛猴 등으로 나눈다.

(2) 민남청차

민남은 청차의 발원지로, 여기서부터 청차가 민북 · 광동 · 대만 등지로 전해졌다. 복건성의 남부인 민남에서 생산되는 청차 중에서 가장 유명하고 품질이 가장 좋은 것은 安溪의 '철관음'이다. 철관음 외에도 黃棪種으로 만든 '黃金桂'도 민남청차 중의 珍品이다. 이 밖에도 佛手 · 毛蟹 · 本山 · 奇蘭 · 梅占 · 桃仁 · 香櫞 등이 있는데, 만약 이러한 품종들을 혼합 또는 따로따로 만들거나 만든 후에 배합한 청차는 '色種'이라 통칭한다.

오늘날 민남청차의 香型은 대부분 녹차화된 淸香型이다. 전통의 濃香型은 三紅七綠인 반면 청향형은 一紅九綠으로, 농향형보다 가볍게 발효시켜 향기를 강화하였다. 민남에서의 이러한 청향형 청차의 출현은 1990년대 초반의 일인데, 대만의 차상인들이 민남에 들어와 대만 포종차의 가공방식으로 가볍게 발효시킨 청차를 대량으로 만들면서 시작되었다.

---

17) 구체적인 내용은 쩡유화(2010), 278-279쪽 참조.
18) 5대명총도 있는데 이에 대해서는 상게서, 278 참조.
19) 청차의 품종은 대부분 자연교잡으로 조성된 有性群體種이데, 이 군체종에서 우량한 單株를 선발하여 有性繁殖으로 만든 품종을 單欉 또는 名欉이라 한다. 이 밖에 老欉과 正欉도 있다. 이에 대해서는 상게서 273쪽 참조.

(3) 광동청차

광동성 潮州에서 생산되는 鳳凰단총과 鳳凰수선이 가장 유명하며, 근래 광동성의 石古坪烏龍과 嶺頭단총의 품질 또한 비교적 출중하다. 그 다음은 饒平縣에서 생산되는 饒平色種인데, 각종 다른 품종의 싹과 잎을 섞어서 만든 것이다. 주요 품종으로는 大葉奇蘭 · 黃棪 · 철관음 · 매점 등이 있다.

단총차의 발원지답게 봉황단총은 군체품종인 봉황수선에서 우수한 품질과 특성을 가진 單柱를 오랫동안 특별하게 관리하여 개체로 선발 육종하여 단총으로 만든 것이다. 봉황단총의 향형은 18가지로 분류되는데, 이 가운데 대표적인 10개를 十大香型이라고 한다.[20]

(4) 대만청차

대만에서 생산되는 청차는 萎凋와 做靑의 다름에 따라 대만烏龍과 대만包種으로 구분한다. 대만烏龍은 위조와 주청의 정도가 비교적 무거운 것으로, 南投縣

그림 2. 대차13호 : 台北市鐵觀音 · 包種茶硏發推廣中心

---

20) 구체적인 향형에 대해서는 쨩유화(2010), 282쪽 참조.

의 '凍頂烏龍'이 가장 유명하다. 그 다음은 新竹縣 일대의 烏龍인데, 모두 우량품
종인 靑心大有 · 白毛猴 · 臺茶5號 · 硬枝紅心 등으로 만든 것이다.

포종차는 근세기에 신공법으로 개발된 경발효차의 일종으로, 발효정도는
8-12%이며, 대만에서 만들기 시작했다. 대만포종은 위조와 주청의 정도가 비교
적 가벼운 것으로, 주요 산지는 臺北縣 일대의 文山 · 七星山 · 坪林 · 石碇 · 新
店 · 深坑 · 淡水 등지이다. 이 가운데 문산포종의 품질이 가장 좋다. 대만포종은
靑心烏龍 · 臺茶5호 · 臺茶12호 · 臺茶13호 등의 품종을 선용하여 만드는데, 발
효정도가 낮아 맛이 녹차와 비슷하다.

4) 백차

백차는 경미한 발효차에 속하며, 기본적인 가공과정은 위조와 曬乾 혹은 烘乾
이다. 백차는 항상 하얀 솜털이 많은 싹이나 잎을 골라 쓴다. 백차는 주로 복건성
의 福鼎縣 · 政和縣 · 松溪縣 · 建陽縣 등에서 생산되는데, 대만에서도 소량이 생
산된다. 백차는 원료의 차이에 따라 芽茶와 葉茶 두 종류로 나눈다.

최근 절강성 安吉에서 '白茶'가 생산되어 흔히 '安吉白茶'라고 부르는데, 사실
이 차는 백차류에 포함되지 않는다. 500여 종이 넘는 차나무 중에서 극히 드물게
보이는 진귀한 품종으로 봄에 돋아나는 芽葉이 모두 백색이어서 '안길백차'라고
부르지만 기실은 녹차의 일종이다.[21]

(1) 白芽茶

大白茶의 살찐 싹만을 사용해서 만든 백차가 아차에 속한다. 전형적인 아차가
바로 '白毫銀針'이다. 백호은침은 주로 福鼎과 政和 등지에서 생산된다. 복정에
서 생산되는 은침은 홍건방식을 채택하는데, '北路銀針'이라고도 부른다. 정화에
서 생산되는 은침은 쇄건방식을 채택하는데, '南路銀針'이라고도 부른다.

---

21) 안길백차에 대해서는 于觀亭(2003), 94쪽 참조.

(2) 白葉茶

백엽차는 一芽二葉이나 一芽三葉 또는 낱개의 잎을 원료로 해서 만드는데, 엽차에는 '白牧丹'·'貢眉'·'壽眉' 등이 포함된다.

5) 황차

황차의 특징은 茶葉과 茶湯 그리고 葉底의 색이 모두 황색이라는 점인데, 이는 제다과정 중에 진행된 渥堆와 悶黃의 결과이다. 어떤 것은 유념 이전에 퇴적시켜 민황을 하고, 또 어떤 것은 유념 이후에 퇴적시켜 민황을 하거나 혹은 유념 이후 오랫동안 攤放을 하여 민황을 하기도 한다. 어떤 것은 初烘 이후에 퇴적시켜 민황을 하기도 하고, 또 어떤 것은 再烘을 할 때에 민황을 하기도 한다.

황차는 원료로 사용된 싹이나 잎의 여린 정도와 크기에 따라 黃芽茶·黃小茶·黃大茶 등으로 구분할 수 있다.[22]

(1) 황아차

황아차는 가늘고 여린 홑 싹이나 一芽一葉으로 만들며, 주요한 황아차로는 호남성 岳陽의 洞庭湖에 있는 君山의 '君山銀針'·사천성 雅安縣과 名山縣의 '蒙頂黃芽'·안휘성 霍山의 '霍山黃芽' 등을 들 수 있다.

(2) 황소차

황소차는 가늘고 여린 싹이나 잎을 가공하여 만드는데, 호남성 악양의 '北港毛尖'·호남성 寧鄕의 '潙山毛尖'·호북성 遠安의 '遠安鹿苑'·절강성 溫州와 平陽 일대의 '平陽黃湯' 등이 황소차에 속한다.

(3) 황대차

황대차는 一芽二·三葉이나 심지어는 一芽四·五葉으로 만드는데, 주요한 황

---

22) 황차를 황소차와 황대차로만 구분하기도 하는데, 여기서는 程교수의 의견에 따르기로 한다. 상게서, 424쪽 참조.

대차로는 안휘성 곽산의 '곽산황대차'와 광동성 韶關·肇慶·湛江 등지의 '廣東大葉靑'이 있다.

6) 흑차

흑차의 기본적인 가공과정은 살청·유념·악퇴·건조 순으로 진행된다. 흑차는 일반적으로 거친 잎을 사용하기도 하고 제조과정 중 항상 퇴적하여 발효시키는 시간이 비교적 길기 때문에 차엽이 油黑色 혹은 黑褐色을 띤다. 그래서 흑차라고 부르는데, 주로 변방의 소수민족들에게 공급되기 때문에 邊銷茶라고도 부른다.[23] 흑차는 생산지역과 가공법의 차이 때문에 호남흑차·호북老靑茶·四川邊茶·운남흑차·광서흑차 등으로 나눈다.

(1) 호남흑차

호남흑차는 주로 安化에서 생산되며, 益陽·桃江·寧鄕·漢壽·沅江 등지에서도 일정량이 생산된다. 호남흑차는 유념공정을 初揉와 復揉로 나누어 악퇴 이전에 초유를 하고 악퇴 이후에 복유를 하여 가공과정이 모두 5단계이다. 黑毛茶를 蒸壓해서 대나무로 포장한 것은 天尖이라 부르고, 증압해서 벽돌모양으로 만든 것은 黑磚·花磚·茯磚 등으로 부른다.

(2) 호북노청차

노청차는 蒲圻縣·咸寧縣·通山縣·崇陽縣·通城縣 등지에서 생산되는데, 줄기도 많이 섞인 거친 잎으로 살청·유념·初曬·復炒·復揉·악퇴·曬乾 등의 공정을 거쳐 만든다. 노청차를 증압하여 벽돌모양으로 만든 완제품을 '老靑磚'이라고 부르며, 주로 내몽고자치구로 판매한다.

---

23) 학술적으로 흑차라는 개념은 60년대에 陳椽교수에 의해 확립되었다. 陳교수가 확립한 흑차라는 개념은 오늘날 운남지역 이외의 지역에서 만들고 있는 흑차의 가공과정에 사용되는 악퇴를 두고 이르는 것이다. 운남지역에서 생산하는 보이차의 악퇴는 1973년에야 비로소 개발된 새로운 공법의 미생물발효이다. 상게서, 413쪽 참조.

(3) 사천변차

사천변차는 南路변차와 西路변차로 구분된다. 사천성의 雅安·天全·榮經 등지에서 생산되는 남로변차는 긴압차인 康磚·金尖后 등으로 만들어 주로 티베트·청해성·사천성의 甘孜藏族自治州 등지로 판매한다. 사천성의 灌縣·崇慶·大邑 등지에서 생산되는 서로변차는 증압 이후 대껍질에 포장하여 方包茶나 圓包茶로 만들어 주로 사천성의 阿壩藏族自治州·청해성·감숙성·신강위구르자치구 등지로 판매한다.

(4) 운남흑차

운남(滇)흑차는 운남성의 쇄청모차에 물을 뿌려 발효 후 건조시켜 만드는데, 普洱茶라고 통칭한다. 운남의 보이차가 다른 지역의 흑차와 다른 점은 보이차가 햇볕으로 건조된 모차를 원료로 쓰는 반면 다른 흑차들은 젖은 揉捻葉을 원료로 사용한다는 점이다.[24] 이러한 보이散茶를 증압하여 여러 모양의 긴압차인 餅茶·緊茶·圓茶(七子餅茶) 등을 만든다.

(5) 광서흑차

광서(桂)흑차로는 六堡茶가 가장 유명한데, 광서장족자치구 蒼梧縣의 六堡鄕에서 생산되기 때문에 얻은 이름이다. 모차를 만들 때도 물을 뿌리는 공정을 거치고, 재가공을 할 때도 또 다시 물을 뿌리는 공정을 거친다. 200여 년의 역사를 가진 육보차는 賀縣·橫縣·岑溪·玉林·昭平·臨桂·興安 등에서도 일정량이 생산된다.

2. 재가공차류

위에서 6가지의 기본차류를 살펴보았는데, 이러한 기본차류를 원료로 재가공하여 생산한 제품을 재가공차류라고 통칭한다. 재가공차류에는 花茶·緊壓茶·萃

---

24) 상게서, 412-413쪽 참조.

取茶 · 果味茶 · 藥用保健茶 · 含茶飮料 등이 있다.[25]

1) 화차

화차는 차엽과 향기로운 꽃을 함께 두어 차엽이 꽃의 향기를 흡수하도록 하여
만든 香茶로 熏花茶라고도 부른다. 화차의 주요 산지는 복건성의 福州 · 寧德 ·
沙縣, 강소성의 蘇州 · 南京 · 揚州, 절강성의 金華 · 杭州, 안휘성의 歙縣, 사천성
의 成都 · 重慶, 호남성의 長沙, 광동성의 廣州, 광서장족자치구의 桂林, 대만의
臺北 등지이다. 국내시장은 주로 華北과 東北지구로 산동 · 북경 · 천진 · 성도
등지의 판매량이 가장 많다.

熏制花茶에 쓰이는 반제품차는 주로 녹차 중의 烘青인데, 大方과 같은 초청녹
차와 毛峰과 같은 세눈녹차 등도 소량이 쓰인다. 홍차와 청차로 만든 훈제화차의
수량은 많지가 않다.

화차는 훈제한 꽃향기의 차이에 따라 茉莉花茶 · 白蘭花茶 · 珠蘭花茶 · 玳玳
花茶 · 柚子花茶 · 桂花茶 · 玫瑰花茶 · 梔子花茶 · 米蘭花茶 · 樹蘭花茶 등으로
나눈다. 또한 꽃의 이름과 차의 이름을 합쳐서 부르기도 하는데, 茉莉烘青 · 珠蘭
大方 · 茉莉毛峰 · 桂花鐵觀音 · 玫瑰紅茶 · 樹蘭烏龍 · 茉莉水仙 등을 예로 들
수 있다. 중국의 화차 중에서 생산량이 가장 많은 것은 茉莉花茶이다.

2) 긴압차

각종 산차는 증압을 거쳐 일정한 모양으로 재가공을 하는데, 이러한 차를 긴압
차 혹은 壓製茶라고 부른다. 긴압차는 원료로 쓰이는 차엽의 종류에 따라 녹차긴
압차 · 홍차긴압차 · 청차긴압차 · 흑차긴압차 등으로 구분한다.

---

25) 재가공차류를 花茶 · 草果茶 · 速溶茶 · 茶飮料 · 茶酒 · 粉茶 · 抹茶 등으로 분류하기도 한다. 阮逸
明(2002), 50쪽 참조.

(1) 녹차긴압차

운남성·사천성·광서장족자치구 등에서 생산되는 녹차긴압차에는 沱茶·普洱方茶·竹筒茶·廣西粑粑·四川毛尖·四川芽細·小餅茶·香茶餅 등이 있다. 타차는 과거의 蒸壓團茶가 변화·발전된 것이다. 운남성 下關에서 滇靑을 원료로 해서 만들어진 타차는 '운남타차'라고 부르고, 사천성 重慶에서 생산되는 타차는 '중경타차'라고 부른다. 타차는 250그램과 100그램의 두 종류가 있다.

보이방차는 운남성 西雙版納 등지에서 생산되는데, 滇靑을 원료로 증기로 찐 후 10×10×2.2cm 크기의 네모진 틀에 찍어서 만든다. 하나의 무게는 250그램으로 '普洱方茶'라는 네 글자가 새겨져 있다.

죽통차는 운남성 滕沖과 勐海 등지에서 생산되는데, 직경이 3-8cm이고 길이가 8-20cm인 원주형 차이다. 살청과 유념을 마친 찻잎을 죽통에 넣어 마개로 막은 뒤 섭씨 40도 정도의 숯불에 구워서 만든다.

파파차는 광서장족자치구의 大苗山自治縣과 臨桂縣에서 생산되는데 두 지역의 가공법이 서로 다르다.

(2) 홍차긴압차

홍차긴압차는 홍차를 원료로 증압을 해서 벽돌모양이나 둥근모양으로 만든 壓製茶이다. 벽돌모양에는 米磚茶와 小京磚이 있고, 둥근모양으로는 鳳眼香茶가 있다. 미전차는 주로 호북성 趙李橋에서 생산되며, 주로 新疆위구르자치구와 내몽고자치구로 판매한다. 미전차의 중량은 1,125그램이며 크기는 23.7×18.7×2.4cm이다.

(3) 청차긴압차

복건성 漳平縣에서 생산되는 '水仙餅茶'가 바로 청차긴압차에 속한다. 수선이란 품종의 차나무에서 채취한 찻잎을 가지고 청차를 만드는 방법에 따라 우선 曬靑·晾靑·搖靑·殺靑·揉捻을 한다. 이후 揉捻葉을 일정한 틀에 눌러 모양을 만든 뒤 다시 白紙에 싸서 마를 때까지 홍배를 한다. 그래서 일명 '紙包茶'라고도 부른다.

　수선병차를 만들 때 과거에는 손으로 둥글게 빚었는데, 손으로 빚으면 크기가 일정하지 않기 때문에 나중에는 목형(木型)을 사용해 사각형의 병차를 만들었다. 수선병차는 둘레의 길이가 6cm이고, 두께는 1cm이며, 무게는 20그램이다. 수선병 차는 주로 閩西지역과 厦門 및 광동 일대로 판매한다.

(4) 흑차긴압차

　각종 흑차의 모차를 원료로 증압하여 각종 형태의 긴압차를 만드는데, 주요한 흑차긴압차로는 호남성의 '湘尖'·'黑磚'·'花磚'·'茯磚', 호북성의 '老靑磚', 사 천성의 '康磚'·'金尖'·'方包茶'·'圓包茶', 운남성의 '緊茶'·'圓茶'·'餠茶', 광서장족자치구의 '六堡茶' 등이 있다.

　상첨은 호남성 安化에서 생산되는 길쭉하게 대껍질로 포장한 흑차인데, 과거에 는 天尖·貢尖·生尖 등으로 구분했으나 현재는 흑모차1·2·3등급의 원료에

그림 3. 흑전차 : 제주티파크

그림 4. 복전 : 제주티파크

따라 상첨1 · 2 · 3호로 개칭했다. 상첨1호는 무게가 50kg이고, 상첨2호는 45kg이며, 상첨3호는 40kg이다.

흑전은 安化에서 생산되는 벽돌모양의 증압흑차로, 크기는 35×18×3.5cm이고, 색깔은 흑갈색이다.

화전은 安化에서 생산되는 벽돌모양의 증압흑차로, 크기는 흑전과 같고, 무게는 2kg이다. 화전의 전신은 花卷茶(일명 千兩茶)인데, 나무줄기처럼 원주형으로 만들어 하나의 무게가 1,000兩이 되게 하였다. 그러나 1958년 이후 벽돌모양으로 바꾸었다.

복전은 호남성의 안화 · 益陽 · 臨湘 등지에서 생산되며, 사천성에서도 일부가 생산된다. 호남복전은 크기는 35×18.5×5cm이고, 무게는 2kg이다. 사천복전은 크기는 35×21.7×5.3cm이고, 무게는 3kg이다. 복전의 품질은 金花(금황색의 누룩곰팡이)가 핀 것을 상품으로 친다.[26]

노청전은 호북성 趙李橋에서 생산되는 벽돌모양의 증압흑차이다. 크기는 34×17×4cm이며, 주로 내몽고자치구 등지로 판매한다.

강전은 사천성의 雅安과 樂山 등지에서 생산되는 둥글고 모난 베개모양의 증압흑차이다. 남로변차에 속하는 강전의 크기는 17×9×6cm이다.

금첨은 모든 것이 강전과 같은데 크기만 다르다. 금첨의 크기는 24×19×12cm이며, 무게는 2.5kg이다.

방포차와 원포차는 모두 서로변차에 속하는데, 현재 원포차는 생산되지 않는다. 방포차의 크기는 66×50×32cm이다.

긴차는 운남성에서 생산되는 장방형의 긴압흑차이다. 과거에 이 긴차는 손잡이가 달린 심장모양이었으나 1957년 이후부터 벽돌모양으로 바꾸었다. 크기는 15×10×2.2cm이며, 무게는 250g이다.

---

26) 금화가 피는 이른바 '發花'현상에 대해서는 쨩유화(2010), 415-417쪽에 상세히 기술되어 있어 좋은 참고가 된다.

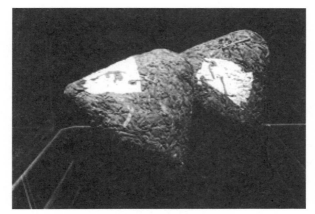

그림 5. 반선긴차 : 제주티파크

원차는 운남성에서 생산되는 커다랗고 둥근 떡 모양의 증압흑차로, 일명 '七子餅茶'라고도 부른다. 직경은 20cm이고, 중심의 두께는 2.5cm이다. 가장자리의 두께는 1cm이며, 무게는 357g이다.

병차는 운남성에서 생산되는 조그맣고 둥근 떡 모양의 증압흑차이다. 직경은 11.6cm이고, 중심의 두께는 1.6cm이다. 가장자리의 두께는 1.3cm이고, 무게는 125g이다.

육보차는 광서장족자치구의 蒼梧·賀縣·恭城·富縣 등지에서 생산되며, 산차와 긴압차 두 종류가 있다. 육보긴압차는 높이가 56.7cm이고, 직경은 53.3cm이며, 무게는 30-50kg이다. 이것도 복전처럼 금화가 핀 것을 가장 좋은 품질로 친다.

위에서 살펴본 12종의 긴압차 이외에 또 긴압차에 속하는 '固形茶'가 있다. 고형차는 가느다란 나뭇가지 모양의 재가공차이다. 가공과정에서 생기는 차의 부스러기를 분말로 빻아 여기에 전분(녹말)과 단백질 등과 같은 접합제를 섞어 풀처럼 만든 뒤에 직경 1-1.5mm 크기의 가느다란 면발(국수)모양으로 뽑아 홍건을 하여 1-2cm 크기로 잘라서 만든다. 이러한 고형차는 뜨거운 물에 우린 뒤에도 용해되지 않아 덩어리가 풀리지는 않지만 차즙은 침출된다. 고형차는 차의 부산물을 이용하는 일종의 수단인 셈이다.

3) 萃取茶

완제품 혹은 반제품의 차엽을 원료로 뜨거운 물로 차엽 중의 가용물을 추출한 후에 찌꺼기는 버리고 차즙만을 농축하거나(혹은 농축하지 않거나) 건조하여(혹은 건조하지 않거나) 액체 혹은 고체상태의 차로 만든 것을 통칭 췌취차라고 한다.[27] 췌취차에는 罐裝음료차 · 농축차 · 速溶茶 등이 있다.

(1) 관장음료차

관장음료차는 차엽에 일정량의 뜨거운 물을 넣어 추출 · 여과시킨 茶湯에 일정량의 항산화제(비타민C 등)를 첨가하고 설탕이나 향료는 첨가하지 않고서 캔이나 병에 담아 밀봉 후 멸균하여 만든다. 이러한 음료차의 농도는 약 2%인데, 캔이나 병을 따서 바로 마실 수 있어 편리하다.

(2) 농축차

농축차는 차엽에 일정량의 뜨거운 물을 넣어 추출 · 여과시킨 茶湯을 減壓농축 혹은 삼투막농축을 시켜 일정한 농도에 도달한 후 캔에 담아 멸균하여 만든다. 이러한 농축차는 직접 마실 수도 있고, 관장음료를 만드는 原汁으로도 사용할 수 있는데, 직접 마실 때에는 물을 넣어 희석시켜야 한다.

(3) 속용차

속용차는 可溶茶라고도 하는데, 추출과 여과를 거친 茶湯에 環糊精(속용차의 강한 흡습성을 약화시킴)을 넣고, 또 이산화탄소를 채워 분무건조 혹은 냉동건조를 시킨 후에 분말 혹은 과립상태로 만든 것이다. 속용차가 완성되면 반드시 밀봉포장을 하여 습기를 빨아들이지 않도록 해야 한다. 속용차는 온수나 냉수에 잘 녹아 마시기에 편리하다.

---

27) 우리말로는 추출차라고 할 수 있다.

4) 果味茶

완제품 혹은 반제품의 차엽에 과즙을 첨가해서 각종 과미차를 만드는데, 차맛에 과일의 향과 맛이 더해져 風味가 독특하다. 중국에서 생산되는 과미차에는 荔枝紅茶·檸檬紅茶·獼猴桃茶·桔汁茶·椰汁茶·山渣茶 등이 있다.

5) 약용보건차

차엽에 한약재 혹은 약용식품을 고루 배합하여 만든 각종 보건차는 본래 가지고 있는 차엽의 영양과 보건기능은 물론이고 모종의 병을 예방하고 치료하는 효과를 강화시켜준다. 보건차의 종류도 많고 효과도 각기 다른데, 보건과 치료효과가 비교적 현저한 보건차는 다음과 같다.

양기를 북돋우는 '두충차', 인삼의 사포닌을 함유한 '絞股蘭茶', 금연효과가 있는 '戒煙茶', 노인의 건강에 도움을 주는 '益壽茶'·'八仙茶'·'抗衰茶', 눈의 건강에 도움을 주는 '明目茶', 사고력 증진에 효과가 있는 '益智茶', 위를 건강하게 하고 소화를 촉진시켜주는 '健胃茶', 항암과 克山病[28]을 예방해주는 '富硒茶', 당뇨병을 예방하고 치료해주는 '薄玉茶', 학학질에 효과가 있는 '抗瘧茶', 해열과 목을 부드럽게 해주는 '淸音茶'·'嗓音寶', 이질을 치료해주는 '止痢茶', 보양과 항방사능에 효과가 있는 '首烏(하수오)松針茶', 심혈관을 보호해주는 '心腦健', 혈압을 낮춰주는 '降壓茶'·'康壽茶'·'菊槐강압차'·'梔子茶'·'間荊茶'·'菊花茶'·'甛菊茶', 다이어트와 혈중지방을 낮춰주는 '보건감비차'·'美的청춘차'·'淸秀감비차'·'猴王牌감비차精'·'三花감비차'·'烏龍감비차', 머리를 맑게 해주고 수명을 연장시켜주는 '天麻茶', 간장을 보호하고 눈을 밝게 해주는 '枸杞茶' 등이다.

6) 含茶음료

현대에 들어 음료산업이 발달함에 따라 음료의 영양과 건강효능을 더욱 중시하게 되었다. 차는 인류가 공인하는 건강음료이기 때문에 음료에 각종 차즙을 첨가

---

28) 풍토병의 일종으로 흑룡강성 克山縣에서 처음 발견되었다.

하는 것이 신형음료를 개발하는 하나의 수단이 되었다. 근래 시장에 출현한 함차음료에는 '차콜라' · '茶樂' · '茶露' 등과 각종 '茶葉사이다' · '多味茶' · '녹차아이스크림' · '茶葉아이스케이크', 그리고 각종 '차술'(철관음차술 · 신양모첨차술 · 茶汽酒 · 茅台茶 · 차샴페인)과 '밀크홍차' 등이 있다.

Ⅳ. 나오는 말

생산자는 녹차를 위주로 차를 생산하는 데 반해 소비자는 다양한 차를 요구하기 마련이다. 이러한 생산과 소비의 패턴은 차의 수입을 초래할 수밖에 없는데, 우리는 수입차의 55% 이상을 중국에서 수입하고 있다. 비공식적으로 유입되는 차까지 포함한다면 중국차의 점유율은 70%를 상회할 것으로 추측되며, 수입차의 96%는 국내에서 생산되지 않는 발효차가 차지하고 있다.

이러한 중국차의 열풍에 비해 중국차에 대한 우리의 연구성과는 미미하기 짝이 없다. 중국차에 대한 우리의 이해가 턱없이 부족한 상황에서 중국차가 무차별적으로 수입되기 때문에 자연히 중국차에 대한 수많은 오해와 편견들이 범람하게 된다. 이를 해소하기 위해서는 중국차에 대한 철저한 연구가 선행되어야 한다. 본고에서는 중국차를 올바로 이해하기 위한 연구의 일환으로 우선 중국차의 명명 유형을 살펴보고, 이어서 중국차들은 어떤 기준에 의해 어떻게 분류되는가를 고찰하였다. 지금까지 고찰한 내용을 요약하면 다음과 같다.

* 중국차의 명명법은 각양각색인데, 이는 차의 명명에 대한 일정한 기준이나 원칙이 없었다는 반증이다. 중국차의 명명유형은 ① 모양 ② 산지의 산천과 명소 ③ 색택이나 탕색 ④ 향기나 맛 ⑤ 채엽 시기와 계절 ⑥ 가공공정 ⑦ 포장형식 ⑧ 판로 ⑨ 차나무 품종 ⑩ 산지 ⑪ 첨가물과 효과 등 11가지로 나눌 수 있다.

* 중국차의 종류를 구분하는 통일된 기준이 없어 대략 다음 3가지 분류가 통용

되었다. ① 제조방법의 차이와 품질상의 차이로 녹차 · 홍차 · 청차 · 백차 · 황차 · 흑차 등 6가지로 분류 ② 수출차의 종류에 근거해 녹차 · 홍차 · 청차 · 백차 · 화차 · 긴압차 · 속용차 등 7가지로 분류 ③ 가공 과정이 初製와 精製 두 단계로 구분되는 실제 상황에 근거해 먼저 차를 毛茶와 成品茶로 나눈다. 毛茶는 다시 녹차(황차도 포함) · 홍차 · 청차 · 백차 · 흑차 등 5가지로 나누고, 成品茶는 다시 정제 가공한 녹차 · 홍차 · 청차 · 백차 등 4가지에 재가공한 화차 · 긴압차 · 속용차 등 3가지를 합하여 총 7가지로 나눈다.

* 지금까지의 분류 기준을 근거로 중국차는 먼저 기본차류와 재가공차류로 구분할 수 있고, 기본차류에는 녹차 · 홍차 · 청차 · 백차 · 황차 · 흑차 등이 포함되고, 재가공차류에는 화차 · 긴압차 · 쉐취차 · 과미차 · 약용보건차 · 함차음료 등이 포함된다.

* 녹차는 다시 살청과 건조방식 등에 따라 초청녹차 · 홍청녹차 · 쇄청녹차 · 증청녹차 등으로 구분되고, 이들은 다시 모양이나 지역 등에 따라 다양한 차로 세분된다.

* 홍차는 소종홍차 · 공부홍차 · 홍쇄차 등으로 구분되는데, 이들은 다시 모양이나 지역 등에 따라 다양한 차로 세분된다.

* 청차는 품질상의 차이에 따라 민북청차 · 민남청차 · 광동청차 · 대만청차 등으로 구분되고, 이들은 다시 품종에 따라 다양한 차로 세분된다.

* 백차는 원료로 사용된 찻잎의 모양에 따라 백아차와 백엽차로 구분되고, 황차도 역시 원료로 쓰인 찻잎의 부드러운 정도와 크기에 따라 황아차 · 황소차 · 황대차로 구분된다.

* 흑차는 생산지역과 가공법의 차이에 따라 호남흑차 · 호북노청차 · 사천변차 · 전계흑차, 광서흑차 등으로 구분된다.

* 재가공차류에 속하는 차들도 다시 특성에 따라 여러 종류의 차로 세분된다.

參考文獻

陳彬藩 主編,《中國茶文化經典》, 光明日報出版社, 1999.

朱世英 等 主編,《中國茶文化大辭典》, 漢語大辭典出版社, 2002.

陳宗懋 主編,《中國茶經》, 上海文化出版社, 1992.

中國農業百科全書編輯部編,《中國農業百科全書, 茶業卷》, 農業出版社, 1996.

于觀亭 編著,《中國茶文化漫談》, 中國農業出版社, 2003.

王建榮 · 吳勝天 編著,《中國名茶品鑒》, 山東科學技術出版社, 2005.

康乃 主編,《中國茶文化趣談》, 中國旅遊出版社, 2006.

阮逸明 編著,《世界茶文化大觀》, 國際華文出版社, 2002.

縴　塵 編著,《說茶》, 中國商業出版社, 2002.

周紅杰 主編,《雲南普洱茶》, 雲南科技出版社, 2005.

채정안 · 당화평 주편, 김태만 · 금지수 역,《湖南黑茶》, 도서출판 한빛, 2009.

쟝유화 저,《차과학개론》, 도서출판 보이세계, 2010.

한국차인연합회,《茶人》(158호), 2012.

拙稿,〈한국 차문화의 발전과정과 연구현황 고찰〉,《韓國茶文化》, 창간호, 2010.

【中文提要】

　　茶葉的命名類型有如下十一種, 有的根據形狀不同而命名, 有的結合産地的山川名勝而命名, 有的根據外形色澤或湯色命名, 有的根據茶葉的香氣和滋味特點而命名, 有的根據採摘時期和季節而命名, 有的根據加工製造工藝而命名, 有的根據包裝形式命名, 有的按銷路不同而區分, 有的依照茶樹品種的名稱而定名, 有的依産地不同而命名, 有的果味茶和保健茶按茶葉添加的果汁和中藥以及功效等命名.

　　中國茶類的劃分目前尙無統一的方法, 有的根據製造方法不同和品質上的差異, 將茶葉分爲六大類(綠茶·紅茶·靑茶·白茶·黃茶·黑茶), 有的根據中國出口茶的類別將茶葉分爲七大類(綠茶·紅茶·靑茶·白茶·花茶·緊壓茶·速溶茶), 有的根據中國茶葉加工分爲初製和精製兩大部分, 其中毛茶分五大類(綠茶·紅茶·靑茶·白茶·黑茶), 成品茶包括精製加工的四大類(綠茶·紅茶·靑茶·白茶)和再加工而成的三大類(花茶·緊壓茶·速溶茶)共七類. 將上述幾種分類方法綜合起來, 中國茶葉則可分爲基本茶類和再加工茶類兩大部分.

　　綠茶按殺靑方式和乾燥方式而炒靑綠茶·烘靑綠茶·曬靑綠茶和蒸靑綠茶四類. 紅茶再分爲小種紅茶·工夫紅茶·紅碎茶等三類. 靑茶因品質上的差異分爲閩北靑茶·閩南靑茶·廣東靑茶和臺灣靑茶四類. 白茶因採用原料不同, 分白芽茶與白葉茶兩類. 黃茶依原料芽葉的嫩度和大小可分爲黃芽茶·黃小茶和黃大茶三類. 黑茶因産區化工藝上的差別有湖南黑茶·湖北老靑茶·四川邊茶和滇桂黑茶之分.

　　以六大基本茶類作原料進行再加工以後的産品統稱再加工茶類, 主要包括花茶·緊壓茶·萃取茶·果味茶·藥用保健茶和含茶飮料等六類.

【中心語】中國茶, 分類, 命名類型, 分類基準, 基本茶類, 再加功茶類

출전
〈중국차의 分類 고찰〉《中國人文科學》제51집, 中國人文學會, 2012. 8)

中國 名茶 考察

Ⅰ. 들어가는 말

세계의 茶園 면적과 차의 생산량은 2000년 이후 가파르게 증가하고 있다. 중국은 茶園의 면적과 茶의 생산량 모두 세계 1위를 차지하고 있고, 수출량 또한 케냐에 이어 2위를 차지하고 있어 세계의 차 시장을 주도하고 있다. 특히 녹차가 전체 차 생산량의 약 74%를 점유하고, 녹차 생산량의 증가 속도도 전체 차 생산량의 증가 속도를 능가하기 때문에 중국을 녹차 왕국이라 부를 수 있다.[1]

우리는 주로 중국과 스리랑카 등에서 차를 수입하고 있는데, 2010년을 기준으

---

1) 2000년부터 2009년까지 10년간 중국 차 생산량의 변화추이는 International Tea Committee의 "Annual Bulletin of Statistics 2010을 참조했다.

로 전체 수입량은 약 585톤으로 이 가운데 55%에 달하는 약 323톤을 중국에서 수입하고 있다.[2] 세관을 통과하지 않고 비공식적으로 중국에서 국내에 유입되는 차까지 포함하면 중국차의 점유율은 70%를 상회할 것으로 추측된다.

이처럼 수입차의 열풍이 거세지는 가운데 2007년에 농약파동이라는 직격탄을 맞아 국내의 재배 면적과 생산량은 세계적 추세와는 반대로 감소되고 있는 실정이다. 실제로 2006년에는 3,692ha에서 4,080톤을 생산했으나 2010년에는 3,264ha에서 3,586톤을 생산하는데 그치고 말았다.[3]

더욱이 최근에는 '커피의 습격, 녹차의 눈물'이란 말이 유행할 정도로 차 시장이 급격히 위축되고 있다. 실제로 2012년 차 시장의 규모는 2,000억 원 미만인데 반해 커피 시장은 3조원에 달할 것으로 추정하고 있다. 이 때문에 정부가 우리의 차산업을 아예 포기하기로 했다는 소문도 들린다. 우리 차산업의 규모가 미미하기 때문에 FTA의 원활한 추진을 위해 우리의 차 시장을 외국에 내줄 수도 있다는 논리가 설득력을 얻을 수도 있다는 것이다. 그야말로 우리의 차산업과 차문화가 경제논리에 밀려 최대의 위기에 직면하고 있는 것이다.

급기야 한국차문화학회가 2012년 5월 26일 광주김대중컨벤션센터에서 〈한국차문화·산업의 활로 모색〉이란 주제로 학술대회를 개최함으로써 우리의 차문화와 차산업의 위기에 대한 공감대를 확산시켰다. 이를 계기로 하여 드디어 2012년 7월 10일 하동녹차연구소에서 한국차학회와 한국차문화학회가 공동으로 한국차산업·문화발전협의회 발기대회를 개최하고서 구체적인 활동에 들어갔다. 2012년 말까지 정부에 건의할 각종 대책을 마련하는 것을 목표로 농수산분과·문화관광분과·교육과학분과 등으로 나누어 활발한 활동을 전개하고 있는데, 사안의 중대성으로 인해 여기에 거는 차계의 기대가 매우 클 수밖에 없다.

세상 사람들이 名品을 선호하듯이 世人들은 名茶에 대한 관심이 지대하다. 그것은 수많은 차들을 모두 마셔보는 것이 현실적으로 어렵기 때문에 대표적인 名

---

2) 2009년과 2010년도 우리나라의 국가별 차종별 수입량은 농산물유통공사의 자료를 참고했다.
3) 우리나라의 차 재배 면적과 생산량의 변화추이는 농림업 주요통계를 참고했다.

茶 몇 종류를 마셔보는 것으로 이를 대신할 수 있다고 생각하기 때문일 것이다. 또한 名不虛傳이란 말이 있듯이 名茶의 班列에 오른 차들은 일반적인 차들과는 뭐가 달라도 다르다고 생각하기 때문일 것이다. 이러한 생각들 때문에 名茶에 대한 관심과 名茶를 마셔보고 싶은 욕망은 앞으로 더욱 증대될 것으로 전망된다.

名茶에 대한 세인들의 관심과 욕망이 크기 때문에 名茶가 위기에 빠진 차산업에 활력을 불어넣을 수도 있다. 실제로 臺灣에서는 70년대에 갑자기 불어 닥친 석유파동으로 차의 수출이 막히자 정부가 나서서 내수시장을 활성화하여 위기를 극복한 적이 있다. 이때 農林廳 등 관련 부처에서는 수출 대신 내수시장 쪽으로 정책의 방향을 전환하였는데, 당시 시행했던 정책이 바로 각종 명차경연대회를 여는 것이었다. 1976년부터 시행된 명차경연대회를 통해 鹿谷凍頂茶 · 木柵鐵觀音茶 · 坪林包種茶 · 新竹東方美人茶 · 阿里山茶 등의 고급차인 名茶들이 출현했다.[4] 이러한 名茶들로 말미암아 차 인구가 폭발적으로 증가하였을 뿐만 아니라 茶館들도 우후죽순처럼 생겨나게 되었다. 名茶들이 위기에 빠진 臺灣의 차산업과 차문화를 구했던 것이다.

그림 1. 대만차 : 台北市鐵觀音 · 包種茶研發推廣中心

---

4) 拙稿(2009), 384쪽.

前述한 바와 같이 위기에 처한 우리의 차산업과 차문화를 활성화시키기 위한 방안들이 다양하게 모색되고 있지만, 결국은 값이 적절하고 품질이 우수한 명차를 생산해 차 인구를 증가시키는 방향으로 갈 수밖에 없다. 이러한 측면에서 우리도 臺灣 정부가 시행했던 명차경연대회를 他山之石으로 삼아야 한다는 생각이다. 우리나라에서도 최근에 각종 품평대회를 열어 명차를 선발하고는 있지만, 대부분 권위는 없고 말썽만 많은 대회로 전락하고 있다. 그 주된 원인은 대부분의 품평대회가 사설단체에 의해 임의로 치러지고 있기 때문이다. 권위와 공신력을 겸비한 정부주도의 명차경연대회가 절실히 요구되는 시점이다.

여기서 우리는 조상들이 오랫동안 만들어 마셨던 전통차에 주목할 필요가 있다. 해방 직후까지 장흥군 보림사 주변과 남해안 일대에서 전통적으로 만들어져 판매까지 했던 靑苔錢이란 錢茶가 있었는데, 이 靑苔錢이 여러 사람들의 노력에 힘입어 2008년 10월 16일에 일본 시즈오카에서 열린 '세계 녹차 콘테스트 2008'에서 당당히 최고상인 '최고금상'을 수상했기 때문이다.[5] 우리 조상들은 靑苔錢이외에도 수많은 전통차를 만들어 마셨던 바, 하루 속히 이러한 전통차들을 조사하고 연구하여 세계적인 名茶로 개발해야 한다.

아울러 새로운 名茶를 탄생시키기 위한 노력도 게을리 하면 안 된다. 금년 가을에 고인이 되신 한국제다 서양원회장의 권유와 도움으로 차산업에 뛰어들어 아모레퍼시픽을 창업하신 서성환 회장의 아름다운 집념으로 탄생한 雪綠茶라는 名茶가 좋은 본보기이다. 그는 우리의 전통 차문화를 정립하고 싶어서 과감하게 名茶생산에 뛰어들었던 것이다. 가슴 뭉클한 그의 어록을 소개한다.

어느 나라를 가도 나라마다 독특한 차가 하나씩은 있는데, 우리나라는 뚜렷이 내세울 차가 없다. 어떤 희생을 치르더라도 우리의 전통 차문화를 정립하고 싶다.

본고에서는 명차의 개발과 생산을 통해 최대의 위기에 직면한 우리 차산업을 부흥시키기 위한 목적에서 중국의 명차를 고찰하기로 한다. 중국에는 현재 17개 省

---

5) 拙稿(2008), 639쪽.

에서 312종의 名茶가 생산되고 있는 바, 우선 명차가 갖추어야 할 요건은 무엇이며 어떻게 분류되는가를 살펴보고, 名茶의 분류에 따라 각종 名茶들을 고찰하기로 한다. 이런 고찰이 향후 우리 名茶의 개발과 연구에 기여할 수 있기를 바란다.

Ⅱ. 中國 名茶의 요건과 분류

1. 名茶의 요건

명차가 갖추어야 할 요건들 가운데 첫째는 차나무가 자라는 지역의 생태환경이 우월해야 한다는 점을 들 수 있다. 차의 품질은 차나무 체내의 탄소와 질소의 代謝와 平衡이 얼마나 조화롭게 이루어지느냐에 따라 결정된다.[6] 이러한 탄소와 질소의 물질대사에 영향을 미치는 생태환경인자로는 광도·온도·수분·토양·위도와 해발 등이 있다.[7]

명차가 갖추어야 할 둘째 요건은 차나무의 품종이 우량해야 한다는 것이다. 차나무의 품종에 따라 차의 품질에 영향을 미치는 화학성분이 다르기 때문이다. 현재 지구상에는 약 700여 종에 달하는 차나무 품종이 있는데 이들은 樹型·잎의 크기·萌芽시기·품종의 출처와 번식방법·移植한 지역 환경에의 적응여부·생산량·適製性(차 제조의 적합성) 등에 따라 다양하게 분류된다.[8] 중국에는 국가급 차나무 우량품종으로 총 77개 품종이 등록되어 있는데, 이들은 품종의 특징에 따라 홍차에 적합한 품종·녹차에 적합한 품종·홍차와 녹차에 모두 적합한 품종·청차에 적합한 품종·녹차와 보이차에 적합한 품종·홍차와 보이차에 적합한 품종 등으로 나누어진다.[9]

---

6) 짱유화(2010), 215쪽 참조.
7) 생태환경인자가 차의 품질에 영향을 미치는 구체적인 내용은 상게서, 216-247쪽을 참조할 것.
8) 차나무 품종의 분류에 대한 구체적인 내용은 상게서, 250-294쪽을 참조할 것.
9) 適製性에 따른 국가급 우량품종의 특징에 대해서는 상게서, 296-301쪽의 표 7-17을 참조할 것.

명차가 갖추어야 할 셋째 요건은 차나무 재배의 적절함이다. 적절한 재배를 통해 찻잎 속의 화학성분을 증가시켜 우수한 품질의 명차를 생산할 수 있기 때문이다. 적절한 차나무 재배의 관건으로는 적절한 整枝와 剪枝 그리고 적절한 施肥 등을 들 수 있다. 봄과 가을에 채엽면을 균일하게 하기 위해 실시하는 整枝와 차나무의 수형을 낮게 유지하기 위해 통상 채엽 후에 실시하는 更新剪枝는 모두 양질의 찻잎을 따기 위해서이다. 우량한 품종이라도 생태환경의 여건에 따라 토양 중에 차나무가 성장하는데 필요한 영양분이 부족한 경우가 있게 되는데, 이러한 경우에는 적절한 施肥가 필요하다. 적절한 施肥를 위해서는 비료의 종류 · 배합비율 · 施肥시기 등을 포함한 施肥기술이 중요한데, 施肥의 기술에 따라 찻잎의 성분과 품질이 영향을 받기 때문이다.

명차가 갖추어야 할 넷째 요건은 가공기술의 정교함과 독창성을 들 수 있다. 그것은 각종 가공과정을 통해 다양한 화학성분의 변화가 나타나 차의 품질에 영향을 미치기 때문이다. 가공과정은 만들려는 차의 종류에 따라 다소 차이가 있는데, 6대차류의 가공과정에는 萎凋 · 做青 · 殺青 · 揉捻 · 悶黃 · 乾燥 · 渥堆 · 醱酵 등 총 8개의 가공공정이 있다.[10] 이밖에도 녹차가공과정에서 필수공정은 아니지만 살청공정 이전에 攤放공정을 거치는 것이 최근 일반화되었는데, 攤放공정으로 인한 화학성분의 변화는 차의 色 · 香 · 味를 향상시키는데 많은 기여를 한다. 재가공차류의 일종인 花茶의 가공과정에는 吸着공정도 있다. 이러한 제반 가공공정에서의 가공기술이 정교하고 독창적이어야만 形 · 色 · 香 · 味 등이 뛰어난 명차가 탄생될 수 있는 것이다.

명차가 갖추어야 할 다섯째 요건은 차의 품질이 좋은 물에 충분히 발현되어 마시기 좋도록 제대로 차를 내는 것이다.[11] 차의 품질은 차를 냈을 때 茶湯의 맛과 향기와 수색으로 발현되는데, 茶湯은 차의 품질과 수질은 물론 차를 내는 사람의

---

10) 6대 차류의 가공공정에 대해서는 상게서, 320-321쪽의 표9-1을 참조할 것.

11) '차를 낸다'는 말은 煮茶 · 煎茶 · 點茶 · 泡茶에 공히 사용할 수 있다고 생각되어 필자가 즐겨 쓰는 용어이다. 흔히 '우린다'나 '우림'이란 용어를 사용하나 이는 泡茶에 국한된 용어이기에 여기서는 보다 포괄적인 '차를 낸다'는 용어를 사용한 것이다.

정성과 숙련도에 따라 다양한 변화를 보인다. 때문에 차의 품질 못지 않게 물의 종류와 온도는 물론 차와 물의 비율과 차를 내는 시간 등 차를 내는 사람의 內功 또한 명차가 갖추어야 할 매우 중요한 요건이 되는 것이다.[12]

명차는 마지막으로 역사와 문화적 요건을 갖추어야 한다. 명차는 왕왕 일정한 역사적 淵源과 문화적 요소를 지니고 있다. 自古以來로 풍광이 빼어난 名山大刹에서 많은 명차들이 나왔으며, 제왕의 기호와 표창이 결과적으로 명차의 탄생을 촉진시켰던 것이다. 文人學士들이 다투어 시가와 문장을 지어 반복적으로 찬미함으로써 명차의 영향력은 갈수록 확대되었다. 역대 황실에 의해 시행되었던 貢茶制度가 명차의 지위를 향상시켰고 명차의 생산을 촉진시켰을 뿐만 아니라, 명차에 관한 내용들이 여러 史籍들에 기재될 수 있게 하였다. 현대에는 각종 차 박람회나 품평대회에서 수상한 경력이 새로운 명차가 탄생하는 지름길이 되기도 한다. 이러한 역사와 문화적 요건을 갖춘 명차들은 사회적 승인을 받아 일정한 지명도를 가지게 되고, 명차의 경제적 가치도 이러한 지명도에 따라 그만큼 커지는 것이다.

지금까지 명차가 갖추어야 할 여섯 가지 요건을 살펴보았다. 한편《中國茶文化大辭典》에서는 우월한 지리자연조건과 우량한 품종 그리고 정교하고 독창적인 가공기술과 독특한 역사문화요소 등 네 가지를 명차의 요건으로 들었다.[13] 위의 여섯 가지와 비교하면 적절한 차나무 재배와 차를 제대로 내는 과정 등 두 가지가 적다. 아마도 재배는 품종에 포함시켰고, 명차의 범위를 완제품으로 한정해 차를 내는 과정을 생략한 것으로 보인다.

또한《中國茶經》에서도 명차의 요건을 언급했는데 그 내용은 위의 여섯 가지와 대동소이하다.[14] 그런데《中國茶經》에는 명차의 요건을 간단하면서도 명쾌하게

---

12) 차는 저장과정에서도 다양한 품질변화가 일어나는데, 대부분의 원인은 화학성분들로부터 기인된다. 화학성분의 변화는 주로 습도·온도·산소·빛 등의 환경인자인 외부요인에서 비롯되기 때문에 명차의 요건에 저장을 포함시킬 수도 있다. 하지만 모든 명차가 저장을 전제로 하지는 않기 때문에 저장을 명차의 요건에 포함시키지 않기로 한다. 대신 차를 내는 사람이 '차를 제대로 내야한다'는 다섯째 항목의 內功에 이를 포함시키기로 한다.

13) 朱世英 等 主編,《中國茶文化大辭典》, 52-53쪽.

14) 陳宗懋 主編,《中國茶經》. 124쪽.

정리한 名句가 있어 이를 소개하기로 한다.

名山 · 名寺出名茶, 名種 · 名樹生名茶, 名人 · 名家創名茶, 名水 · 名泉襯名茶, 名師 · 名技評名茶(유명한 산과 유명한 사찰에서 명차가 나고, 우량한 품종과 튼실한 나무가 명차를 낳고, 명인과 명문가에서 명차를 만들고, 좋은 물과 좋은 샘이 명차를 부각시키고, 훌륭한 스승과 뛰어난 전문가가 명차를 판정한다).[15]

2. 名茶의 분류

시간을 기준으로 하면 중국의 名茶는 우선 歷史名茶[16]와 現代名茶[17]로 분류되는데, 歷史名茶는 다시 唐代 以前 · 唐代 · 宋代 · 元代 · 明代 · 淸代名茶 등으로 세분할 수 있고, 現代名茶는 다시 傳統名茶 · 恢復歷史名茶 · 新創명차 등으로 세분할 수 있다.[18] 또한 공간을 기준으로 하면 名茶는 地方名茶 · 全國名茶 · 國際名茶 등으로 세분할 수 있다.[19]

위에서 살펴본 바와 같이 名茶의 분류와 명칭에서 학자들 사이에 약간의 이견이 있는데, 이는 名茶에 대한 연구와 논의가 아직까지는 충분하지 못했던 결과로

---

15) 상게서.
16) 歷史名茶를 혹자는 史錄名茶(王建榮 等 編著,《中國名茶品鑑》) 또는 歷代名茶(于川 著,《談茶說藝》)라고도 하는데, 歷代名茶에는 現代名茶도 포함되기 때문에 歷代名茶보다는 歷史名茶나 史錄名茶로 지칭하는 것이 보다 바람직하다고 사료된다. 하지만 縫塵은《說茶》(307-318쪽)에서 唐代부터 現代까지의 名茶를 모두 歷史名茶에 포함시키기도 했다. 한편《中國茶經》에서는 歷代名茶를 歷史名茶와 現代名茶로 제대로 구분했다.
17) 現代名茶를 혹자는 中國名茶(《中國名茶品鑑》)라고도 했는데, 中國이 좁은 의미로는 中華人民共和國을 지칭하기 때문에 틀린 용어는 아니다. 하지만 中國이 넓은 의미로 쓰일 때는 唐 · 宋 · 元 · 明 · 淸代까지도 포함하기 때문에 中國名茶보다는 現代名茶라고 하는 것이 보다 바람직하다.
18) 이는《中國茶經》에서의 분류에 따른 것인데,《中國茶文化大辭典》에서는 시간을 기준으로 명차를 古代名茶 · 傳統名茶 · 新創名茶 등으로 분류했다. 여기서 古代名茶는 곧 歷史名茶를 지칭하기 때문에 여기에는 恢復歷史名茶가 빠진 셈이다.
19) 이는《中國茶經》과 縫塵 編著,《說茶》에서의 분류에 따른 것인데, 두 저서 모두 各省主要名茶와 國內外受賞名茶를 열거했다. 여기서 前者는 地方名茶를 뜻하고, 後者에서 國內受賞名茶는 全國名茶를 國外受賞名茶는 國際名茶를 뜻한다고 할 수 있다. 반면《中國茶文化大辭典》에서는 공간을 기준으로 명차를 地方名茶와 全國名茶로만 구분했다.

보인다. 여기서 시간을 기준으로 했을 때 중국의 名茶란 곧 중국의 歷代名茶를 모두 지칭하는 것이기 때문에 歷代名茶를 크게 淸代까지의 歷史名茶와 中華人民共和國 성립 이후의 現代名茶로 구분하는 것은 바람직하다. 歷史名茶를 세분함에 있어 唐代 이전을 빼는 경우도 있고[20] 넣는 경우도 있는데[21] 唐代 이전에도 소수이기는 하나 명차가 있었기 때문에 언급을 하는 것이 바람직하다.

現代名茶를 세분함에 있어서도 恢復歷史名茶를 넣는 경우와 빼는 경우가 있는데[22] 뺀 경우는 전통명차의 범위를 넓게 보아 恢復歷史名茶도 傳統名茶의 범주에 넣은 결과로 보인다. 그런데 恢復歷史名茶는 일단 생산이 중단되었거나 失傳되었던 傳統名茶를 연구와 創新을 통해 원래의 茶名을 회복한 것이기 때문에 名茶의 맥을 면면히 이어온 傳統名茶와는 확연히 구분된다. 따라서 現代名茶를 세분할 때 傳統名茶와 恢復歷史名茶를 구분하는 것이 바람직하다.

공간을 기준으로 하여 중국의 名茶를 분류할 때 地方名茶와 全國名茶로 구분하기도 하고 여기에 國際名茶를 추가하기도 한다.[23] 국제박람회나 세계우수식품품평회 등에서 受賞한 名茶들은 이미 全國名茶의 자리를 뛰어넘어 國際名茶의 班列에 진입했다고 할 수 있다. 때문에 地方名茶와 全國名茶로만 구분하는 것보다 여기에 國際名茶를 추가하는 것이 더 바람직하다.

Ⅲ. 中國 名茶 考察

위에서 살펴본 바와 같이 중국의 名茶는 시간을 기준으로 하면 歷史名茶와 現代名茶로 분류되고, 공간을 기준으로 하면 地方名茶 · 全國名茶 · 國際名茶 등으로 분류된다. 이제 이러한 분류에 따라 차례로 중국의 名茶를 살펴보기로 한다.

---

20)《談茶說藝》(20-24쪽)에서는 唐代 以前의 내용은 언급하지 않았다.
21)《中國茶經》(30쪽)과《中國名茶品鑑》(1-2쪽)에서는 모두 唐代 以前의 명차를 언급했다.
22)《中國茶經》(128쪽)에서는 恢復歷史名茶를 언급했고,《中國茶文化大辭典》(52쪽)에는 언급이 없다.
23) 각주 20 참조.

1. 歷史名茶

1) 唐代 以前 名茶

程啓坤은 歷史名茶를 기술하면서 唐代 以前의 名茶는 언급을 하지 않았다.[24] 그러나 歷代貢茶 가운데 唐代貢茶를 기술하면서 唐代 이전의 貢茶로 隋代의 天台茶를 언급했다.[25] 이는 明代 顧元慶의《茶譜》에 기술된 "隋(公元 580-618)文帝病腦痛, 僧人告以煮茗作藥, 服之果效."라는 내용에 근거한 것이다. 이는 절강성 天台山의 智藏和尙이 文帝의 두통을 치료하기 위해 天台茶를 바쳤다는 내용이다. 이처럼 唐代 以前에도 名茶가 있었지만 程교수가 언급을 하지 않았던 것은 唐代 以前의 名茶가 극소수에 불과해서 唐代 以前이라는 항목을 따로 세우지 않았던 것으로 볼 수 있다.

唐代 以前의 名茶를 언급한《中國名茶品鑑》에도 東漢 末年의 方士 葛玄(164-244)이 天台山의 주봉인 華頂山(1,100m)에 차나무를 심었다는 내용이 나온다.[26] 陳나라와 隋나라 사이에 高僧 智顗가 天台山에 들어가 國靖寺를 창건하고 天台宗을 일으켰는데, 智顗가 飮茶修身을 제창하면서 많은 茶園이 조성되었다. 이로 인해 唐代 이후부터 天台山의 華頂雲霧茶가 名茶의 반열에 오르게 되었으며, 이후 일본의 승려인 最澄·空海·榮西 등에 의해 天台山의 차가 일본에도 전해지게 되었다.[27]

2) 唐代 名茶

陸羽의《茶經》과 李肇의《唐國史補》등과 같은 역사자료에는 54종의 唐代 名茶가 기재되어 있는데, 대부분은 蒸靑團餠茶였고 일부는 散茶였다. 역사자료에 근거한 내용이기 때문에《中國茶經》,《中國名茶品鑑》,《說茶》등의 내용 또한 대

---

24) 陳宗懋(2003), 124쪽.
25) 상게서, 30쪽.
26) 王建英 等(2005), 2쪽.
27) 天台茶에 대해서는 朱世英 等(2002), 249쪽과 253쪽의 天台山과 天台 項을 참조.

동소이하다.[28] 唐代 名茶의 산지와 현대 지명 등은 생략하고 차의 명칭만을 들기로 한다.[29]

顧渚紫笋(顧渚茶, 紫笋茶), 陽羨茶(義興紫笋), 壽州黃芽(霍山黃芽), 靳門團黃, 蒙頂石花(蒙頂茶), 神泉小團, 昌明茶, 獸目茶, 碧澗, 明月, 芳蕊, 茱萸, 方山露芽(方山生芽), 香雨(眞香, 香山), 楠木茶(枏木茶), 衡山茶, 灉湖含膏, 東白, 鳩坑茶, 西山白露, 仙崖石花, 綿州松嶺仙人掌茶, 夷陵茶, 茶芽, 紫陽茶, 義陽茶, 六安茶, 天柱茶, 黃岡茶, 雅山茶, 天目山茶, 徑山茶, 歙州茶, 仙茗, 臘面茶(建茶, 武夷茶, 硏膏茶), 横牙, 雀舌, 鳥嘴, 麥顆, 片(鱗)甲, 蟬翼 邛州茶, 瀘州茶(納溪茶), 峨眉白芽茶, 趙坡茶, 界橋茶, 茶嶺差, 剡溪茶, 蜀岡茶, 廬山茶, 唐茶, 柏岩茶(半岩茶), 九華英, 小江園(이상 54종)

3) 宋代 名茶

《宋史 · 食貨志》, 趙佶의《大觀茶論》, 熊蕃의《宣和北苑貢茶錄》, 趙汝礪의《北苑別錄》등에는 47종의 貢茶를 포함해 101종의 宋代 名茶가 기재되어 있다. 宋代 名茶도 역시 蒸青團餅茶가 위주였으나 鬪茶의 성행으로 새로운 名茶가 부단히 생겨나는 바람에 散茶도 많아졌다. 宋代 名茶의 명칭을 들면 다음과 같다.

貢新銙, 試新銙, 白茶, 龍團勝雪, 御苑玉芽, 萬壽龍芽, 上林第一, 乙液清供, 承平雅玩, 龍鳳英華, 玉除清賞, 啓玉承恩, 云葉, 雪英, 蜀葵, 金錢, 玉華, 寸金, 無比壽芽, 萬春銀葉, 宜年寶玉, 玉清慶云, 無疆壽比, 玉葉長春, 瑞雲翔龍, 長壽玉圭, 興國岩銙, 香口焙銙, 上品揀芽, 新收揀芽, 太平嘉瑞, 龍苑報春, 南山應瑞, 興國岩揀芽, 興國岩小龍, 興國岩小鳳, 揀芽, 大龍, 大鳳, 小龍, 小鳳, 琼林毓粹, 浴雪呈祥, 壑源佳品, 暘谷先春, 壽岩却勝, 延年石乳(以上은 貢茶), 建茶(北苑茶, 建安茶), 顧渚紫笋, 陽羨茶, 日鑄茶, 瑞龍茶, 謝源茶, 雙井茶(洪州雙井, 黃隆雙井, 雙井白芽), 雅安露芽, 蒙頂茶, 臨江玉津, 袁州金片(金觀音茶), 青鳳髓, 納溪梅嶺, 巴東眞香, 龍芽 方山露芽, 伍果茶, 普洱茶(普茶), 鳩坑茶, 瀑布嶺茶, 伍龍茶, 眞如茶, 紫岩茶,

---

28) 내용이 상이한 경우는《中國茶經》의 내용이 가장 충실하기에 이를 따랐다.(이하 같음) 한편 于川(2004)은《茶經》의 내용만을 근거로 20종을 들었다. 19-20쪽.
29) 동일한 차를 다른 이름으로 부르는 경우에는 팔호 안에 표기하기로 한다.(이하 같음)

胡山茶, 鹿苑茶, 大昆茶, 小昆茶, 焙坑茶, 細坑茶, 徑山茶, 天台茶, 天尊岩貢茶, 西庵茶, 石筧嶺茶, 雅山茶, 烏嘴茶(明月峽茶), 寶云茶, 白雲茶(龍秋茗), 月兎茶, 花塢茶, 仙人掌茶, 紫陽茶, 信陽茶, 黃嶺山茶, 龍井茶, 虎丘茶(白雲茶), 洞庭山茶, 靈删茶, 沙坪茶, 邛州茶, 峨眉白芽茶(雪芽), 武夷茶, 臥龍山茶, 修仁茶(이상 101종)

4) 元代 名茶

馬端臨이 지은 《文獻通考》와 기타 文史資料에는 50종의 元代 名茶가 기재되어 있는데, 그 명칭을 열거하면 다음과 같다.

頭金, 骨金, 次骨, 末骨, 粗骨, 泥片, 綠英, 金片, 早春, 華英, 來泉, 勝金, 獨行, 靈草, 綠芽, 片金, 金茗, 大石枕, 大巴陵, 小巴陵, 開勝, 開卷, 小開卷, 生黃翎毛, 雙上綠芽, 小大方 東首, 淺山, 薄側, 淸口, 雨前, 雨後, 楊梅, 草子, 岳麓, 龍溪, 次號, 末號, 太湖, 茗子, 仙芝, 嫩蕊, 福合, 祿合, 運合, 慶合, 指合, 龍井茶, 武夷茶, 陽羨茶(이상 50종)

5) 明代 名茶

明代에는 그간 貢茶로 사용되던 團餅茶가 폐지되는 바람에 炒靑散茶인 條形茶가 성행하게 되었다. 때문에 蒸靑團餅茶가 있기는 했으나 蒸靑 또는 炒靑의 散芽茶가 점차 많아졌고, 찻잎을 茶壺나 찻잔에 넣어 끓인 물에 우려서 마시는 이른바 撮泡法이 유행하게 되었다.

明代 顧元慶의 《茶譜》, 屠隆의 《茶箋》, 許次紓의 《茶疏》, 龍膺의 《蒙史》 등과 淸代 劉源長의 《茶史》와 陸廷燦의 《續茶經》 등에는 60종의 明代 名茶가 나오는데 그들의 명칭은 다음과 같다.

蒙頂石花, 玉葉長春, 顧渚紫笋, 碧澗, 明月, 火井, 思安, 芽茶, 家茶, 孟冬, 銕甲, 薄片, 眞香, 柏岩, 白露, 陽羨茶, 擧岩, 陽坡, 騎火, 都濡, 高株, 麥顆, 烏嘴, 云脚, 綠花, 紫英, 白芽, 瑞草魁, 小四峴春, 茱萸蓼, 芳蕊蓼, 小江團, 先春, 龍焙, 石崖白, 綠昌明, 蘇州虎丘, 蘇州天池, 西湖龍井, 皖西六安, 浙西天目, 羅岕茶(岕茶), 武夷岩茶, 云南普洱, 歙縣黃山(黃山云霧), 新

安松羅(徽州松羅, 瑯源松羅), 余姚瀑布茶, 童家墺茶, 石埭茶, 瑞龍茶, 日鑄茶, 小朶茶, 雁路茶, 石筧茶, 分水貢芽茶, 后山茶, 天目茶, 剡溪茶, 雁蕩龍湫茶, 方山茶(이상 60종)

6) 淸代 名茶

淸代 名茶 가운데 일부는 明代에서 전해온 것들이고 일부는 새롭게 만들어진 것들이다. 淸代에는 기존의 綠茶, 黃茶, 黑茶, 白茶, 紅茶 이외에 靑茶가 새롭게 출현했다.[30] 이들 茶類 가운데 품질이 특출한 상당수의 차들이 차츰차츰 오늘날의 傳統名茶로 발전되었다. 淸代 名茶 45종의 명칭은 다음과 같다.

武夷岩茶, 黃山毛峰, 徽州松羅(瑯源松羅), 西湖龍井, 普洱茶, 閩紅工夫紅茶, 祁門紅茶, 婺源綠茶, 洞庭碧螺春, 石亭豆綠, 敬亭綠雪, 涌溪火靑, 六安瓜片, 太平猴魁, 信陽毛尖, 紫陽毛尖, 舒城蘭花, 老竹大方, 泉崗輝白, 廬山雲霧, 君山銀針, 安溪鐵觀音, 蒼梧六堡茶, 屯溪綠茶, 桂平西山茶, 南山白毛茶, 恩施玉露, 天尖, 政和白毫銀針, 鳳凰水仙, 閩北水仙, 鹿苑茶, 靑城山茶, 沙坪茶, 名山茶, 霧鐘茶(蒙頂茶), 峨眉白芽茶, 務川高樹茶, 貴定雲霧茶, 湄潭眉尖茶, 嚴州苞茶, 莫干黃芽, 富陽岩頂, 九曲紅梅, 溫州黃湯(이상 45종)

2. 現代名茶

1) 傳統名茶

중국의 現代 名茶 가운데에는 歷史名茶의 일부가 포함되어 있는데, 이처럼 역사적으로 그 맥을 면면히 이어온 名茶를 傳統名茶라고 한다. 이러한 傳統名茶에는 소수가 明代부터 이어져 내려온 것이고 대부분은 淸代부터 전해지는 것들이다.[31] 傳統名茶로 분류되는 20종의 명칭은 다음과 같다.[32]

---

30) 靑茶는 전통적으로 烏龍茶라고 불렸고 지금도 여전히 烏龍茶라고 부르기도 한다. 여기서는 陳椽 교수의 製茶色變理論에 따라 靑茶라고 부른다. 이에 대해서는 拙稿(2012), 404쪽 참조.

31) 이후에 열거한 傳統名茶 가운데 西湖龍井·云南普洱茶·武夷岩茶 등은 明代부터 전해졌고, 나머지는 모두 淸代부터 전해진 것들이다.

32) 傳統名茶의 명칭은 程啓坤이 열거한 내용을 취했는데, 내용 가운데 白牡丹은 歷史名茶에서 그 명칭

西湖龍井　盧山雲霧　洞庭碧螺春　黃山毛峰　太平猴魁　恩施玉露　信陽毛尖　六安瓜片　屯溪珍眉[33]　老竹大方　桂平西山茶　君山銀針　云南普洱茶　蒼梧六堡茶　政和白毫銀針　安溪鐵觀音　鳳凰水仙　閩北水仙　武夷岩茶　祁門紅茶 (이상 20종)

그림 2. 진아보이생차 : 제주티파크

2) 恢復歷史名茶

恢復歷史名茶란 역사상에 일찍이 존재했었던 名茶가 나중에 생산이 중단되어 그 맥이 끊겼다가 이후에 다시 연구과정을 통해 새롭게 탄생된 名茶를 말한다. 이러한 名茶들 가운데 일부는 원래의 명칭을 그대로 사용하는 경우도 있고,[34] 일부는 원래의 명칭을 약간 바꾸어 사용하는 경우도 있다.[35] 恢復歷史名茶로 분류되

을 찾을 수 없어 필자가 삭제하였다. 이에 대해서는 陳宗懋(2003), 128쪽과 124-128쪽 참조.

33) 淸代名茶 중에 들어있는 屯溪綠茶와 동일한 차로 간주한다. 屯溪綠茶는 흔히 屯綠이라 하는데, 중국 眉茶의 鼻祖로서 珍眉와 蕊眉 등 10여 개의 이름을 가지고 있다. 朱世英 等(2002), 49쪽 참조.

34) 涌溪火靑·敬亭綠雪·仙人掌茶·貴定云霧·顧渚紫笋·徑山茶 등을 예로 들 수 있다.

35) 休寧松羅(新安松羅, 徽州松羅, 瑯源松羅), 陽羨雪芽(陽羨茶), 鹿苑毛尖(鹿苑茶), 日鑄雪芽(日鑄茶) 등을 예로 들 수 있다.

는 21종의 명칭은 다음과 같다.[36]

休寧松羅, 涌溪火靑, 敬亭綠雪, 九華毛峰, 龜山岩綠, 蒙頂甘露, 仙人掌茶, 天池茗毫, 貴定
云霧, 靑城雪芽, 蒙頂黃芽, 陽羨雪芽, 鹿苑毛尖, 霍山黃芽, 顧渚紫笋, 徑山茶, 雁蕩毛峰, 日
鑄雪芽, 金獎惠明, 金華擧岩, 東陽東白(이상 21종)

3) 新創名茶

중국의 각 茶區에서는 근래 名茶의 개발과 연구를 중시한 결과 각종 新創名茶
들이 끊임없이 출현하고 있다. 게다가 전국 각지에서 차의 품질을 비교·평가하
는 박람회나 鬪茶會 등과 같은 각종 대규모의 행사가 열려 名茶의 생산을 부추기
고 있다. 때문에 新創名茶는 갈수록 증가할 것으로 전망되는데, 程啓坤이 新創名
茶로 분류한 31종의 명칭은 다음과 같다.[37]

婺源茗眉, 南京雨花茶, 無錫毫茶, 芽山靑峰, 天柱劍毫, 岳西翠蘭, 齊山翠眉, 望府銀毫, 臨
海蟠毫, 千島玉葉, 遂昌銀猴, 都勻毛尖, 高橋銀峰, 金水翠峰, 永川秀芽, 上饒白眉, 湄江翠片,
安化松針, 俊義毛峰, 文君綠茶, 峨眉毛峰, 雪芽, 雪靑, 仙台大白, 早白尖紅茶, 黃金桂, 秦巴
霧毫, 漢水銀梭, 八仙雲霧, 南糯白毫, 吾子仙毫(이상 31종)

3. 地方名茶

중국에서 地方名茶라고 하면 곧 각 省에서 생산되는 名茶를 드는 것이 일반적
인데, 경우에 따라서는 각 茶區에서 생산되는 名茶를 들기도 한다. 중국에서 名茶

---

36) 恢復歷史名茶의 명칭도 程啓坤이 열거한 내용을 취했는데, 내용 가운데 龜山岩綠, 天池茗毫, 金獎
惠明, 金華擧岩 등은 그가 들었던 歷史名茶에 포함되지 않아 문제가 된다.(각주 33 참조) 이는 程啓
坤이 恢復歷史名茶의 범위를 넓게 잡아 역사상 名茶의 반열에 오르지 못했지만 후일 名茶로 발전
한 차들까지 恢復歷史名茶에 포함시킨 결과로 보인다. 다행히 龜山岩綠, 天池名毫, 金獎惠明 등은
《中國茶文化大辭典》의 내용을 통해 恢復歷史名茶에 포함시킬 수 있음을 확인할 수 있었다.(77, 55,
62쪽 참조) 하지만 金華擧岩은 위의 辭典에도 그 명칭이 나오지 않아 여전히 문제로 남는다.
37) 陳宗懋(2003), 128쪽.

를 생산하는 省은 조사자에 따라 다소 차이가 나는데, 14개 省을 드는 경우도 있고,[38] 15개 省을 드는 경우도 있지만,[39] 17개 省을 드는 것이 가장 일반적이다.[40] 17개 省에서 생산하는 名茶는 총 312종인데, 그 가운데 녹차가 266종을 차지해 중국이 綠茶强國임을 여실히 보여주었다. 편폭관계로 地方名茶 모두를 나열할 수 없어 조사결과를 표로 작성하기로 한다. 이러한 표를 통해 地方名茶의 현황은 물론 중국 차산업의 면모를 살펴볼 수 있을 것으로 사료된다.

표 1. 省別 地方名茶 현황표

省/茶	녹차	홍차	황차	청차	백차	흑차	화차	긴압차	계
安徽省	29	1	1						31
浙江省	43	1	1						45
江西省	43	1							44
四川省	21	2						1	24
江蘇省	15								15
湖北省	27								27
湖南省	32								32
福建省	5	3		10	3		4		25
雲南省	9	2				1		1	13
廣東省	2	3		6					11
海南省		1							1
廣西區	7	1					1		9
河南省	3								3
山東省	2								2
貴州省	7								7
陝西省	6								6
臺灣省				2					2
계	266	15	2	18	3	1	5	2	312

38) 呂玫 · 詹皓(2003), 3-131쪽 참조. 여기서는 총 88종의 名茶를 들었는데, 17개 省에서 海南省 · 陝西省 · 山東省 등 3개 省이 빠졌다.
39) 염숙 · 엄영욱(2009), 221-264쪽 참조. 여기서는 총 49종의 名茶를 들었는데, 河南省과 陝西省을 하나로 묶어서 기술했기 때문에 실제로는 16개 省을 든 셈이다. 때문에 17개 省에서 山東省만 빠졌다.
40) 상게서, 128-130쪽.

4. 全國名茶

茶의 품질을 비교·평가하는 각종 국내행사에서 受賞한 名茶들은 全國名茶로 분류할 수 있다. 이에 대해서는 程啓坤이 정리한 내용을 참고하기로 하는데,[41] 아 쉽게도 1989년까지만 정리되어 있어 이후 자료는 후일을 기약하기로 한다. 편폭 관계로 受賞한 名茶 가운데 優等獎·金獎·金質獎·金杯獎·全國名茶 등을 受賞한 茶만을 기술하고, 優質茶, 銀質茶 등은 생략하기로 한다.[42] 全國名茶 117 종의 명칭을 들면 다음과 같다.

1912년: 太平猴魁, 閩北水仙

1980년: 祁門紅茶

1981년: 獅峰特級龍井

1982년: 雨花茶, 碧螺春, 覃塘毛尖, 天山淸水綠, 金獎惠明茶, 江山綠牡丹, 顧渚紫笋, 西湖 龍井, 古丈毛尖, 保靖嵐針, 大庸毛尖, 太平猴魁, 涌溪火靑, 黃山毛峰, 六安瓜片, 峽州碧峰, 都勻毛尖, 峨眉毛峰, 婺源茗眉, 廬山云霧, 信陽毛尖, 南糯白毫, 鹿苑茶, 君山銀針, 白毫銀針, 閩毫, 蘇萌毫, 鐵觀音, 武夷肉桂, 鳳凰單叢, 鳳山, 牌特級鐵觀音

1985년: 天柱銀毫, 岳西翠蘭, 黃花云尖, 開化龍頂, 徑山茶, 顧渚紫笋, 金山翠芽, 雨花茶, 洞庭春, 文君綠茶, 黃金桂, 寧紅工夫茶

1986년: 獅峰牌特級龍井, 中茶牌特級·一級祁門紅茶, 太平猴魁, 齊山名片, 黃山毛峰, 黃 山銀鉤, 特級尖茶, 磐安云峰, 鳩坑毛尖, 金獎惠明, 顧渚紫笋, 臨海蟠毫, 西湖龍井, 雨花茶, 金壇雀舌, 碧螺春, 無錫毫茶, 茗眉, 廬山雲霧, 小布岩茶, 安化松針, 月芽茶, 洞庭春, 劍春茶, 雲霧毛尖, 羊艾毛峰, 雲海白毫, 吾子仙毫, 竹葉靑, 巴山銀芽, 桂平西山茶, 信陽毛尖, 天山四 季春, 鐵觀音, 黃金桂, 武夷肉桂, 鳳凰單叢, 嶺頭單叢, 祁紅, 滇紅, 鹿苑茶, 白毫銀針, 閩毫, 福壽銀毫, 蘇萌毫

1989년: 靈岩劍峰, 荊溪云片, 陽羨雪芽, 南山壽眉, 前峰雪蓮, 二泉銀毫, 無錫毫茶, 安吉白 片, 臨海蟠毫, 望府銀毫, 浦江春毫, 天華谷尖, 霍山翠芽, 齊山翠眉, 白霜霧毫, 棋盤山毛尖,

---

41) 陳宗懋(2003), 131-132쪽과 絳塵(2002), 320-326쪽 참조.

42) 생략한 優質茶와 銀質茶는 모두 74종으로 조사되었다.

永川秀芽, 漢水銀梭, 安化松針, 高橋銀峰, 覃塘毛尖, 滇紅工夫一級茶, 鳳凰單叢, 武夷肉桂, 云南沱茶

5. 國際名茶

국제규모의 萬國商品博覽會, 國際博覽會, 世界優質食品評選大會 등에서 受賞한 名茶들은 國際名茶로 분류할 수 있다. 이에 대해서도 程啓坤이 정리한 내용을 참고하기로 하는데,[43] 아쉽게도 1988년까지의 내용만 정리되어 있어 이후 자료는 후일을 기약하기로 한다. 國際名茶의 수가 많지 않아 金質獎·金牌·特等獎·金桂獎·金像獎·金棕櫚獎 등 36종과 銀質獎을 受賞한 國際名茶 5종 등 총 41종을 열거하면 다음과 같다.

1915년: 祁門紅茶, 太平猴魁, 云和惠明茶, 信陽毛尖, 協和昌珠蘭茶精, 閩北水仙(이상 金質獎), 南山白毛茶, 遂川狗牯腦, 閩北水仙[44](이상 銀質獎)

1945년: 泰山峰鐵觀音

1950년: 碧天峰鐵觀音

1956년: 君山銀針

1983년: 峨眉牌重慶沱茶

1984년: 天壇牌特級珠茶

1985년: 茉莉花茶, 上海萬年青牌特級珍眉綠茶, 龍牌袋泡紅茶, 峨眉山竹葉青綠茶, 峨眉牌早白尖工夫紅茶, 峨眉毛峰

1986년: 云南沱茶, 天壇牌特級珍眉綠茶, 峨眉牌紅碎茶, 峨眉牌早白尖工夫紅茶, 新芽牌茉莉花茶袋泡茶, 龍牌紅茶袋泡茶, 萬年青牌特級珍眉綠茶, 萬年青牌鳳眉綠茶, 萬年青牌貢熙綠茶, 新芽牌烏龍茶鐵觀音, 鷺江牌保健美天然減肥茶, 天壇牌特級珠茶, 金帆牌英德紅茶袋泡茶, 寶鼎牌美的青春茶(袋泡茶)

1987년: 祁門工夫紅茶, 萬年青牌特級珍眉綠茶, 中國名茶

---

43) 陳宗懋(2003), 130-131쪽.
44) 金質獎을 受賞한 閩北水仙과는 출품자가 다르다. 상게서, 130쪽 참조.

1988년: 獅峰牌極品龍井茶(이상 金棕櫚獎), 特珍特級綠茶, 特珍一級綠茶(이상 銀質獎)

Ⅳ. 나오는 말

지금까지 중국 名茶는 어떠한 요건을 갖추어야 하며 어떻게 분류되는가를 살펴 본 후에 중국에는 얼마나 많은 名茶들이 있는가를 살펴보았다. 지금까지 살펴본 내용을 요약하면 다음과 같다.

* 중국의 名茶는 다음과 같은 6가지의 요건을 갖추어야 한다. ① 차나무가 자라 는 지역의 생태환경이 우월해야 한다. ② 차나무의 품종이 우량해야 한다. ③ 차나 무의 재배가 적절해야 한다. ④ 가공기술이 정교하고 독창적이어야 한다. ⑤ 차를 제대로 내야 한다. ⑥ 역사와 문화적 요건을 갖추어야 한다.

* 중국 名茶는 크게 시간과 공간에 따라 大別할 수 있는데, 시간에 따라서는 歷 史名茶와 現代名茶로 분류되고, 공간에 따라서는 地方名茶, 全國名茶, 國際名 茶 등으로 분류된다. 歷史名茶는 다시 唐代 以前, 唐代, 宋代, 元代, 明代, 清代 등으로 세분되고, 現代名茶는 傳統名茶, 恢復傳統名茶, 新創名茶 등으로 세분 된다.

* 歷史名茶에는 唐代 以前 1종, 唐代 54종, 宋代 101종, 元代 50종, 明代 60종, 清代 45종 등으로 나타났는데, 역시 차문화와 산업의 전성기였던 宋代에 가장 많 은 名茶가 생산되었음을 알 수 있다.

* 現代名茶에는 傳統名茶 20종, 恢復歷史名茶 21종, 新創名茶 31종 등이 있다.

* 地方名茶 312종을 省別과 茶類別로 구분하여 표로 정리해보았는데, 녹차가 266종으로 월등하게 많았고 청차(18종) 홍차(15종) 화차(5종) 백차(3종) 황차(2종) 긴압차(2종) 흑차(1종) 순으로 나타났다. 省別로는 역시 녹차 주산지인 浙江省(45 종)과 江西省(44종)이 많았고, 湖南省(32종) 安徽省(31종) 湖北省(27종) 福建省 (25) 四川省(24종) 江蘇省(15종) 雲南省(13종) 廣東省(11종) 廣西壯族自治區(9

종) 貴州省(7종) 陝西省(6종) 河南省(3종) 山東省(2종) 臺灣省(2종) 海南省(1종)
등으로 나타났다.

  * 1989년까지의 全國名茶는 金質獎 117종과 銀質獎 74종 등 총 191종으로 조
사되었다.

  * 1988년까지의 國際名茶는 金質獎 36종과 銀質獎 5종 등 총 41종으로 조사
되었다.

參考文獻

朱世英 等 主編, 中國茶文化大辭典, 漢語大辭典出版社, 2002.

陳宗懋 主編, 中國茶經, 上海文化出版社, 1992.

王建榮 · 吳勝天 編著, 中國名茶品鑒, 山東科學技術出版社, 2005.

于 川 著, 談茶說藝, 百花文藝出版社, 2004.

絳 塵 編著, 說茶, 中國商業出版社, 2002.

呂 玫 · 詹 皓 編著, 茶葉地圖, 上海遠東出版社, 2003.

陳宗懋 等 著, 品茶圖鑑, 笛藤出版圖書有限公司, 2011.

陸 機 編著, 中國傳統茶藝圖鑒, 東方出版社, 2010.

장유화 저, 차과학개론, 도서출판 보이세계, 2010.

염 숙 · 엄영욱 공저, 중국역사 속에 꽃피운 차문화, 전남대학교출판부, 2009.

拙 稿, 〈한 · 중 전차(錢茶)의 제다법과 음다법 비교〉, 中國人文科學, 第40輯, 2008.

拙 稿, 〈中國 無我茶會 考察〉, 中國人文科學, 第41輯, 2009.

拙 稿, 〈중국차의 分類 고찰〉, 中國人文科學, 第51輯, 2012.

【Abstract】

So far, have examined how do chinese well-known tea is qualified and how many well-known tea is exist. To summarize the overall contents.

* Chinese well-known tea must be qualified in 6factors. ① Have to be superior to the environment of tea tree's growing area. ② Tea tree's variety should be outstanding. ③ The cultivation of tea tree should appropriate. ④ The manufacturing technique should be exquisite and creative. ⑤ Have to pour tea well. ⑥ Need historical and cultural requirements.

* Chinese well-known tea is divide broadly according to the time and the space. According to the time, can classify to historically well-known tea and modern times well-known tea, in space, regionally well-known tea, the whole country well-known tea·internationally well-known tea. Historically well-known tea are re-classified to before Tang dynasty·Tang dynasty·Song dynasty·Yuan dynasty·Ming dynasty·Qing dynasty. Modern times well-known tea is classified to traditionally well-known tea·recovered traditional well-known tea·new manufactured well-known tea.

* In historical tea, there are 1species before Tang dynasty, 54species Tang dynasty, 101species Song dynasty, 50species in Yuan dynasty, 60species in Ming dynasty, 45species in Qing dynasty. It proves Song dynasty which was heyday in tea cultural industry, produced amount is among the best.

* In modern time well-known tea, there are 20species in traditionally well-known tea, 21species in recovered history well-known tea, 31species in new manufactured well-known tea.

* There is a chart which is sorted 312species in regionally well-known tea according to province and variety of tea; Green Tea is out of common as

266species, Oolong Tea(18species), Black Tea(15species), Flower Tea(5species), White tea(3species), Fermented Tea(2species), Pressed tea(2species), Dark Green Tea (1species). According to province, Green Tea's main producing district, Zhejiang province(45species) and Jiangxi province(44species) was the most, Hunan province(32species), Anhui province(31species), Hubei province(21species), Fujian province(25species), Sichuan province(24species), Jiangsu province(15species), Yunnan province(13species), Guangdong province(11species), Guangxi autonomous area(3species), Guizhou province(7species), Shanxi province(6species), Henan province(3species), Shandong province(2species), Taiwan(2species), Hainan(1species) can prove.

   * Up to 1989, the whole country's well-known tea was 117species of Gold Quality Prize and 74species of Silver Quality Prize , overall 191species is researched.

   * Up to 1988, internationally well-known tea was 36species of Gold Quality Prize and 5species of Silver Quality Prize , overall 41spices is researched.

【Key words】

Chinese tea, well-known tea, requirement, classify, Historically well-known tea, Modern times well-known tea, Regionally well-known tea, The whole country well-known tea, Internationally well-known tea

출전
〈中國 名茶 考察〉(《中國人文科學》 제55집, 中國人文學會, 2013. 12)

Ⅲ. 기고문

茶人 蘇東坡의 매력

Ⅰ. 蘇東坡의 천재성

우리의 삶은 오직 한번 뿐이기에 누구나 보다 가치 있고 의미 있는 삶을 살고 싶어 한다. 그래서 role model을 정하고 그 사람의 삶을 통해 무언가를 배우고자 노력한다. 인류의 역사상에서 소동파만큼 각계각층의 수많은 사람들로부터 존경 과 사랑을 받았던 인물도 드물 것이다. 진리에 충실한 인물은 시간과 공간적 제약 을 벗어나 언제 어디서나 환영을 받기 마련이다. 때문에 동파에 대한 존경과 사랑 도 시공을 초월해 표출되고 있다. 동파가 만인의 role model이 될 수 있었던 요인 은 그가 자신을 가장 잘 형용한 다음과 같은 명언에서도 찾을 수 있다.

"나는 위대한 옥황상제와도 사귈 수 있으며, 아래로는 거지들과도 잘 어울릴 수 있다. 내 생각엔 이 세상에 악한 사람이라곤 하나도 없는 것 같다."

서울대학교 중문과의 유종목교수는《소동파 선(禪)을 말하다》라는 책의 서문인 「팔방미인 소동파, 선에 취하다」에서 "요컨대 소동파는 문장·시·사·서예·회화

·유학·요리 등의 각 방면에서 공히 최고 수준의 업적을 남긴 팔방미인이었다. 이렇듯 다방면에 걸쳐 두루 탁월한 업적을 남긴 사람은 지금까지 아무도 없었을 것이고 앞으로도 그 유례를 찾기가 힘들 것이다."라고 했다. 하지만 위의 일곱 가지에 차를 하나 더해야 비로소 여덟 가지가 되어 진정한 팔방미인이 되는 것이다. 실제로 동파는 蔡襄·陸遊와 더불어 송대 3대 차인으로 꼽힌다.(《茶文化漫談》79-85쪽)

중국이 낳은 세계적 문호인 林語堂은 특히 동파를 애호하고 존경했다. 손수《蘇東坡評傳》을 쓴 林語堂은 동파의 가장 뚜렷한 매력을 눈부시게 빛나는 그의 천재성에서 찾았다.(《蘇東坡評傳》7쪽) 蘇軾은 어려서부터 총명하여 주위의 칭찬이 자자했다. 이에 우쭐한 나머지 자신의 집 대문에 다음과 같은 對聯을 써 붙였다.

知遍天下字,(천하의 글자를 두루 알았고,)
讀盡人間書.(인간의 책을 모두 읽었다.)

그러던 어느 날 백발노인이 조그만 책을 들고 찾아와 蘇公子님께 자꾸만 가르침을 청하는 것이 아닌가. 부득이 대문으로 나가 백발노인이 건네준 조그만 책을 펼쳐보았는데, 도무지 아는 글자라곤 한 자도 없지 않는가. 크게 깨달은 소식은 백발노인께 백배사죄하고서 다음 날 대련을 다음과 같이 고쳤다. 스스로 "作文이 行雲流水와 같다'고 했던 蘇軾의 빼어난 文才를 엿볼 수 있는 대목이다.

憤發知遍天下字,(천하의 글자를 두루 알기 위해 분발하고,)
立志讀盡人間書.(인간의 책을 모두 읽기로 뜻을 세웠다.)

Ⅱ. 蘇東坡의 민주성

동파는 전제군주체제하에서 살았지만 그의 사상은 오히려 현대에 그처럼 자주 언급되는 소위 민주적인 사상에 근접했다. 詩·書·畵에 능한 문인이자 정치가이기도 했던 그는 이런 사상을 일생동안 실천하고자 애를 쓰느라 파란만장한 삶을 자초했다. 오늘날 민주란 단어가 너무 남용되기도 하지만 우리는 서슴없이 동파는 위대한 민주투사였다고 말할 수 있다.

그는 천태만상의 친구들과 사귀었다. 황재와 재상에서부터 시인과 隱士들은 물론이고 약방이나 주점의 주인과 농촌의 아낙들까지 모두가 그의 친구들이었다. 가장 절친한 친구들은 물론 시를 잘 짓는 佛僧이나 무명의 道士들이었는데, 그들 대부분이 동파보다 더 가난했다. 동파는 관작의 명예를 싫어하지는 않았지만, 일반 백성들이 그가 관리인지 알아보지 못하고 그냥 지나칠 때가 가장 기분이 좋았다. 다음의 逸話를 통해 이러한 그의 일면을 엿볼 수 있다.

有一次蘇東坡到徑山寺(在浙江余杭)去玩, 方丈見他衣着簡朴, 指着椅子道:"坐", 回頭對小和尙說"茶"; 交談中, 感到對方學識淵博, 說: "請坐", "敬茶"; 知道對方是 蘇東坡後, 說: "請上坐", "敬香茶". 臨別時, 方丈請蘇東坡留下墨寶. 蘇東坡寫道: "坐, 請坐, 請上坐; 茶, 敬茶, 敬香茶. 方丈很羞愧.(한번은 동파가 절강성 여항에 있는 경산사에 놀러갔는데, 방장스님이 그의 의복이 변변치 않음을 보고서 의자를 가리키며 "앉게"라고 하고서, 고개를 돌려 어린 승려에게 "차"라고 말했다. 얘기를 나누는 사이 상대의 학식이 깊고 넓다고 느껴 "앉으시오", "차를 올려라"라고 말했다. 상대가 동파라는 사실을 알아차린 뒤에는 "윗자리에 앉으십시요", "향기로운 차를 올려라"라고 말했다. 이별에 즈음해 방장이 동파에게 묵적을 남기기를 청하니 동파가 "앉게, 앉으시오, 윗자리에 앉으십시요!"; "차, 차를 올려라, 향기로운 차를 올려라!"라고 쓰니 방장이 매우 부끄러워했다.)

Ⅲ. 蘇東坡의 여행벽

동파는 일생토록 자신의 삶을 마음껏 노래하고 즐겼다. 혹 슬픈 일이 닥치거나 불운에 빠질 때에도 그는 미소로써 이런 슬픔과 불운을 받아들였다. 외적인 불운에 함락되기에는 그의 내적인 사상의 폭이 너무도 넓었고, 그의 쾌활한 기질은 어려움 속에서도 삶을 새로이 바라볼 줄 아는 시각을 갖게 했다. 동파는 지극히 단순하면서도 꾸밈없는 성격이었으므로 억지로 위엄을 차리는 따위의 허식엔 관심이 없었다. 그래서 늘 가벼운 복장과 홀가분한 마음으로 여행을 즐겼다.

혼자 산속을 걷다가 인적이 드문 산꼭대기나 수원지에 이르면 바위에 걸터앉아 시를 짓곤 하였다. 또 자주 방문하는 사찰의 스님들과도 절친한 사이가 되었다. 산에 오른 후에 동파는 스님의 등걸이 의자를 빌려 대나무 숲 근처로 옮겨놓고 관리의 위신 따위는 전혀 아랑곳하지 않고 옷을 벗은 채로 의자에서 오후 내내 낮잠을 즐기곤 했다.

그가 항주를 떠난 후 晁端彦에게 보낸 시에서 그는 자신의 여행벽을 잘 요약해서 묘사했다. 당시 晁端彦은 사법감독관으로 마침 항주로 가려던 참이었는데, 동파는 그에게 항주에서 어떻게 지내야 좋을지를 이렇게 충고했다.

"西湖의 경치는 천하에 으뜸이라,
현자 혹은 어리석은 사람 할 것 없이 누구나 찾아오네.
각기 자기가 구하는 것을 발견하고 감상하나,
杭州의 전부를 아는 이 그 누구랴.
아! 내 본래 지나치게 우직하여,
일찍이 세상으로부터 따돌림 당했었네.
(그러나 조정에서 멀리 떨어져) 나 홀로 산수를 마음껏 즐기니,
이 모두 하늘의 뜻이 아닌가?
삼백육십 개의 절을,
일 년 내내 두루 헤매고 다녔네.
곳곳마다 그 특유의 아름다움 지닌 것 내 알고 있으나,
마음으로만 느낄 뿐 표현할 길이 없네.
지금도 내 단꿈 가운데
그 매혹적이고 아름다운 경관 내 눈과 귀에 남아 있다.
그대 이제 그곳으로 부임해 간다는데,

화려한 행차는 오히려 그곳 구름과 안개를 모욕함이니

어찌 맑은 시내와 푸른 절벽의 아름다움을 그대에게 보여 주리요?

그대의 시종을 물리치고

스님에게 빌린 의자에서 낮잠이나 즐겨보지 않겠나?

내가 일찍이 벽에 써놓은 시를 읽으며,

청량한 산 공기로 어지러운 그대 머리를 식히게나.

그리고 지팡이 짚고 아무데고 맘대로 걷다가

그대 마음에 드는 곳에서 쉬어보게나.

갈대숲 사이에서 혹 늙은 어부를 만나거든

그들과 한담을 나누게.

혹 그들에게서 지혜로운 대답을 들었거들랑

가격을 따지지 말고 그들의 고기를 사게나.

Ⅳ. 茶人 蘇東坡

東坡에게는 술을 소재로 쓴 시도 많지만 茶詩도 많다. 이는 그가 유명한 酒客이자 진정한 茶人이었음을 말해준다. 술은 忘憂客으로 차는 解煩子로 美稱된다. 현실과 이상세계를 넘나들고 거듭되는 出世와 入世의 모순 속에서 술과 차만큼 좋은 벗이 또 있을까? 술은 가라앉은 기분을 북돋아주고, 차는 들뜬 마음을 살포시 다잡아주니, 술과 차야말로 우리네 인생에서 리듬과 멜로디가 아니고 무엇이겠는가? 리듬(박자)과 멜로디(가락)를 적절히 조화시키다보면 우리네 삶도 곧 아름다운 하모니(교향곡)로 거듭나지 않을까?

東坡는 宋代의 대표적 차인이었을 뿐만 아니라 주옥같은 차시도 많이 남겼다. 그가 남긴 차시 중의 名句들은 千古絶韻으로 후일의 茶聯에서도 많이 인용된다. 중국을 대표하는 茶亭인 上海 西湖亭의 茶聯인 "欲把西湖比西子, 從來佳茗似佳人."도 東坡의 茶詩〈飮湖上初晴後雨〉와〈次韻曹輔寄壑源試焙新芽〉에서 名

句를 따온 것인데, 千古絶對가 아닐 수 없다. 차인으로서의 東坡의 매력을 그의
茶詩를 통해 살펴보기로 한다.

〈詠茶詞〉
已過幾番風雨(비바람이 몇 번 지나가더니)
前夜一聲雷(간밤에는 한 차례 뇌성이 울렸지)
旗槍爭戰(깃발과 창이 다투더니)
建溪春色點先魁(건계의 봄빛이 선두를 차지했네)
採取枝頭雀舌(가지 끝의 작설같은 찻잎을 따서)
帶露和煙搗碎(이슬과 안개와 함께 절구질하여)
結就紫雲堆(자색 구름더미를 빚었네)
輕動黃金碾(가벼이 황금 맷돌을 돌리니)
飛起綠塵埃(푸른 가루차가 피어오르네)
老龍團眞鳳髓(제대로 된 용단과 봉병차를)
點將來兎毫盞裏(토호 다완에서 점다하니)
霎時滋味舌頭回(순식간에 차 맛이 혀 끝에 감돌아)
喚醒青州從事(취객을 깨어나게 하고)
戰退睡魔百萬(쏟아지는 졸음도 물리치므로)
夢不到陽臺(님을 만나는 꿈도 꿀 수 없네)
兩腋清風起(두 겨드랑이에 맑은 바람 일어나니)
我欲上蓬萊(나는야 봉래산에 오르고 싶네)

〈汲江煎茶〉
活水還須活火烹(좋은 물은 역시 좋은 불로 끓여야지)
自臨釣石取深清(스스로 낚시터로 가 깊고 맑은 물 떠오네)
大瓢貯月歸春甕(큰 바가지로 달까지 떠다 봄 항아리에 담아두고)
小杓分江入夜瓶(작은 표주박으로 강물을 나누어 밤에 쓸 병에 담네)
雪乳已翻煎處脚(솥 밑에서 흰 茶花가 벌써 솟구치더니)
松風忽作瀉時聲(솔바람 소리가 갑자기 쏟아지네)
枯腸未易禁三椀(무디어진 붓끝은 석 잔 차에도 풀리지 않아)

坐聽荒城長短更(명하니 앉아 삭막한 성곽의 야경소리 듣노라)

V. 東坡居士

蘇軾은 45세 때인 1080년에 왕안석의 신법에 반대하다 黃州로 유배되었다. 그는 이제 필요에 의해 진짜 농부가 되었고, 또 본래의 기질과 성향을 좇아 은자가 되었다. 황주에 온 지 2년만에 비축했던 돈이 다 떨어지자 친구 馬夢得이 蘇軾의 딱한 사정을 염려하여 지방정부로부터 10畝가량의 황폐한 땅을 얻어주었다. 그는 東坡(동쪽 언덕)의 땅을 일구며 자칭 東坡居士라 했다. 東坡는 이곳에 집과 정자 그리고 雪堂을 손수 지었다. 손수 논밭과 뽕밭은 물론 채마밭과 과수원을 일구고, 이웃의 친구들로부터 종자를 얻어다 차나무도 심었다. 그는 친구 孔平仲에게 화답하는 詩에서 이렇게 읊었다.

> 去年東坡拾瓦礫,(지난해엔 동쪽 언덕의 자갈을 골라냈고,)
> 自種黃桑三百尺.(300척이 넘는 땅에 손수 뽕을 심었네.)
> 今年刈草蓋雪堂,(올해엔 건초를 베어다 설당 지붕을 이었네,)
> 日炙風吹面如墨.(그래 얼굴은 햇볕과 바람에 시꺼멓게 그을렸네.)

이제까지는 벼슬살이에 따르는 책임과 의무 등으로 자신의 진정한 면모를 제대로 드러내지 못했으나, 이제부터는 그의 진면모가 드러났다. 東坡는 마치 물 만난 물개처럼 백성들 속으로 돌아갔다. 스스로 생계를 꾸려가는 농부로서의 東坡모습에 호감이 가는 것은 너무도 당연하다. 중국인들은 농부의 모자를 뒤집어쓰고 밭을 갈거나 전원풍의 언덕에 서있는 시인을 낭만적으로 묘사하기를 좋아한다. 게다가 혹 그가 훌륭한 詩라도 지어가면서 소뿔을 두드리며 시간을 보낸다거나, 또 한술 더 떠서 이따금씩 술에 취하여 성벽에 올라가 달빛 아래를 배회하기라도 하면 더더욱 그에게 호감을 갖는다. 이제 東坡는 자연의 위대한 한량이 되었다. 어쩌면 자연이 사람을 이렇게 만드는지도 모를 일이다.

이 시기에 동파는 부인의 몸종이었던 朝雲을 첩으로 맞아들였다. 1083년에 朝雲이 아들 遯兒를 낳자 생후 사흘째 되는 날 洗兒會를 기념하여 다음과 같은 詩를 지었다.

> 人皆養子望聰明,(사람이면 다들 자식들이 총명하게 자라주길 바라지만,)
> 我被聰明誤一生.(나는 총명해서 일생을 망쳤다네.)
> 惟願孩兒愚且魯,(오직 원하노니 아이가 우직하고 어리석어서)
> 無災無難到公卿.(재앙과 어려움 없이 재상에 오르기만을.)

황주에 머무는 동안 농사일로 힘들긴 했지만 안정된 삶으로 東坡는 행복을 느낄 때가 많았다. 각종 조리법을 고안하는가 하면, 그 지방의 嬰兒를 살해하는 악습을 타파하기 위해 노력했다. 손수 어린이구제위원회를 조직해 불교의 자비를 실행하기도 하고, 철학적 명상을 통해 적지 않은 위안을 얻기도 했다. 그 유명한 〈赤壁賦〉도 이때 쓴 것이다. 그는 雪堂의 문과 벽에 32자로 된 글을 써놓고서 이를 警責으로 삼았다.

> "가마를 타고 다님은 다리가 쇠약해지는 첩경이다.
> 좋은 방 아늑한 침실은 감기 걸리기에 안성맞춤이다.
> 미색에 빠졌다가는 반드시 건강을 해치고 만다.
> 산해진미는 위장을 상하게 만드는 直效藥이다."

VI. 自退之道

세상에는 권력의 보좌에 오르는 요령이 있는가 하면, 또 권좌에서 물러나는 기술도 있다. 蘇東坡는 권좌로부터 물러나는데 도통해 있었다. 이제는 東坡쪽에서 권력을 추구하는 것이 아니라, 권력이 그를 쫓아다니는 좀 별난 형국이 되었다. 왕안석이 집권하고 있을 때 東坡가 정치적으로 득세하지 못했던 것은 그리 놀라울 것이 없다. 그러나 東坡자신이 속해 있는 당파가 집권했을 때에도 東坡가 정치적으로 순탄하지 못했다 함은 좀 의외이다. 蘇東坡는 결코 당파적인 인물이 아니었다. 득세하고 있을 무렵 그는 명성과 지위를 마음껏 향유할 수 있었을 뿐더러, 태후도 개인적으로 그를 신망하고 있는 터였음에도 불구하고, 東坡는 남들이 모두 부러워하고 탐내는 관직을 오히려 떨쳐버리려고 애썼다. 처음에는 이러한 그의 뜻을 관철하지 못했으나, 東坡의 기질을 잘 아는 사람들은 그가 정계에 오래 머물 수 없으리란 것을 잘 알고 있었다.

노쇠를 방지하고 젊음을 오래 보존하는 첫 번째 요령은 모든 정서적인 교란을 피하는데 있다. 그가 소위 간신들의 소굴이라 부르던 당시의 정계에서, 東坡는 적지 않은 교란을 겪고 있었다. 정치적인 싸움은 남을 지배하기 좋아하는 사람들에게는 즐거운 일이겠지만, 그렇지 않은 사람들은 남을 지배하는데 별로 흥미를 느끼지 못한다. 왜냐하면 그까짓 권력의 허명을 얻기 위해 인간의 존엄성을 잃는 것처럼 무가치한 일이 없다고 여기기 때문이다. 소동파는 정치적 놀이에는 전혀 마음이 없었다. 애석하게도 東坡는 재상의 자리에 오르고 말겠다는 굳은 의지가 결핍되어 있었다. 만약 이런 생각이 조금만 있었더라면 그는 어렵지 않게 재상의 자리에 오를 수도 있었을 텐데 말이다. 東坡는 황제의 비서로서 황가 사람들과 가까이 지낼 수 있었다. 그래서 만약 그가 이 정치놀이에 관심이 있었다면 충분히 성공할 수 있었으리란 것은 의심할 여지가 없는 일이었다. 그러나 그렇게 하는 것이 그의 성품에는 맞지가 않았던 것이다.

출전
《혜명다회》창간 10주년 특집호(통권10호), 2011. 12.

우리 떡차와 발효차의 원형을 찾아서

　중국을 이웃집 드나들 듯 하다 보니 주위 사람들로부터 "(중국을 여행하는데) 돈이 얼마나 드느냐?"라는 질문을 자주 듣는다. 또한 거처마다 차실이 있다 보니 "무슨 차를 좋아하느냐?"는 질문도 자주 듣는다. 이런 경우에는 그저 "차나 한 잔 하십시다!"라고 하면 좋겠지만 상대방이 난처해하니 그럴 수도 없다. 필자는 1992년 여름부터 중국 산동에서 1년을 지냈는데, 당시만 해도 한국 사람이 무척 귀하던 시절이라 내가 한국인이라고만 하면 너도 나도 다투어 질문공세를 펴곤 했다. 처음엔 좋았는데 갈수록 귀찮아져서 급기야 점점 중국인 행세를 하고 말았다. "하북(河北) 당산인(唐山人)입니다"라고 하면 그만이니 편하기 그지없었다. 그때마다 무자화두(無子話頭)로 유명한 조주(趙州)의 종심(從諗)선사가 "차나 한 잔 하러 가십시다(喫茶去)"라고 한 말이 떠올라 웃곤 했다.

　사실 "무슨 차를 좋아하느냐?"는 질문에 자기가 좋아하는 차를 대면 간단하겠지만 대개는 좋아하는 차가 다양해서 선뜻 답을 할 수가 없는 것이다. 차 생활을 오래한 사람일수록 더욱 그렇다. 좋아하는 차가 다양한 요소에 따라 달라지기 때문이다. 다양한 요소는 계절, 시간, 날씨, 장소, 나이, 성별, 분위기, 체질, 건강상태, 취향 등등 헤아릴 수 없이 많다. 4계절 가운데 봄에는 역시 고소한 녹차계열이 어울리고 여름에는 시원한 청차계열이 좋다. 가을에는 뭐니뭐니 해도 홍차가 제격이고 겨울엔 따끈따끈한 보이차가 으뜸이다.

이제부터 '우리 떡차와 발효차의 원형을 찾아서' time machine을 타고 여행을 떠나보기로 하자. 이 문제는 결국 둘이면서 하나이고 하나이면서 둘이라 할 수 있다. 떡차의 원형과 발효차의 원형을 찾아야 하기에 둘처럼 보이지만 실은 떡차의 원형이 발효차인지 불발효차인지를 밝히는 문제이기에 하나인 셈이다. 하나는 차의 형태에서 또 다른 하나는 차의 발효여부에서 우리 전통차의 원형을 찾자는 것이다.

우리의 전통차라고 하면 흔히들 먼저 녹차를 떠올리는데 실은 그렇지 않다. 우리 전통차의 원형을 찾아 과거로 거슬러 올라가면 산차(散茶, 잎차)인 녹차보다는 고형차(固形茶, 덩이차)의 일종인 떡차(餠茶)가 먼저 발견된다. 고형차는 형태에 따라 떡차, 돈차(錢茶), 벽돌차(磚茶), 연고차(硏膏茶), 단차(團茶)등 여러 가지로 분류되는데, 여기서는 편의상 떡차를 고형차를 대표하는 차로 부르기로 한다.

일본인 아오끼(靑木正兒)가 일제 강점기에 고구려의 어떤 고분에서 출토된 차를 입수하고서 이를 그가 번역한 책에 고구려차라고 소개를 했는데, 이 차가 바로 직경 4cm, 두께 5mm, 무게 1.8g 정도 되는 엽전모양의 떡차다. 정확한 연대를 고구할 수 없어 안타깝지만 떡차를 부장품으로 넣었다는 사실로 미루어 당시에 벌써 떡차를 마셨음을 알 수 있다.

1925년에는 나까오 만조우(中尾萬三)가 도자기로 유명한 강진 대구면의 청자 가마터를 방문했다가 지금의 죽교리인 장흥 관산 죽천리에서 야생 차나무와 고구려 고분에서 출토된 것과 비슷한 백제시대의 것으로 보이는 떡차를 발견하고서 이러한 사실을 그들이 편찬한 책에 소개하였다.

고려의 이규보가 남긴 기록이어서 간접적이긴 하나, 전북 부안에 있는 원효방(元曉方)에서 사포(蛇包) 성인(聖人)이 원효에게 차를 드리기 위해 점다(點茶)했다는 기록으로 미루어 당시의 차도 고형차의 일종인 떡차였을 것으로 보인다. 여기서 이규보가 팽다(烹茶) 또는 전다(煎茶)란 용어를 쓰지 않고 점다란 용어를 쓴 것은 고려시대 점다란 용어가 상용되었기 때문일 것으로 보인다.

신라시대의 차에 대한 기록은 고구려나 백제에 비해 훨씬 많다. 보존된 기록들의 다과를 가지고 신라의 차문화가 고구려나 백제보다 융성했다고 보기는 어렵다. 그것은 신라에 비해 고구려와 백제의 차에 관한 기록들이 대부분 멸실되어버렸기 때문이다. 다행히도 신라의 기록들이 많이 보존되어 있어 신라 차문화의 실상을 밝히는 경우는 물론이고 동시대의 고구려나 백제의 상황을 미루어 짐작케 하는데 많은 도움이 된다.

〈삼국유사〉에는 신라의 차에 관한 언급들이 많은데 모두 팽다와 전다란 용어를 쓴 것으로 미루어 신라의 차도 대부분 떡차였을 것으로 볼 수 있다. 혹자들은 전다란 용어가 잎차를 우리는 것을 나타내는 용어라고 하지만 이에 대해서는 재고할 필요가 있다고 본다. 육우가 〈다경〉에서 파촉인(巴蜀人)들이 개발한 방법을 수용하여 떡차를 끓이는 전다법을 기술했기 때문에 이러한 전다법을 육우식전다법(陸羽式煎茶法)이라고도 부른다. 이러한 전다법은 바로 이전의 자다법(煮茶法)이 발전된 것이다. 그래서 필자는 잎차를 우린다는 의미로 전다보다는 〈다경〉에 나오는 엄다(淹茶)란 용어가 더 적합하다고 보기 때문에 〈삼국유사〉에 쓰인 전다의 의미는 팽다의 의미와 같다고 보는 것이다.

고려시대의 대표적인 차로는 뇌원차(腦原茶), 대차(大茶), 유차(孺茶), 작설차(雀舌茶) 등을 들 수 있는데, 뇌원차와 유차는 물론 작설차도 떡차 모양의 매우 고급화된 고형차로 맷돌에 갈아 체로 쳐서 말차로 점다하여 마셨던 연고차(研膏茶)나 단차(團茶)였다. 대차가 잎차였는지 아니면 연고차였는지는 현재까지 설이 분분한 실정이다. 이로써 고려시대까지도 잎차보다는 떡차가 우위를 점했던 것으로 보는 것이다.

조선시대에는 명나라와 청나라로부터 수입된 일부 단차를 제외하고는 녹차인 잎차가 대부분으로 떡차는 점차 자취를 감추게 되었다. 하지만 일부 사찰과 민간을 중심으로 소량의 떡차를 생산하여 약용으로 사용하여 겨우 그 명맥을 이어갔을 뿐이다. 차 문화의 전반적인 쇠퇴로 인해 차를 구하기가 어렵게 되자 자연스럽게 민간들을 중심으로 다투어 여러 약용식물이나 과일 등을 이용해 대용차를 만들어 마시기 시작했다.

지금까지 우리 전통차의 원형을 찾기 위해 삼국시대부터 조선시대까지의 차에 대해 살펴보았는데, 대체로 중국의 상황과 상당 부분이 일치함을 확인할 수 있었다. 삼국시대에는 떡차가 위주였으며 주로 끓인 물에 차 가루를 넣고 끓여 마셨다. 고려시대에는 떡차와 잎차가 공존했지만 아직도 떡차가 우위를 점했다. 떡차는 점차 고급화하여 말차로 마시는 연고차나 단차로 변모했고, 잎차는 오늘날처럼 다관에 뜨거운 물을 부어 우려서 마셨다. 조선시대에는 잎차의 일종인 녹차가 위주였고 떡차들은 점차 쇠퇴하게 되었다.

이로써 떡차는 물론이고 고급화된 연고차나 단차 그리고 잎차의 일종인 녹차 등 모두가 다 우리의 전통차임을 알 수 있다. 그러나 우리의 전통차 중에서도 그 원형을 찾는다면 위에서 살펴본 바와 같이 떡차가 분명하다. 그럼 우리 전통차의 원형인 떡차의 원형은 무엇일까? 이에 대해서는 뒤에서 다시 다루기로 한다.

이제는 우리 발효차의 원형에 대해 살필 차례인데, 이는 앞에서 살펴본 우리 전통차의 원형을 찾는 문제와 결코 무관하지 않다. 그것은 우리 전통차의 원형인 떡차가 발효차였는가 아니면 불발효차였는가의 문제이기 때문이다. 우리 전통차의 원형인 떡차가 발효차였다면 우리 전통차의 원형 역시 발효차라고 해야 하고, 만약 불발효차였다면 우리 전통차의 원형 또한 불발효차라고 해야 한다.

그런데 이 문제는 그렇게 간단하지 않다. 그것은 발효에 대한 관점이 각기 달라 떡차를 불발효차로 보는 사람도 있고 또 발효차로 보는 사람도 있기 때문이다. 여기서 잠시 차의 발효에 대해 살펴보기로 하자. 차의 발효는 제다과정에서 화학적으로 일어나는 발효와 제다 이후 저장과정에서 자연산화에 의해서 일어나는 발효로 나눌 수 있다. 협의적 관점에서 전자만을 차의 발효로 본다면 떡차는 분명 불발효차에 속한다. 하지만 광의적 관점에서 전자와 후자 모두를 차의 발효로 본다면 떡차는 발효차에 속한다. 이런 관점의 차이로 인해 서로 상이한 주장을 할 수밖에 없는 것이다.

이 문제가 그렇게 간단하지 않는 이유로는 한 가지가 더 있다. 그것은 떡차를 만들어 언제 먹느냐는 것이다. 떡차를 만들어 바로 마시는 경우라면 자연산화에 의한 발효가 일어날 시간이 없기 때문에 당연히 불발효차이다. 하지만 오랫동안 저장하여 숙성된 떡차라면 자연산화에 의한 발효가 일어났기 때문에 이미 발효차인 것이다. 이러한 이유 때문에도 상반된 주장이 나올 수밖에 없는 것이다.

이상에서 살핀 두 가지의 견해차이로 인해 지금까지 떡차가 불발효차라는 주장과 발효차라는 주장이 공존하고 있기는 하지만, 떡차를 발효차라고 보는 주장이 더 우세한 실정이다.

여기서 필자는 우리 선고 차인들이 떡차를 만들어 저장했던 갖가지 전통적인 방법에 주의를 하고자 한다. 우리 선고 차인들이 떡차를 만들어 바로 먹기만 했다면 그렇게까지 저장에 신경을 쓸 필요가 없었을 것이다. 우리 선고 차인들은 떡차의 변질을 막고 오랫동안 저장하기 위해 다양한 지혜를 동원했던 것이다. 한지로 싼 떡차를 다시 죽순껍질에 싸서 찻독이라 불리는 옹기에 저장했는데, 습기를 조절하기 위해 찻독 안에 구운 기와나 재를 담아두기도 했다. 또는 떡차를 꿰미에 꿰어 한옥의 처마 밑에 걸어두기도 하고, 떡차를 자루에 담아 온돌방이나 다락방에 보관하기도 했다. 이렇게 떡차를 담았던 자루를 전라도 방언에서는 지금도 차두라고 한다. 오죽했으면 차곡차곡이란 부사어까지 생겨났겠는가! 떡차를 이렇게 오랫동안 저장하여 제대로 숙성을 시키면 맛과 향은 물론 약효 또한 좋아진다. 떡차의 색깔과 탕색도 점차 갈색으로 변하는데, 이러한 갈색을 우리 조상들은 다색(茶色) 또는 다갈색(茶褐色)이라고 했다.

이상의 내용을 통해서 보건대 우리 선고 차인들은 떡차를 만들어 바로 마시기보다는 자연산화를 통해 발효를 시켜서 마시기 위해 저장에 몰두했음을 알 수 있다. 그것은 떡차를 발효시켜 마시는 것이 바로 마시는 것보다 맛과 향은 물론 약효 또한 좋아진다는 사실을 오랜 경험을 통해 인식했기 때문이다. 이런 점을 통해서도 떡차를 발효차로 보는 것이 더 바람직하다고 본다. 그렇다면 우리 발효차의 원형은 우리 전통차의 원형과 마찬가지로 결국 떡차로 귀결된다.

이제 마지막으로 앞에서 남겨두었던 우리 떡차의 원형을 찾아가기로 한다. 앞에서 우리는 고구려와 백제 그리고 신라시대에 우리 선고 차인들이 떡차를 마신 흔적을 살폈다. 그럼 이들 떡차의 원형은 어디에서 찾을 수 있을까? 이 문제 또한 그렇게 쉽지가 않다. 고구려에서는 기후로 인해 차나무가 자랄 수 없었기 때문에 당나라나 백제 또는 신라로부터 입수한 떡차를 마셨을 것으로 볼 수밖에 없다. 하지만 백제나 신라의 경우는 차나무가 자랄 수 있는 지역이었기 때문에 고구려의 상황과는 달랐을 것이다. 처음에는 당나라로부터 입수한 떡차를 마셨다고 하더라도 차츰 당나라를 왕래했던 사람들이 현지에서 제다기술을 익혀 직접 만들어 마셨을 것이다. 이렇게 본다면 우리 떡차의 일차적인 원형은 역시 당나라의 떡차에서 찾아야 하고, 이차적인 원형은 백제와 신라의 떡차에서 찾을 수 있다.

우리 떡차의 일차적인 원형인 당나라의 떡차는 육우의 〈다경〉에 상세히 기록되어 있어 그 면모를 알 수는 있다. 하지만 오늘날 중국에서 당시의 제다법으로 떡차를 만들고 있는 곳은 찾을 수가 없다. 육우의 〈다경〉에 기록된 떡차의 원형을 찾아 중국과 일본 각지를 누비고 다니던 일본인 이에이리(家入一雄)와 모로오까(諸岡存)는 뜻밖에도 장흥 보림사 일대에서 떡차를 발견하고 1939년에 각기 〈전남해

안지방의 청태전 탐사기〉와 〈조선에서의 당대 단차의 발견〉이라는 글을 발표하였다. 이로써 민간에서 약용으로 음용되던 장흥지방의 청태전이란 떡차가 비로소 세상에 알려지게 되었다. 하지만 당시만 해도 우리의 차문화가 극도로 쇠퇴했던 시기여서 청태전이 크게 주목을 받지 못하고 해방과 함께 서서히 그 맥이 끊기고 말았다.

장흥지방에는 고려 때 무려 13개의 다소가 있었던 곳으로 우리 차의 본고장이라 할 수 있다. 또한 장흥 보림사는 구산선문(九山禪門)의 하나로 일찍부터 유학승들을 통해 당나라와의 교류가 빈번했던 곳이다. 때문에 이러한 선승들을 통해 당나라의 차문화가 자연스럽게 전래되었을 것으로 볼 수 있다. 이렇게 장흥은 역사적으로 차와 깊은 인연을 가지고 있는 곳으로 지금도 도처에 야생 차나무가 자생하고 있다.

최근 지역의 문화자원을 이용한 산업화 바람이 급물살을 타고 있다. 장흥도 예외는 아니어서 최근 청태전을 복원시키기 위한 각종 사업이 추진되고 있다. 특히 장흥군청 문병길계장의 노력으로 청태전이 전국의 차인들에게 널리 알려지게 되었는데, 이후 뜻있는 차인들에 의해 청태전에 대한 본격적인 연구와 제다실습 등이 계속되고 있다. 특히 광주 혜명다례원이 일찍부터 청태전의 가치에 주목을 하고 연구와 제다실습을 계속하고 있다.

금년 8월에는 목포대학교 대학원 국제차문화학과에서 〈청태전 연구〉(이순옥)라는 석사논문이 나와 주목을 받았다. 장흥군에서도 이에 발맞춰 9월 27일에 목포대학교 대학원 국제차문화학과를 초청해 '청태전 전통차 학술대회'를 개최하여 논문발표와 복원을 위한 제다실습 등을 실시한 바가 있다. 장흥군에서는 또한 몇 곳을 청태전 생태마을로 지정하는 등 우리 떡차의 원형이자 발효차의 원형인 청태전을 계승, 발전시키기 위해 많은 노력을 경주하고 있다. 아울러 청태전의 본격적인 연구를 위해 연구비를 지급하고, 청태전 박물관을 건립하기 위한 계획도 수립

중에 있다. 이런 장흥군의 제반 사업들이 원활하게 추진된다면 국내는 물론이고 중국이나 일본에서도 청태전을 배우고 구매하기 위해 많은 학자들과 관광객이 찾아올 가능성이 매우 높다. 때문에 청태전은 관광자원으로서의 가치도 매우 크다고 할 수 있다.

최근 웰빙의 붐을 타고 차의 인기가 급부상하여 차를 마시는 인구도 급속도로 늘고 있고, 차를 이용한 웰빙 식품과 웰빙 제품들이 연이어 출시되고 있다. 이에 반해 차에 대한 체계적인 연구는 부진한 실정이다. 때문에 차에 대한 많은 오해들이 난무하고 있다. 우리의 차라고 하면 녹차가 전부인 것으로 알고 있는 것도 그 중의 하나이다.

위에서 살펴본 바와 같이 우리 선고 차인들은 불발효차인 녹차보다는 발효차인 떡차를 먼저 마시기 시작했을 뿐만 아니라, 이러한 떡차를 1,000년이 넘도록 우직하리만큼 고스란히 계승해 왔다. 냉장과 냉동시설의 발달과 생활환경의 변화 등으로 인해 몸이 차가워져 발병하는 경우가 많아졌다. 조상들의 지혜와 슬기를 계승하고 우리 모두의 건강을 위해서 떡차에 대한 이해와 연구는 물론이고 제다와 음용의 생활화도 절실한 시점이다.

출전
계간 《茶와 文化》 겨울호, 2006. 12.

우리도 계화차(桂花茶)를 마시자

　벌써 한 해가 저물고 새해가 밝아오고 있다. 나이가 들면서 자꾸만 지난날들이 그리워지는 것은 비단 나 뿐만이 아닐 것이다. 당시만 해도 정월 대보름날 시골 아이들에겐 뭐니뭐니해도 쥐불놀이(불깡통돌리기)가 최고였다. 일찍부터 귀한 깡통을 구해 구멍을 뚫고 철사를 메달아 불깡통을 만들었다. 그리고선 냅다 산으로 달려가 관솔을 잔뜩 꺾어와 밤새 불깡통을 돌렸다. 휘영청 밝은 달이 중천에 걸릴 때면 관솔도 떨어지고 배도 고팠다. 집에 돌아오니 달덩이처럼 고운 우리 엄마가 윗목에 돗자리와 짚을 깔고 떡시루를 옮기고 계셨다. 엄마와 떡시루를 보면서 마냥 행복했던 지난날의 기억이 새롭다. 그런데 그렇게 곱던 우리 어머님도 벌써 팔순을 바라보시니 이를 어쩔꼬?

　매년 대보름이면 습관대로 달님에게 절을 하며 소원을 빌지만 옛날의 보름달이 아니다. "달아 달아 밝은 달아 이태백이 놀던 달아"에 나오는 계수나무가 온데간데 없어 허전하기 그지 없다. 서둘러 양친부모를 모실 초가삼간을 지어야 할텐데도 넓은 평수로 이사가자는 가족의 성화도 만만찮다. 그래도 나는 여전히 행복하다. '계수나무 숲(桂林)'에서 홀로 반 년을 살다 왔으니 말이다!

　지난 2005년 후학기에는 중국 광서장족자치구(廣西壯族自治區)의 계림(桂林)에 있는 자매대학에 한국어학과가 신설되는 바람에 외국인교수로 특별 초빙되었다. "계림의 산수는 천하에 으뜸이다(桂林山水天下甲)"라는 말이 있을 정도로 풍광이 뛰어난 곳이기 때문에 이미 일곱 차례나 방문했지만 장기체류는 이번이 처음이었다. 추석 이후부터 피기 시작해 한 달 이상 지속되는 계화향기에 취해 정말로 행복한 시간을 보냈다. 시내가 온통 계수나무 천지여서 가는 곳마다 바람결에 계화향이 일렁거렸는데, 혼자서만 행복한 것이 미안해서 계화를 조금 따서 국제 차문화학과 학생들께 소포로 보내기도 했다. 한류(韓流)의 열풍으로 인해 도처에서 들려오는 대장금노래로 가슴 뿌듯한 시간을 보냈는데, 순박하면서도 호기심 많은 대학 신입생들의 눈망울을 피할 수 없어 김치를 세 번이나 담그기도 했다. 하지만 나이 탓인진 몰라도 불꺼진 숙소로 향하는 마음은 내내 무겁기만 했다.

계림지역은 화차인 계화차와 긴압차(緊壓茶)인 육보차(六堡茶)로 유명한 곳이다. 그래서 그런지 '계림차엽과학연구소(桂林茶葉科學研究所)'가 있어 중앙으로부터 많은 지원을 받으며 차의 재배와 제조에 관한 많은 연구과제를 수행하고 있었다. 계림은 아열대기후에 속해서 1월 중순이면 벌써 햇녹차를 생산할 수 있다. 때문에 상당량의 이곳 녹차가 항주(杭州)로 가서 명전차(明前茶)로 둔갑한다고 한다. 이곳 녹차가 우리나라까지 온다고 생각하니 정신이 아찔했다.

화차는 일명 훈화차(薰花茶), 향화차(香花茶), 향편(香片) 등으로도 불린다. 신선한 꽃잎과 차를 일정한 비율로 혼합해서 만드는데, 다른 냄새를 쉽게 흡수하는 차의 성질을 이용한 것이다. 이러한 가공과정을 훈화(薰花) 또는 음화(窨花)라고 하는데, 1회에 8시간 정도가 소요된다. 훈화는 1회만 하기도 하지만 2회나 3회도 하는데, 2회를 한 것은 포장지에 쌍훈화차(雙薰花茶)라고 표시하고, 3회 한 것은 삼훈화차(三薰花茶)라고 표시한다. 화차는 혼합하는 차의 종류에 따라 녹차류화차, 홍차류화차, 오룡차류화차 등으로 나뉜다. 향기가 청아한 말리화(茉莉花), 옥란화(玉蘭花), 주란화(珠蘭花), 백란화(白蘭花), 유자화(柚子花), 국화 등은 녹차와 어울린다. 향기가 비교적 무거운 계화는 오룡차와 어울리고, 장미는 홍차와 어울린다.

그림 1. 계화차

말라버린 차는 향기가 없기 때문에 훈화에 쓰이는 꽃은 신선해야 한다. 훈화를 마친 차는 저온에서 다시 한 번 건조를 하는데, 이때 계화를 제외한 여타의 꽃들은 대부분 제거한다. 하지만 계화는 차맛에 일정 부분 효용이 있기 때문에 제거하지 않는다. 중국에서 화차의 주산지로는 복주(福州), 소주(蘇州), 남경(南京), 대북(臺北), 항주(杭州), 성도(成都), 계림 등을 들 수 있다.

계수나무는 목서(木犀), 육계(肉桂), 목계(木桂), 암계(巖桂), 월계수(月桂樹) 등으로도 불리며, 특이한 방향(芳香)이 있어 가지와 껍질(桂皮)은 약재나 향료의 원료로 쓰이고, 꽃은 화차의 원료로 쓰인다. 꽃의 색깔에 따라 흔히 금계(金桂)와 은계(銀桂)로 나뉘는데, 사계절 내내 피는 사계(四桂)도 있다. 금계의 향기는 진한 과일향에 가까워 오룡차와 혼합하는 것이 좋고, 은계는 맑은 꽃향기가 나기 때문에 녹차와 혼합하는 것이 좋다. 사계는 향기가 없어 차의 원료로 쓰이지 않는다.

화차는 차의 맛과 꽃의 향기를 혼합한 재가공차에 속한다. 차의 맛과 향기가 꽃의 향기와 서로 밀접하게 어우러져 상승작용을 일으켜 마음을 평안하고 한가롭게 해주며 원기를 북돋아준다. 우리나라에서는 아직 화차가 일반화되지는 못하고 있으나 최근 차인들을 중심으로 연꽃차가 서서히 인기를 끌고 있고, 각종 야생화를 이용한 화차의 제조도 실험적으로 이루어지고 있다. 또한 녹차 일변도에서 벗어나 떡차와 황차 등도 개발되고 있고, 다양한 대용차를 생산하기 위한 연구도 활기를 띠고 있다. 차의 다양화와 대중화가 절실히 요구되는 시점에서 매우 다행스럽고 바람직한 일이 아닐 수 없다.

금년 가을이 깊어갈 무렵 아파트단지를 산보하는데 어디선가 나를 유혹하는 향기가 났다. 본능적으로 지난해 계림에서 누렸던 계화향임을 직감하고 향기를 따라가보니 글쎄 금목서(金木犀)나무에 황금빛 꽃들이 다닥다닥 피어있질 않는가! 이 황금빛 꽃들이 바로 금계화(金桂花)임을 확인한 순간 벅찬 가슴을 억누를 수 없었다. 도처에 금목서는 물론이고 은목서(銀木犀)도 그 청아한 향내음을 도심에 선사하고 있었다. 최근 무안 몽탄의 한 식당 뜨락에서 겨울임에도 꽃을 피우고 있는 사계(四桂)를 보고는 깜짝 놀라고 말았다. 우리나라에도 계림에 있는 계수나무들이 모두 자라고 있는데 그걸 몰랐던 것이다. 다만 기후탓에 계림의 계수나무만큼 크게 자라지 못할 뿐이다.

최근 웰빙의 바람을 타고 각종 차가 인기를 끌면서 서양의 허브차도 주의를 끌고 있다. 이제 가을이 무르익으면 우리나라에도 계화가 만발한다는 사실을 알았으니 이제부터라도 차인들이 다투어 계화차를 만들면 좋겠다. 은목서꽃은 먹다남은 녹차와 혼합해서 하룻밤을 지샌 뒤에 재건(再乾)을 해서 마시면 그 청아한 향을 음미할 수 있을 것이다. 금목서꽃도 역시 먹다남은 오룡차와 혼합해서 하룻밤을 지샌 뒤에 재건을 해서 마시면 그 진한 향을 만끽할 수 있을 것이다. 아직 정초인데도 벌써부터 가을이 기다려진다!

출전
《혜명다회》겨울호(통권 5호), 2006. 12.

교육계에 띄우는 신년 메시지
청소년의 인성교육 차문화교육이 그 해법이다

우리 사회는 해방 이후부터 풍요와 편리를 마냥 추구해 왔다. 때문에 최소한 물질적인 측면에 있어서 풍요와 편리라는 목표는 어느 정도 달성한 셈이다. 이미 드러난 여러가지 통계자료가 이를 증명하고 있고, 세계도 이를 인정하고 있다. 그러나 빛이 있으면 반드시 그림자도 있는 법이어서, 풍요와 편리라는 빛이 남긴 그림자 또한 우리 사회에 짙게 드리워져 있다. 이런 어두운 그림자가 갈 길 바쁜 발목을 꽉 붙잡고서 우리를 꿈쩍도 못하게 하고 있는 것이다.

지나친 풍요와 편리추구가 과욕과 조급함 불러

그럼 우리의 발목을 붙잡는 어두운 그림자란 무엇인가? 풍요와 편리가 남긴 그림자가 무엇인가는 진단하는 사람에 따라 다를 수 있겠지만, 필자는 이를 풍요와 편리를 지나치게 추구하는 과정에서 필연적으로 파생되어지는 과욕과 조급함이라고 단언한다. 고속경제성장의 혜택을 분배하는 과정에서 욕심들이 지나쳐 양극화를 자초했고, 무조건 편리만을 쫓아 빨리빨리 하다보니 조급함이 몸에 베이고 말았던 것이다.

풍요와 편리는 인간이 추구하는 보편적 가치이기 때문에 이를 나무랄 수는 없다. 문제는 이를 추구하는 정도에 있다. 과유불급(過猶不及)이란 말이 있듯이 문제는 지나침에 있는 것이다. 농경문화가 주종을 이루었던 동양에서는 물산이 풍부했기 때문에 일찍부터 자연에 순응하는 철리(哲理)를 깨우쳐서 과욕과 조급함을 경계(警戒)했다. 끝없이 솟구치는 과욕을 다스리기 위해 계영배(戒盈杯, 넘침을 경계하는 잔)를 만들어 늘 곁에 두고 스스로를 경계했던 것이다. 때문에 콩 한 톨도 여럿이 나누어 먹을 수가 있었다. 알묘조장(揠苗助長, 모가 늦게 자란다고 억지로 모를 뽑아 빨리 자라게 함)이란 말을 만들어 급하게 서두르면 오히려 일을 망친다고 가르쳤던 것이다. 때문에 급할수록 돌아가는 여유가 있었다.

과욕과 조급함은 서구화 열풍의 산물

그런데 우리들이 왜 이렇게 과욕을 다스리지 못하고 빨리빨리병에 걸리고 말았을까? 이에 대한 진단도 사람에 따라 다양하겠지만 필자는 지나친 서구화의 열풍이 한 몫을 단단히 했다고 본다. 상업문화가 주종을 이루었던 서양에서는 자연이 척박했기 때문에 일찍부터 자연에 도전하는 이치를 깨달아 경쟁과 효율을 강조했다. 내 것이 부족하기 때문에 어떻게든 남의 것을 취해야 생존할 수 있었던 것이다. 이처럼 극명하게 대립되는 문화차이를 성찰할 틈도 없이 급속도로 밀어닥친 여과되지 못한 서구문화의 유입으로 인해 우리의 정체성을 잃고 말았던 것이다.

무분별한 서구문화의 유입은 교육계도 예외일 수 없었다. 서구문화의 내용을 적절히 여과시키고 유입속도를 조절해야 할 교육계가 오히려 서구화를 부채질했다고 할 수 있다. 서양식 교육제도를 서둘러 도입하는 바람에 우리의 전통문화보다는 서구문화가 우선시되었다. 교육에도 경제논리를 적용해 인성교육은 구호 뿐이고 입시교육이 판을 쳤다. 자연스레 공유와 여유보다는 경쟁과 효율이 지나치게 강조되었고, 그 결과 학교는 이미 입시학원으로 전락하고 말았다. 공교육에 대한 불신이 팽배하고 교육의 위기란 말이 도처에서 터져 나오고 있다. 이에 대한 반발로 대안학교들도 생겨나고 기러기아빠들도 많아지고 있다.

입시교육에 밀려 인성교육은 뒷전

교육의 위기란 말이 나온 것은 어제 오늘의 일이 아니다. 이른바 왕따라고 하는 집단따돌림과 집단구타 등으로 인해 사건이 터질 때마다 교육계는 한 목소리로 인성교육을 강조했다. 하지만 그들이 제시한 인성교육이란 어물쩍 위기를 벗어나기 위한 면피용과 구호에 불과했다. 입시교육이 판을 치는 상황에서는 제대로 된 인성교육이 이루어질 수가 없다. 세칭 인류대학을 목표로 한 주입식 교육과 지식 위주의 교육은 치열한 경쟁의식과 배타주의를 길러 인간성을 황폐화시킬 뿐이다. 최근에는 풍족한 영양섭취로 어린이들의 생물학적 성숙도가 점점 빨라지고 있다. 또한 맞벌이부부가 늘면서 두 살만 되어도 놀이방이나 어린이집 등에 맡겨지면서 아이들이 너무 일찍부터 사회화를 요구받고 있다. 때문에 사춘기가 빨라지고 있는 추세이다. 어린이들이 빨리 성숙하는 만큼 성장통도 더 크게 겪고 있는 것이다.

최근 서울에서는 "TV 드라마를 그만 보라"는 엄마의 말에 초등학교 5학년생이 스스로 목숨을 끊는 사건이 발생하는가 하면, 휴대폰을 많이 쓴다고 꾸짖는 엄마를 살해한 10대가 있어 우리 사회에 엄청난 충격을 던져주었다. 서울 강남과 분당 지역의 신경정신과 병원에 "죽고 싶다"고 찾아오는 초등학생들이 전체 환자의 30% 이상을 차지하고 있고, 이런 아이들의 70% 이상이 스트레스로 인한 소아우울증을 앓고 있다고 한다. 과거에는 어른들이나 겪는 정신적 고통과 스트레스를 이젠 초등학생들도 겪고 있는 것이다. 이는 너무 일찍부터 치열한 경쟁에 내몰리고 부모와 학교로부터 입시공부와 성공에 대한 압박을 지나치게 받으면서도 이를 적절히 해소할 수 있는 탈출구를 찾지 못하기 때문이라고 할 수 있다.

인성교육의 부재가 교육의 위기 초래

사건이 터질 때마다 사후약방문처럼 남발되는 인성교육마저도 결국은 면피용과 구호에만 그쳐버리니 청소년범죄도 매년 증가하고 있다. 대검찰청에 따르면 도박과 도박개장혐의로 입건된 12살 이상 20살 미만의 소년범이 2005년 25명에서 2006년에는 1,024명으로 늘었고, 유흥비를 마련하기 위해 절도행각을 벌이다 입건된 소년범도 2005년 26,053명보다 11.5% 증가한 29,048명으로 집계되었다. 지난해 수사기관에 입건된 소년범은 전체 입건자의 3.9%인 92,638명으로, 2005년보다 7.7% 증가했다.

이러한 청소년범죄의 근본적 원인들은 다양하게 분석되지만, 이러한 원인들을 규합해보면 결국은 인성교육의 부재가 주된 원인임을 알 수 있다. 때문에 사건이 터질 때마다 처방으로 내놓았던 인성교육을 제대로만 실시했어도 상황이 이 지경에 이르지는 않았을 것이다. 다행스럽게도 21세기에 들어와 우리의 교육도 그 초점이 지식의 습득에서 인성을 보다 강조하는 쪽으로 바뀌고 있다. 동시에 인성교육의 활성화를 위한 다양한 방안들이 제시되고 있다. 연구자들에 의해 지금까지 제시된 방안으로는 동화, 유학적 이념교육, 태권도 수련, 동식물 기르기 등을 들 수 있다. 하지만 인성교육을 위한 이런 방안들이 교육현장에서 실제로 활용되기는 여건상 어려움이 많다. 유치원이나 초등학교의 경우는 그나마 형편이 좀 나은 편이지만 입시에 올인을 해야하는 중고등학교로 가면 사정은 사뭇 다르다.

최근에 차문화교육이 청소년들의 인성교육을 위한 대안으로 각광을 받기 시작하고 있다. 차문화란 넓게는 차나무가꾸기, 찻잎따기, 차만들기, 차우리기, 차를 권하고 마시기 등을 포함하고, 좁게는 차를 우려서 권하고 마시는 것만을 포함하는 말이다. 차문화교육은 그간에는 다도교육이나 다례교육 등으로 불렸는데, 일제시대 일본인들에 의해 일본식의 다도교육이 주로 여학교에서 실시되었다. 1969년 4월부터 진주 대아고등학교에서 박종한 교장이 '차로써 인성을 기른다(以茶養性)'는 기치를 내걸고 다도교육을 실시하여 큰 성과를 거둔 바 있다.

차문화교육으로 우리 아이들의 인성을 기르게 하자

이상하게도 차문화교육은 해방 후에도 상당기간동안 대학에 수용되지 못했다. 대신 1975년에 여성교육을 목표로 예지원(사)이 설립되어 다도교육을 실시해오고 있으며, 1980년에는 한국차인연합회(사)가 발족되어 역시 다도교육을 실시해오고 있다. 이후 많은 협회와 사설교육기관들이 생겨나 어려운 상황하에서도 열심히 다교교육을 실시한 결과 우수한 다도(준)사범들을 상당수 배출하였다. 1988년부터는 전국의 16개 전문대학에서 교양과목으로 다도교육을 실시하기 시작했으며, 1996년에는 2년제인 부산여자대학에 차문화복지과가 개설되기에 이르렀다.

1999년 성신여자대학교 대학원에 예절다도학과가 개설된 것을 필두로 하여 이후 성균관대학교, 한서대학교, 원광대학교, 목포대학교 등에도 대학원과정이 개설되었다. 2004년에는 원광대학교 디지털대학에 차문화경영학과가 개설되어 사이버교육을 실시하고 있으며, 2006년에는 서원대학교에 차학과가 신설되었다. 이러한 추세로 간다면 향후 많은 대학과 대학원에도 차문화관련학과가 신설될 것으로 예상된다. 이렇게 대학과 대학원의 차문화관련학과에서 배출된 인적자원들은 향후 청소년들의 인성교육에 일익을 담당할 수 있을 뿐만 아니라, 웰빙의 붐을 타고 최근 급성장하고 있는 차문화산업의 역군으로 성장할 수 있다고 확신한다.

해방 후 우리의 차문화교육은 줄곧 청소년들의 예절과 인성을 함양하는데 힘을 기우려왔다고 할 수 있다. 이러한 사실은 여러 차문화교육단체의 교육과정에 분명히 드러나 있을 뿐만 아니라, 1986년부터 2003년까지 연구된 23편의 다례교육에 관한 논문주제에도 자세히 드러나 있다. 최근에는 많은 학자들이 태아기와 유아기부터 아동기와 청소년기까지의 인성발달에 차문화교육이 미치는 영향을 다각도로 연구한 결과 그 성과들이 속속 보고되고 있다. 이러한 연구결과를 토대로 유치원부터 대학까지 인성교육에 적합한 차문화교육과정의 개발이 시도되고 있다.

유치원부터 대학원까지 체계적인 차문화교육을 실시해야 한다

차문화교육이 인성교육의 아이템으로서 적합한 이유는 부드럽고 안정된 성격을 형성할 수 있어 정서적으로 풍부해질 수 있고, 원만한 인간관계를 형성하게 하고 친사회적 행동을 증진시키기 때문이다. 이런 이유로 인해 최근 많은 유치원과 초등학교 및 중학교에서 차문화교육을 시험적으로 실시하여 좋은 반응을 얻고 있다. 광주시와 전남의 무안군과 보성군에서는 교육청에서 특별예산을 지원하여 희망학교에 한해 차문화교육을 대대적으로 실시하고 있는데, 해마다 희망학교가 늘어나고 있다. 이제 보성에는 고등학교에도 녹차학과가 생겼고, 여러 대학들도 차문화관련학과의 개설을 서두르고 있다.

차제에 교육계에서는 유치원부터 대학원에 이르기까지 차문화교육을 체계적으로 실시할 수 있는 방안을 구체적으로 마련해야 한다. 경쟁국인 일본이나 중국에 비해 한참이나 늦었지만 아직도 희망은 있다. 체계적인 차문화교육을 통해서 구호에 그쳤던 인성교육을 바르게 실시할 수도 있고, 낙후된 우리의 차문화산업을 발전시킬 수도 있다. 그러기 위해서는 교육계는 물론이고 문화계와 산업계도 함께 나서야 한다. 너무 오랫동안 방치해둔 우리 차문화의 중흥을 위해 교육인적자원부, 문화관광부, 산업자원부 등은 물론이고 전국의 차인들도 함께 지혜를 모아야 할 때이다.

청담(淸談)과 소박한 차나눔으로 인해 차인들의 사표(師表)가 된 의재(毅齋) 허백련(許百鍊, 1891-1977)은 차를 가르침이 없이 차를 가르친 도인(道人)이었다. 의재는 60세가 넘어 그간에 사용하던 산인(散人)이란 호 대신 도인(道人)이란 호를 썼는데, 이는 그가 한 "나는 다도(茶道) 하나만은 도통(道通)했어"란 말에서 연유한다. 춘설헌(春雪軒)에서 손수 따서 만든 춘설차를 마시며 예다여일(藝茶如一)의 다도관을 확립한 의재의 일갈(一喝)을 소개하며 글을 마치기로 한다. 이 기사는 의재가 돌아가시기 직전에 인터뷰한 내용을《뿌리깊은나무》(1977년 3월호)가 소개한 것이다.

차인들의 사표가 된 의재 허백련의 일갈

"나는 올해 여든여덟 살이다. 남보다 더 많이 살았고 남보다 더 많이 그렸다. 그러나 요 몇 해 동안은 줄곧 건강이 나빠져서 그림을 그릴 수가 없었다. 나를 따르던 제자들은 철을 가리지 않고 무등산 그늘로 병든 나를 찾아와 준다. 그들은 춘설헌 남향 방에 누운 나를 보고, 나는 그들에게 춘설차 한 잔을 권한다. 나는 차를 마시고 앉아있는 그들을 보며 내 한평생이 춘설차 한 모금만큼이나 향기로웠던가를 생각하고 얼굴을 붉히곤 한다. 무등산에 해가 지면 그들조차 돌아가고 나는 혼자 누워서 빈손을 허공에 휘두른다. 아직도 그리고 싶은 그림이 많아 그렇게 허공에 그림을 그리고 누워있는 것이다."

출전
계간《茶와 文化》봄호, 2007. 3.

다도에 도통한 동양의 일등 멋쟁이
광주 무등산의 거인 의재(毅齋) 허백련(許百鍊)

가슴을 치는 최후의 인터뷰

의재선생이 타계하시기 직전에 하신 최후의 인터뷰 내용이《뿌리깊은나무》
(1977년 3월호)에 실렸는데, 그 내용은 다음과 같다.

"나는 올해 여든여덟 살이다. 남보다 더 많이 살았고 남보다 더
많이 그렸다. 그러나 요 몇 해 동안은 줄곧 건강이 나빠져서 그림을
그릴 수가 없었다. 나를 따르던 제자들은 철을 가리지 않고 무등산
그늘로 병든 나를 찾아와 준다. 그들은 춘설헌 남향 방에 누운 나를
보고, 나는 그들에게 춘설차 한 잔을 권한다. 나는 차를 마시고 앉아
있는 그들을 보며 내 한평생이 춘설차 한 모금만큼이나 향기로웠던
가를 생각하고 얼굴을 붉히곤 한다. 무등산에 해가 지면 그들조차
돌아가고 나는 혼자 누워서 빈손을 허공에 휘두른다. 아직도 그리고
싶은 그림이 많아 그렇게 허공에 그림을 그리고 누워있는 것이다."

허백련 선생

차를 통해 처절하리만큼 자신을 갈고 닦았던 진정한 茶人의 풍모를, 그리고 차
생활을 통해 맑아진 정신과 겸허한 마음으로 거문고소리까지도 화선지에 담아내
어 궁극에는 홍익인간의 이상향을 실천하고자 했던 무등산 거인의 면모를 엿볼
수 있는 대목이다. 읽고 또 읽어도 가슴을 내리치는 추상같은 의재선생의 최후의
일갈(一喝)인지라 여기에 무슨 군더더기 말이 더 필요하겠는가?

"내 한 평생이 춘설차 한 모금만큼이나 향기로웠던가를 생각하고 얼굴을 붉히곤 한다."라는 대목에서는 죽는 순간까지도 수신(修身)의 끈을 움켜쥐고서 놓지 않으려고 몸부림치는 모습을 볼 수 있다. 오랜 차생활에서 오는 몸에 배인 겸허의 극치인 셈이다. 이른바 정좌처다반향초(靜坐處茶半香初)의 경지라 할 수 있다.

그림 2. 광주광역시 특산품 제1호, 춘설차

"아직도 그리고 싶은 그림이 많아 그렇게 허공에 그림을 그리고 누워있는 것이다."라는 구절에서는 최후의 순간까지도 무아지경 속에서 아름다운 그림을 그려 세상을 교화하고 끝내는 홍익인간을 실천하려는 거인의 모습을 읽을 수 있다. 자신이 갈고닦은 기량을 아낌없이 사회에 환원시켜야 한다는 간절한 몸부림인 셈이다. 이른바 묘용시수류화개(妙用時水流花開)의 경지라 할 수 있다.

하루에 석 잔의 차를 마시면 벼락이 쳐도 꿈쩍하지 않는다

중국에는 전체인구의 약 93%를 차지하는 한족 이외에 55개나 되는 소수민족들이 나름대로의 문화를 가꾸며 살아가고 있다. 대부분의 소수민족들은 한족에 비해 상대적으로 열악한 환경에 살면서도 전통적으로 독특한 차를 즐겨 마시는데, 그들에게 있어 차는 단순한 음료의 수준을 넘어선다. 어려서부터 차나무와 함께 자라면서 찻잎을 따서 차를 만드는 방법을 배우고 익히며, 날마다 찻잎과 다양한 재료를 이용해 만든 반찬과 음식과 탕을 먹고 생활한다. 어쩌다가 병에라도 걸리면 바로 차와 약재를 섞어 만든 차약으로 병을 치료하고, 손님이 오면 차로서 대접하고, 크고 작은 여러 모임에도 으레 차가 등장하기 마련이다. 그들에게 있어 차는 생활의 전부라고 해도 과언이 아닌 셈이다.

운남성(雲南省)과 사천성(四川省) 등지의 여러 지역에 흩어져 사는 나시족(納西族, Naxi)들은 염파차(鹽巴茶)와 용호투차(龍虎鬪茶)를 즐겨 마신다. 염파차는 소금으로 간을 맞춘 차이고, 용호투차는 진하게 우린 뜨거운 차를 독한 백주(白酒)에 섞어 만든 차로 감기치료의 비방으로 쓰인다. 이들에게는 다음과 같은 노래 가사가 전해지고 있다.

"아침에 한 잔의 차를 마시면 하루가 위풍당당해지고, 오후에 한 잔의 차를 마시면 일하는 것을 쉽게 해준다. 저녁에 한 잔의 차를 마시면 정신을 맑게 해주고 고통을 없애주며, 하루에 석 잔을 마시면 벼락이 쳐도 꿈쩍하지 않는다."

(早茶一盅, 一天威風; 午茶一盅, 勞動輕鬆. 晚茶一盅, 提神去病; 一日三盅, 雷打不動.)

어째서 한 잔의 차를 마시면 하루가 위풍당당하고 석 잔을 마시면 벼락이 쳐도 꿈쩍하지 않겠는가? 오랜 차생활이 몸에 배면 자연스럽게 차의 성품을 닮아 스스로를 낮추게 된다. 스스로를 낮추고 상대방을 존중하는 가운데 자신도 모르게 겸허가 몸에 배는 것이다. 스스로 낮게 처신하고 상대를 공경하며 겸허하게 행동하는데 어찌 위풍당당하지 않겠는가? 명예와 부귀를 멀리하며 날마다의 생활이 위풍당당한데 벼락이 친다 한들 꿈쩍이나 하겠는가? 의재선생의 춘설차 한 잔의 의미는 바로 이 겸허의 극치를 담고 있는 것이다.

실천적 차생활을 통해 나눔의 정신과 홍익인간을 실천한 선각자

의재선생은 손수 삼애다원을 경영하며 춘설차를 만들어 팔아 농업기술학교의 운영비에 보탰다. 찻잎을 따는 일에서부터 차를 만들어 저장하고 끓이는 일까지를 손수하면서, 나름대로의 제다법과 행다법을 창안하기도 했다. 춘설헌을 찾는 이들에게는 신분의 고하를 막론하고 정겨운 다담과 함께 춘설차를 대접했다. 의재선생은 가르침이 없이 차를 가르친 이른바 실천적인 차생활을 통해 차와 예술이 둘이 아니고 하나라는 이른바 다예일여(茶藝一如)의 경지를 개척하기에 이르렀다.

정성을 다해 차를 내어 여럿이 나누어 먹듯이 맑아진 정신과 겸허한 마음으로 자연의 소리나 거문고소리까지도 그려내어 함께하고자 했던 것이다. 의재선생은 이렇게 차를 나누고 그림을 나누어 끝내는 홍익인간의 이상을 실천하고자 몸부림 쳤던 것이다. 의재선생이 죽음에 임박해서도 빈손을 허공에 휘둘렀던 것은 아직도 함께 나누고픈 그림이 많았기 때문이다. 오랜 차생활을 통해서 나눔의 정신이 몸에 촉촉이 배었기 때문에 그렇게 빈손을 허공에 휘두를 수 있는 것이다.

스스로에게 묻는다. "나는 겸손한가? 그리고 나눔을 실천하는가?"

의재선생은 수신적 차생활을 통해 겸허가 몸에 배었기에 위풍당당할 수 있었고, 위풍당당했기에 벼락이 쳐도 꿈쩍하지 않을 수 있었다. 또한 실천적 차생활을 통해 다예일여의 경지를 깨달아 좋은 그림을 그려 함께 나누고자 평생 몸부림쳤던 것이다. 이런 의재선생이었기에 일제의 억압에도 굴하지 않고 창씨개명을 반대하고 개천절 행사도 치렀던 것이다. 또한 국가의 장래를 위해 농업고등기술학교를 설립하여 후진양성에 골몰했으며, 민족의 염원인 홍익인간의 구현을 위해 단군신전의 건립을 추진할 수 있었던 것이다.

영국의 신학자 리처드 · 러트는 "동양의 일등 멋쟁이는 무등산의 허백련"이라고 극찬하며, 귀국 후에도 춘설차를 주문해 즐겼으며, 의재선생을 만나기 위해 무등산을 세 번이나 찾았다. "나는 다도 하나만은 도통했어"란 말처럼 의재선생은 차와 예술세계의 도인이었고 무등산의 거인이었다. 오늘을 사는 차인으로서 의재선생에 대한 차계의 무관심에 대해 얼굴을 붉히며 날마다 스스로에게 묻는다. "나는 겸손한가? 그리고 나눔을 실천하는가?"라고

출전
격월간 《茶人》 7-8월호, 2007.

색인